# UÍTIMAS
## DO CRITÉRIO

*Boa Leitura e Bons Critérios!*

# VÍTIMAS DO CRITÉRIO

Como tomar **DECISÕES** num mundo em **TRANSFORMAÇÃO**

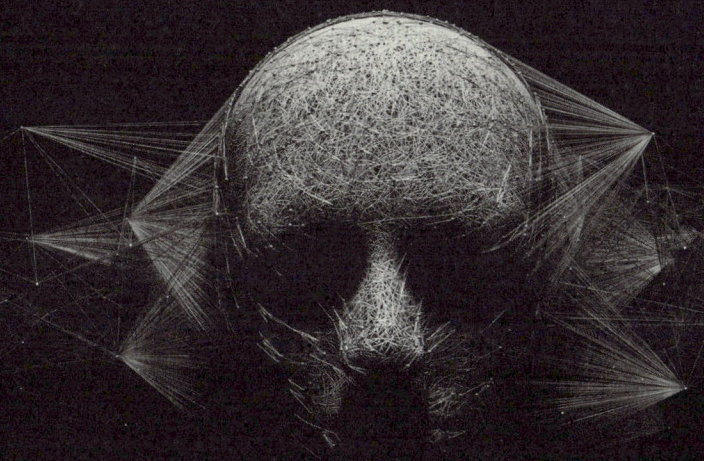

## WALTER LONGO

ALTA BOOKS
EDITORA
Rio de Janeiro, 2021

## Vítimas do Critério

Copyright © 2021 da Starlin Alta Editora e Consultoria Eireli.
ISBN: 978-65-5520-660-9

Todos os direitos estão reservados e protegidos por Lei. Nenhuma parte deste livro, sem autorização prévia por escrito da editora, poderá ser reproduzida ou transmitida. A violação dos Direitos Autorais é crime estabelecido na Lei nº 9.610/98 e com punição de acordo com o artigo 184 do Código Penal.

A editora não se responsabiliza pelo conteúdo da obra, formulada exclusivamente pelo(s) autor(es).

**Marcas Registradas:** Todos os termos mencionados e reconhecidos como Marca Registrada e/ou Comercial são de responsabilidade de seus proprietários. A editora informa não estar associada a nenhum produto e/ou fornecedor apresentado no livro.

Impresso no Brasil — 1ª Edição, 2021 — Edição revisada conforme o Acordo Ortográfico da Língua Portuguesa de 2009.

**Erratas e arquivos de apoio:** No site da editora relatamos, com a devida correção, qualquer erro encontrado em nossos livros, bem como disponibilizamos arquivos de apoio se aplicáveis à obra em questão.

Acesse o site www.altabooks.com.br e procure pelo título do livro desejado para ter acesso às erratas, aos arquivos de apoio e/ou a outros conteúdos aplicáveis à obra.

**Suporte Técnico:** A obra é comercializada na forma em que está, sem direito a suporte técnico ou orientação pessoal/exclusiva ao leitor.

A editora não se responsabiliza pela manutenção, atualização e idioma dos sites referidos pelos autores nesta obra.

---

Dados Internacionais de Catalogação na Publicação (CIP) de acordo com ISBD

| | |
|---|---|
| L856v | Longo, Walter<br>Vítimas do Critério: como tomar decisões num mundo em transformação / Walter Longo. - Rio de Janeiro, RJ : Alta Books, 2021.<br>304 p. : il. ; 16cm x 23cm.<br><br>ISBN: 978-65-5520-660-9<br><br>1. Autoajuda. 2. Critérios. 3. Decisões. 4. Transformações. I. Título.|
| 2021-2886 | CDD 158.1<br>CDU 159.947 |

Elaborado por Vagner Rodolfo da Silva - CRB-8/9410

Rua Viúva Cláudio, 291 — Bairro Industrial do Jacaré
CEP: 20.970-031 — Rio de Janeiro (RJ)
Tels.: (21) 3278-8069 / 3278-8419
www.altabooks.com.br — altabooks@altabooks.com.br

---

**Produção Editorial**
Editora Alta Books

**Gerência Comercial**
Daniele Fonseca

**Editor de Aquisição**
José Rugeri
acquisition@altabooks.com.br

**Produtores Editoriais**
Maria de Lourdes Borges
Thales Silva
Thié Alves

**Marketing Editorial**
Livia Carvalho
Gabriela Carvalho
Thiago Brito
marketing@altabooks.com.br

**Equipe de Design**
Larissa Lima
Marcelli Ferreira
Paulo Gomes

**Diretor Editorial**
Anderson Vieira

**Coordenação Financeira**
Solange Souza

**Produtor da Obra**
Illysabelle Trajano

**Equipe Ass. Editorial**
Brenda Rodrigues
Caroline David
Luana Rodrigues
Mariana Portugal
Raquel Porto

**Equipe Comercial**
Adriana Baricelli
Daiana Costa
Fillipe Amorim
Kaique Luiz
Victor Hugo Morais
Viviane Paiva

Atuaram na edição desta obra:

**Revisão Gramatical**
Fernanda Lutfi
Gabriella Araújo

**Diagramação**
Joyce Matos

**Capa | Projeto Gráfico**
Paulo Gomes

**Ouvidoria:** ouvidoria@altabooks.com.br

Editora afiliada à:

# UÍTIMAS
## DO CRITÉRIO

# SOBRE
# O AUTOR

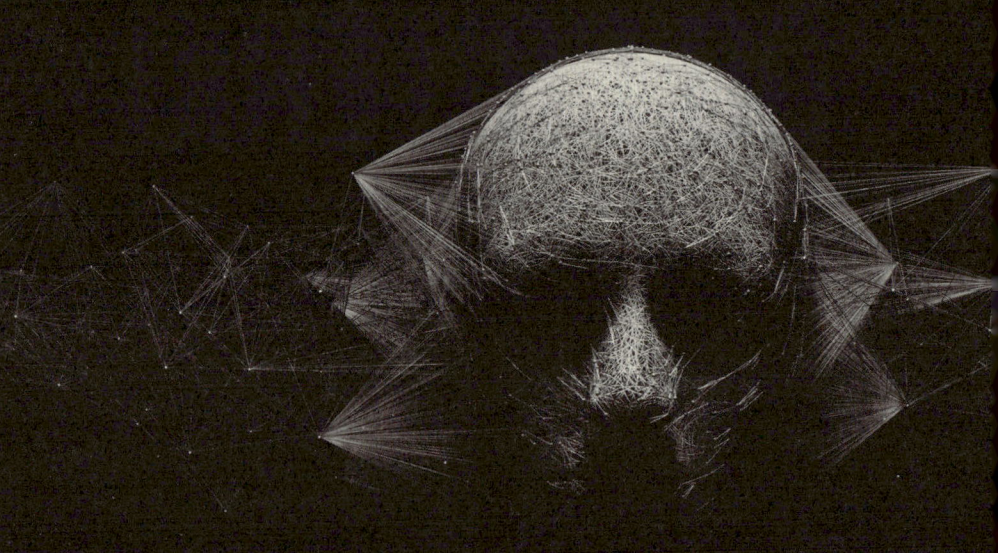

## WALTER LONGO

É publicitário, administrador de empresas, empreendedor digital, palestrante internacional e sócio-diretor da Unimark Comunicação. Anteriormente, foi presidente do Grupo Abril e mentor de Estratégia e Inovação do Grupo Newcomm — holding de comunicação do Grupo WPP que inclui as agências Young & Rubicam, Wunderman, Grey Brasil, VML, entre outras.

Já ocupou cargos de diretor regional para a América Latina do Grupo Young & Rubicam e foi presidente, no Brasil, da Grey Advertising, da Wunderman Worldwide, da TVA, da MTV e do Grupo Newcomm Bates. Foi também sócio-fundador da primeira agência de *branded content* da América Latina, a Synapsys Marketing e Mídia.

Por sua contribuição no setor de telecomunicações, Longo foi escolhido como presidente-executivo e presidente do conselho da Associação Brasileira de TV por Assinatura (ABTA), além de ter sido fundador e presidente da Associação Brasileira dos Fornecedores de Telecomunicações (Abraforte).

Foi eleito por quatro vezes o melhor Profissional do Ano do Prêmio Caboré. Foi também premiado com o título de Personalidade do Marketing Direto pela Associação Brasileira de Marketing de Dados (ABEMD). Em 2015, passou a fazer parte do *Hall of Fame* do Marketing no Brasil. Em 2017, recebeu o Prêmio Lide de Marketing Empresarial.

Walter Longo é membro de vários conselhos de empresas como SulAmérica, Portobello e Cacau Show, sócio de múltiplas empresas digitais, palestrante reconhecido internacionalmente, articulista de múltiplas publicações, além de autor, entre outros, dos livros *O Marketing na Era do Nexo, Marketing e Comunicação na Era Pós-Digital, O Fim da Idade Média e o Início da Idade Mídia, Insights para um Mercado em Transição* e *Trilema Digital*.

É também membro do Comitê Digital e mentor do Programa de Investimentos de Startups do Hospital Albert Einstein, além de influencer do LinkedIn com mais de 600 mil seguidores.

walterlongo.com.br

# SUMÁRIO

## 1
Um mundo de escolhas, 03

## 2
Por que os critérios estão indo para o saco?, 21

## 3
A moral de Nietzsche (e do mundo todo), 39

## 4
Estamos assolados pela desinformação em uma corrida sem direção, 61

## 5
A história está sendo reescrita, 83

## 6
Por onde andam nossos critérios diante do coronavírus?, 99

**7** Os bilhões de outros e seus inúmeros critérios, 119

**8** Os ingredientes do critério, 139

**9** O DNA do critério, 159

**10** Nossos vieses cognitivos de cada dia, 173

**11** Ainda sobre os nossos vieses cognitivos de cada dia, 193

**12** O ajuste fino dos nossos critérios, 211

**13** Você é sem querer ou de propósito?, 229

**14** A relação cultural e os vieses cognitivos, 249

**15** As pessoas são o grande diferencial do mundo, 265

# PREFÁCIO

# O CHAMADO DO CRITÉRIO

# O CHAMADO DO CRITÉRIO

O domingo do dia 20 de abril de 2008 amanheceu chuvoso na cidade de Paranaguá, litoral do Paraná. Era um daqueles dias bons para ficar embaixo das cobertas, cochilando, bebendo uma bebida quente, lendo um livro, ouvindo música, namorando ou assistindo a algum programa de TV. Com aquele tempo nublado e carrancudo, sair de casa para enfrentar uma chuva torrencial aparentemente não era o mais indicado a se fazer. Mas algumas dezenas de pessoas deram de ombros para a instabilidade climática. Afinal, naquela data, elas tinham agendado um compromisso que nem a forte chuva foi capaz de deter.

Dois acontecimentos as motivavam, um mais rotineiro, a missa dominical rezada pelo pároco da Paróquia de São Cristóvão, padre Adelir Antônio de Carli; e um segundo completamente insólito, a viagem que ele havia planejado fazer depois da celebração religiosa que conduziria.

Meses antes, a cidade especulava efusivamente e de maneira excitada os planos do padre Adelir, que os havia anunciado em alto e bom som para que se espalhassem como rastro de pólvora e causassem burburinho. Ele pretendia viajar pelos céus usando balões de festa como equipamento de voo. Sua intenção era decolar em Paranaguá e aterrissar em Dourados, no Mato Grosso do Sul, um percurso estimado de 925,5km (ou 13 horas e 14 minutos pela BR-487). De quebra, ele pretendia conquistar notoriedade em todo o mundo.

O comunicado dessa aventura chamou atenção, principalmente, dos frequentadores da Paróquia de São Cristóvão, que ficaram ansiosos por vê-lo subir aos céus.

— *"Nossa, ele é muito corajoso! Quando põe na cabeça que vai fazer alguma coisa, faz."*

— *"Eu vim ver o padre voar."*

— *"Ah, acho tão bonito!"*

Esses foram testemunhos dados por quem estava no local do acontecimento. Munidos de guarda-chuvas, capas de chuva e roupas quentes, as pessoas circulavam agitadas por lá. Alguns, querendo ajudar, enchiam com gás hélio os mil balões responsáveis por fazê-lo voar. Ali, compartilhavam da empolgação do padre Adelir pelo feito que estava por vir. Havia um frisson no ar.

Sentado em uma espécie de cadeira literalmente amarrada aos balões, padre Adelir tinha em mente um plano de voo "infalível", e ele já não era nenhum marinheiro de primeira viagem em uma aventura daquelas. Poucos meses antes, na preparação para aquela empreitada, ele fez uma viagem similar, utilizando 500 balões de festa.

Em fevereiro de 2008, decolou de Ampére (cidade no sudoeste do Paraná) e aterrissou em solo argentino 4 horas e 15 minutos depois, tendo percorrido uma distância de 110 quilômetros desde o seu ponto de partida. Aquela experiência o habilitou a ousar ainda mais e planejar viagens semelhantes mais longas. Ir para Dourados, portanto, o colocaria definitivamente no hall dos intrépidos desbravadores dos ares.

O voo para a Argentina provava que a viagem ao Mato Grosso do Sul seria absolutamente possível. Afinal, como alguma coisa poderia sair do script se ele já tinha feito uma espécie de test drive bem-sucedido e, sobretudo, quando contava com a companhia de Deus?! Infelizmente, a fé não foi instrumento suficiente para trazer sucesso à sua empreitada. De fato, ela foi um desastre.

Em suas previsões, ele sairia de Paranaguá por volta da uma da tarde e, 20 horas depois, aterrissaria em Dourados. Para ele, o plano de voo estava "perfeito". Ele tinha disposição física, estava empolgado e otimista, contava com o apoio da comunidade local, o auxílio de uma equipe técnica e dispunha dos equipamentos necessários.

Na prática, ele viajaria vestindo uma roupa térmica e estaria munido de dois celulares (operados via satélite), um GPS, uma bússola eletrônica e equipamentos para medição dos ventos. Sua equipe em terra poderia conversar e monitorá-lo ao longo de todo o deslocamento.

Com tudo "organizado", o tão aguardado momento chegou. Os relógios marcaram 13h, então — cercado por seus auxiliares e pelos fiéis da paróquia, acompanhado pela imprensa local e filmado por câmeras de televisão — padre Adelir fez uma oração, um sinal da cruz e foi impulsionado aos céus. As pessoas se despediram com gritos, acenos, jogaram papel picado ao alto. Rapidamente, ele ganhou altitude e desapareceu entre as nuvens. Ninguém sabia ainda, mas aqueles foram os últimos momentos em que seria possível vê-lo com vida.

A partir daquela festiva e bem-sucedida decolagem, ele desapareceu, sumiu por 74 dias (até 3 de julho), quando parte de seu corpo foi encontrado por um navio rebocador da Petrobras, boiando no litoral sul do Rio de Janeiro, na altura da cidade de Maricá, a 922,2 quilômetros de distância de Paranaguá.

À exceção de sua partida, todo o mais deu errado na viagem de padre Adelir, a começar pela chuva daquele domingo. O tempo estava jogando contra seus planos e ele não quis saber de rever seus critérios de decisão. Insistiu com seu planejamento, mas a chuva, talvez, tenha sido a menor de suas questões.

Para começo de conversa, os fortes ventos em sua decolagem fizeram os balões ganharem altitude muito acima do planejado. Aceleradamente, ele atingiu 5.800 metros de altura, quase o dobro da altitude prevista para seu voo. Uma vez lá em cima, os celulares falharam e ele não tinha um plano B de comunicação.

Ele entrou em voo com dois celulares, contando que eles dariam conta do recado sem maiores atropelos. Agora, pense comigo, se em terra firme nossos celulares já costumam nos deixar na mão, imagine nas condições de padre Adelir.

Ah, e outro fator: ele só percebeu durante o voo que as baterias dos aparelhos não estavam suficientemente carregadas. Por falta de energia, os telefones iriam deixar de funcionar bem antes das 20 horas programadas para a sua chegada em Dourados. A viagem seria feita, então, completamente sem contato com a sua base de apoio em terra.

Entretanto, como se as questões de comunicação enfrentadas por ele já não fossem ruins o suficiente para cancelar a missão, ele tinha outras sérias limitações técnicas, reveladas quando estava no ar.

Em um dos últimos contatos com a sua equipe, padre Adelir disse não saber usar o GPS! Como assim? A pessoa vai fazer uma viagem aérea sozinha, presa numa cadeira e pendurada em balões de festa, e não sabe utilizar o instrumento adequado para indicar as coordenadas do trajeto? Talvez ele tenha superestimado a sua relação com Deus e confiado demais que, apenas por orientação divina, sairia ileso de sua aventura.

A história de padre Adelir é um dos grandes símbolos de como podemos guiar nossas ações pelo uso completamente inadequado dos critérios. Infelizmente, de maneira quase didática, as suas atitudes ilustraram como somos vítimas do critério.

Padre Adelir não decidiu em um piscar de olhos fazer aquela viagem fatídica. Ele não acordou em uma manhã ensolarada, olhou para o céu e disse: "Acho que fazer uma viagem usando balões de festa é algo divertido." Ele foi motivado por seu ofício como padre e pensou em fazer uma ação inusitada para chamar atenção às suas causas sociais. Ele queria angariar fundos para suas obras de caridade e melhorar a estrutura de sua paróquia.

Ordenado em 2003, ele assumiu a Paróquia de São Cristóvão em 2004. Ao chegar à cidade, constatou o grande fluxo de transporte de carga terrestre, devido ao porto de Paranaguá, um dos maiores do Brasil. Por lá, diariamente, o vai e vem dos caminhoneiros é imenso.

Por isso, criou a Pastoral Rodoviária a fim de realizar trabalhos de evangelização junto aos caminhoneiros.

Ao conhecer as histórias desses profissionais, ele se tornou um defensor da categoria e ganhou notoriedade por denunciar abusos sofridos por eles em seus trabalhos. Com o objetivo de ampliar sua atuação, viu no voo de balões uma oportunidade para levantar fundos e chamar a atenção de mais pessoas às suas denúncias, como ele já tinha conseguido ao voar para a Argentina. Na cabeça dele, a viagem a Dourados seria muito mais impactante, como, de fato, foi. Até hoje, ele é lembrado por esse voo, mas o seu impacto custou-lhe a vida, porque ele ultrapassou o limite da imprudência.

- Baseado em que ele **cometeu esse ato**?
- Será que não haveria outra **forma menos arriscada** de atrair atenção para si e para suas causas?
- **Valeu a pena se arriscar** dessa forma se ele não conseguiu dar continuidade aos seus sonhos?

Independentemente de qual seja a resposta a esses questionamentos, o que essas perguntas evidenciam é a importância dos critérios em nossas vidas. Como devemos entendê-los e como podemos usá-los para não nos tornarmos, simplesmente, vítimas deles.

Ao escolher voar, padre Adelir se baseou em critérios totalmente inadequados:

- **Ele era um padre!** Ou seja, não tinha treinamento específico em voos.
- Ele não tinha nenhuma **preparação física ou teórica**.
- Faltavam-lhe os **conhecimentos técnicos** mais básicos.
- **Ele nunca havia praticado** outras modalidades de voo como balonismo, paraquedismo ou esportes radicais no ar.

- Como equipamento de voo, ele escolheu balões de festa. **Precisa dizer mais?!** Só em animações no cinema esse tipo de escolha tem 100% de chance de dar certo.

Sem contar as suas graves limitações técnicas de uso dos "instrumentos de navegação":

> Ele não sabia usar o GPS e se esqueceu de carregar a bateria dos celulares!!!

O resultado desastroso dessa bem-intencionada aventura colocou o padre Adelir no topo da lista mundial das estultices humanas. Acabou se transformando em "meme" global, e até hoje o dia 20 de abril é relembrado, de maneira bem-humorada, como uma data que celebra não a coragem ou benemerência, mas a estupidez sem limites.

Eu te convido aqui a entender a importância dos critérios em nossas vidas. Essa questão atravessa nosso cotidiano a todo instante, e agora mais do que nunca, pois vivemos em um mundo onde nossas relações sociais (todas elas) estão em transição.

A partir dessa nova configuração de ser, estar e se relacionar, mediada pela tecnologia, tomar decisões tem se tornado um ato bem mais complexo. Como as situações em que vivemos ganharam novas nuances, saber gerenciar o tempo demanda sabedoria e um intenso exercício de autonomia. Porém, como estamos atolados pelas pendências cotidianas, acabamos desconhecendo ou não tendo um critério adequado para usar quando somos chamados a decidir. Com o passar do tempo, essa situação só se agrava.

Ao não utilizarmos os critérios apropriados em nossas ações, nos afundamos em um labirinto de situações emaranhadas de tal maneira que nos perdemos e, assim como o padre Adelir, ficamos sem GPS e comunicação para encontrar a saída.

> *"Graças a Deus estou bem de saúde. Minha consciência está tranquila. Está muito frio aqui em cima, mas está tudo bem. Eu preciso entrar em contato com o pessoal para que eles me ensinem a operar esse GPS aqui, para dar as coordenadas de latitude e longitude, que é a única forma de alguém em terra saber onde estou. O celular, via satélite, fica saindo da área, e, além do mais, a bateria está enfraquecendo."*
>
> REPRODUÇÃO DA ÚLTIMA COMUNICAÇÃO DE PADRE ADELIR,
> em 20 de abril de 2008, poucos minutos após o início de sua derradeira viagem.

## EM TEMPO

Antes de prosseguirmos para compreendermos mais detalhadamente os conceitos que trago como reflexão nesta obra, precisamos estar alinhados sobre uma definição básica: *Mas, afinal, o que são os critérios?*

Em seu significado dicionarizado, o critério é a faculdade de *discernir* e *identificar a verdade*. Portanto, remete à *busca* e ao *estabelecimento da razão*.

Os critérios são *padrões* utilizados como base para a comparação e julgamento de algo ou de pessoas, tornando-se, então, uma *referência* para mediar as relações sociais. Sendo assim, eles funcionam como *regra* para a estruturação racional e objetiva de uma escolha, fundamento para a tomada das decisões; conhecimento utilizado no ato de deliberar sobre algo ou permitir a expressão da crença e afirmação sobre qualquer assunto. O seu uso nos capacita a termos autoridade para *analisarmos as situações*. Como palavra, sua origem remonta à Grécia antiga, *kritérion;* e ao latim, *criteriu*.

# CAPÍTULO UM

# UM MUNDO DE ESCOLHAS

" O pensamento deve ter como base a incerteza para criarmos uma ruptura, uma oposição ao processo de globalização."

— JEAN BAUDRILLARD, *filósofo e sociólogo*

# UM MUNDO DE ESCOLHAS

Por mais de três décadas, quem circulava por dois dos mais movimentados aeroportos do Brasil, o Santos Dumont, no Rio de Janeiro, e Congonhas, em São Paulo, ouvia, de 30 em 30 minutos, o seguinte aviso sonoro:

> "Ponte aérea das 18h30 para o Rio de Janeiro, Aeroporto Santos Dumont. Comparecer para embarque na sala..." "Ponte aérea das 19h para São Paulo, Aeroporto de Congonhas. Comparecer para embarque na sala..."

Por anos, essa chamada ecoou pelos saguões desses aeroportos enquanto eles estavam abertos para pouso e decolagem. Ao longo das décadas de 1960, 1970 e 1980, até meados dos anos de 1990, esses voos eram um acontecimento previsível, porque de 30 em 30 minutos, religiosamente, um avião (geralmente, um turboélice Electra) levantava voo, ao mesmo tempo, tanto da ensolarada Cidade Maravilhosa quanto da cinzenta Paulicéia Desvairada, para realizar uma das mais famosas e movimentadas ligações áreas do mundo, a "Ponte Aérea Rio–São Paulo".

No auge de sua existência, no começo dos anos de 1960, essa viagem era mítica e sinônimo de elegância e status. Não à toa. O Rio tinha deixado recentemente de ser a capital federal, e São Paulo já era a maior cidade do país. Por isso, o vai e vem de políticos, executivos, profissionais liberais e artistas entre essas metrópoles era frenético e as histórias desses passageiros não se restringiam aos voos em si. Elas aconteciam bem antes do embarque e tinham continuidade após o desembarque, que passava pelos charmosos saguões desses aeroportos.

Se o chão quadriculado, branco e preto, de Congonhas falasse, com certeza seu depoimento seria um dos mais interessantes relatos de nossa história contemporânea. O mesmo pode-se dizer sobre as colunas do vão de entrada do Santos Dumont. Elas também foram testemunhas de significativos acontecimentos.

No fim dos anos 1950, as viagens aéreas eram uma coqueluche, para usar uma expressão comum àquela época. Era uma década de muito otimismo em todo o mundo. Os países estavam se reconstruindo dos desastres provocados pela Segunda Guerra Mundial e os voos comerciais começavam a ser mais constantes. Ainda eram restritos para quem tinha mais dinheiro, mas, a despeito das passagens não serem tão acessíveis, viajar tornava-se algo possível e era bem diferente da forma como conhecemos hoje em dia. Fumava-se livremente nas aeronaves, onde comissários de bordo serviam bebidas caras. Em voos mais longos, geralmente os internacionais, o cardápio oferecido era elaborado, recheado de caviar e frutos do mar, entre outras iguarias. Voar em si, independentemente de para onde se ia, era um ato sofisticado. As pessoas tiravam de seus guarda-roupas suas melhores peças de vestuário.

As mulheres usavam elegantes e caros vestidos de grife, joias, entre outros adereços como chapéus e luvas. Os homens, por sua vez, não economizavam em seus ternos bem cortados e sob medida. Toda aquela cena fazia parte de um mundo muito mais previsível, em que se sabia de antemão o que se esperar do outro e dos contextos social, profissional, familiar e afetivo.

Ao longo do século XX, o arranjo social, que fora herdado dos séculos anteriores, favoreceu a definição de modelos comportamentais como referências de ação. Coletivamente, buscava-se estabilidade, previsibilidade. A vida das pessoas era definida, praticamente, em quase todos os seus aspectos. A influência dos governos, das famílias, das instituições educacionais, da igreja etc. era decisiva para estabelecer as experiências dos indivíduos, que, por sua vez, tinham de se enquadrar nos padrões exigidos e fazer aquilo considerado como "*a coisa certa a ser feita*". As normas e procedimentos sociais eram na direção do coletivo para o individual, de cima para baixo.

O casamento é um nítido exemplo para a compreensão tanto do que seria "fazer a coisa certa" quanto da pressão social sobre os indivíduos. Como uma de nossas convenções sociais mais antigas, em um de seus primeiros arranjos, o casamento foi o meio para consolidar e preservar os grupos sociais extremamente utilizado na Europa Medieval por reis, rainhas e nobres de todo quilate. Até hoje, em certo grau, ele ainda pode ser entendido dessa maneira.

Nos regimes monárquicos, o casamento era um instrumento para a construção de alianças políticas, ampliação do poderio econômico, militar e da influência social dos reinos que representavam. Essa prática, em maior ou menor escala, se perpetuou ao longo dos séculos, sendo disseminada para todas as classes sociais e outros regimes governamentais. Durante séculos, o casamento era arranjado, previamente definido, e os interesses da família ou da coletividade eram levados em conta.

Ainda hoje, existem famílias em países como a Índia, entre outros no continente asiático e africano, que mantêm a tradição de casar seus filhos por alguma motivação que vai bem além de um enlace romântico, uma decisão consensual de união entre os principais interessados, os noivos. Mas essa mentalidade de ignorar a complexidade individual de cada um não se restringia aos matrimônios. Pelo contrário, era irrestrita e estava bem presente em outros aspectos de nossa vida como na formação profissional das pessoas.

No passado, era como se herdássemos, por meio de nosso DNA, as profissões de nossos pais. Se o seu pai fosse advogado, a lógica era você dar continuidade àquela profissão. Engenheiro, idem. Médico, então, era quase um sacerdócio. Padeiro, ferreiro, marceneiro, pedreiro, não importava o ofício, entendia-se, como por uma misteriosa lógica cartesiana, que os filhos dariam prosseguimento ao legado profissional de seus pais. Daí, as famílias praticamente se tornavam uma liga única de profissionais de uma mesma área. Em resumo, nosso futuro profissional já estava traçado, independentemente de nossas aptidões ou interesses. Mas é preciso lembrar, também, de um aspecto relevante e adicional desse contexto.

Como a sociedade era bem mais patriarcal do que hoje em dia, o trabalho, os negócios e a educação formal eram espaços exclusivos dos rapazes. As moças estavam restritas às tarefas domésticas. Aquela organização social impedia que elas demonstrassem suas habilidades profissionais, e elas tampouco eram tratadas a partir de direitos semelhantes aos concedidos aos homens. Por mais que esse comportamento de discriminação em relação à mulher perdure tanto na sociedade brasileira quanto em outros países, a lógica de interação social de 30, 40, 50 anos atrás era completamente outra. Especificamente quando se aborda as relações trabalhistas é como se descrevêssemos outro planeta.

Quem tinha a sorte de ser admitido em uma empresa "respeitada", de "renome", jamais deixaria o emprego. Iria se esforçar de sol a sol para se manter em sua função até chegar o tão sonhado momento da aposentadoria, para só então "curtir a vida adoidado". Havia um acordo implícito de mútua fidelidade entre patrões e seus funcionários.

Estar empregado era como um segundo casamento, sem os votos nupciais, mas com o compromisso de "nunca se separar" e enfrentar todos os dissabores da relação sem reclamar. A dinâmica era vista como se fosse uma parceria eterna. A mera possibilidade de perder aquela condição paralisava as pessoas. Quando a demissão ocorria de fato, alguns (a grande maioria, a bem da verdade) achavam que a vida tinha acabado naquele momento. E, a exemplo de como as pessoas casadas passavam a ser malvistas ao se separarem (vale lembrar, o divórcio só foi legalmente instituído no Brasil em 1977), os desempregados ficavam com sua imagem pública bastante comprometida, porque o pensamento social vigente era de que, se alguém perdesse o emprego, com certeza, algo de muito inadequado ele teria feito. Perder o emprego significava que aquele profissional falhou, não tinha sido suficientemente competente para se manter empregado. Por isso, algo devia estar muito errado com ele.

Essas relações estanques, de pouca ou nenhuma flexibilidade e predeterminadas, refletem como tudo era entendido com uma pretensa objetividade. De alguma maneira, nossos destinos estavam traçados. Tínhamos menos liberdade, porque praticamente tudo estava decidido. O mundo era dual, preto e branco. O cinza, ou qualquer outra variação de cor, era posto de lado, estava excluído. Para aquela formação social, era mais fácil viver daquela maneira. Havia códigos muito bem definidos e explicitamente compartilhados.

As pessoas sabiam como se vestir para entrar num avião, ir a uma festa ou à missa de domingo, ou para trabalhar. Havia roupa de trabalho! Em termos familiares, e mais íntimos, as regras disciplinares eram bem mais rígidas. A autoridade dos pais era incontestável e pobres dos filhos se não os obedecessem, se não andassem na linha. À mesa, por exemplo, o que as mães serviam para as refeições era o que se comia sem contestação, até porque não havia incontáveis opções de alimentos.

Atualmente, uma pessoa é chamada a decidir em seu cotidiano 25 vezes mais do que na década de 1980. Segundo alguns estudos recentes, o número de decisões cotidianas de uma pessoa que vive num grande centro urbano chega a 35 mil por dia. Em termos de consumo, por exemplo, essa proporção dispara. Os supermercados ilustram bem essa afirmação. Há 40 anos, as prateleiras de shampoo tinham dois, três tipos de produto para lavarmos a cabeça, quando muito. Hoje, os corredores dos itens de higiene pessoal estão repletos de prateleiras com as mais variadas ofertas. São literalmente centenas de opções. E essa condição de fartura decisorial é irrestrita. Está em todas as áreas de nossa vida, do entretenimento às questões existenciais.

Antigamente, a maioria das famílias só tinha a programação da TV aberta como opção de lazer. Assistíamos ao filme que a maior emissora de televisão do país, a Rede Globo, decidisse passar e na hora que ela achasse conveniente. Gostássemos ou não da opção oferecida por eles, era aquilo que tínhamos para assistir. Após o surgimento dos serviços de streaming, qualquer pessoa assiste ao filme que desejar, onde quiser e na hora mais conveniente.

Antigamente, você comprava um carro como vinha da fábrica. Basicamente, sem opcionais e igual para todo e qualquer comprador daquela marca e modelo. Agora, são tantos os opcionais possíveis que podemos quase customizar nosso automóvel como único e, de fato, exclusivo. A diferença entre os modelos novos é absolutamente gritante.

Tomar um café, um hábito tão corriqueiro e simples na vida do brasileiro, tornou-se praticamente uma aventura de sensações e sabores. Antes, o café era coado e servido no bule para todos os presentes. Agora, com a facilidade de acesso às máquinas de café expresso, há quase uma infinidade de cafés para se apreciar. Intenso, suave, encorpado, descafeinado, a decisão é de inteira responsabilidade de seu paladar.

Antes, ao chegarmos num hotel, dormíamos no travesseiro que estava na cama. Agora, tem até menu para escolhermos como a nossa cabeça pode repousar mais adequadamente. Existem opções para quem dorme de lado, de frente ou de bruços. Tem travesseiro de pluma, de pena, de espuma de látex, de espuma com mola, de espuma com memória, de microfibra de poliuretano... quem diria que escolher um travesseiro pudesse ser algo que envolvesse tantas variáveis?!

Todo esse universo de possibilidades amplia exponencialmente nossas escolhas e elas não são só de caráter objetivo, material.

Uma das maiores certezas que a sociedade tinha, aquela relacionada ao gênero das pessoas, caiu por terra neste século. Desde os anos 1980, podíamos saber qual era o sexo de quem iria nascer. A certidão de nascimento, em termos de gênero, era algo imutável. Foi-se o tempo dessa certeza, dessa cláusula pétrea.

Hoje, o gênero faz parte das nossas liberdades individuais e do rol de decisões cotidianas. Estabelecemos novos paradigmas sociais, inclusive biológicos (uma mulher no corpo de homem ou um homem no corpo de uma mulher). A aceitação desse comportamento gerou um impacto sem precedentes e tem modificado substancialmente as formas de relacionamento. Exige que as pessoas se adaptem, revejam seus conceitos e reaprendam a conviver num mundo cada vez mais plural e optativo. A compreensão dessa nova maneira de interagir leva tempo para ser absorvida. É preciso muita reflexão, o que gera frustração, estranhamento, descobertas, aceitação, incompreensão. É um processo vivo de adaptação e que não temos como definir quando ele terá fim, porque ele nunca para, mas vai se modificando e nos levando junto com ele para novas realidades.

## O PARADOXO DA ESCOLHA

Agora, não precisamos mais fazer algo porque alguém nos impõe a sua vontade ou a sua forma de ver a vida. Nesta era, fazemos o que acreditamos ser o correto. Nosso grau de liberdade aumentou muito. Trocamos predestinação por presunção e a noção de autoridade foi alterada pela noção de subjetividade. Daqui para frente, eu decido o que quero, onde trabalho, minha profissão, meu casamento, quem eu sou. Os dias em que vivíamos sob o julgo de uma sociedade que esperava previsibilidade das pessoas acabaram. As escolhas são individuais. É só uma questão de tempo para que todos possam compartilhar desse comportamento. Mas toda essa liberdade, e quantidade de escolhas, traz consigo responsabilidades e torna nossas relações bem mais complexas.

> "À medida que a variedade de escolhas aumenta, como tem acontecido em nossa cultura de consumo, a autonomia, o controle e a libertação que essa variedade traz são poderosos e positivos. No entanto, na medida em que a quantidade de escolhas continua crescendo, começam a aparecer os aspectos negativos de haver um número infinito de opções."

O trecho destacado acima é do livro *O Paradoxo da Escolha*, do psicólogo Barry Schwartz. Nessa instigante obra, ele reflete sobre como o aumento das escolhas em nossas vidas se tornou um problema, não uma solução, como se presumia. Mas é preciso enfatizar que, com sua teoria, ele não está afirmando que não houve aumento na qualidade de vida em sociedade. Ele, inclusive, reforça o fato de que as escolhas permitem "controlar nosso destino e que conseguimos atingir exatamente o que queremos em qualquer situação".

Por isso, é importante ficar atento a seu pensamento, principalmente, porque "à medida que a quantidade de escolhas cresce, seus aspectos negativos aumentam, gradativamente, até nos sufocar. Quando isso acontece, a escolha deixa de ser fonte de libertação e passa a ser fonte de fraqueza". Certamente, não queremos nos sufocar. Não somos necessariamente mais felizes porque temos mais escolhas, pois também sofremos se somos expostos a uma grande quantidade delas.

As escolhas exigem mais de cada um de nós. Elas requerem mais decisões, maior uso de critérios, ou seja, ficar inerte, apático ou passivo diante de uma escolha não é uma atitude sábia. Esse comportamento gera angústia, incerteza e desperta o medo. Medo de optar por um caminho e se arrepender. Medo de perder algo por fazer uma escolha equivocada. Medo de perder o que se conquistou por uma escolha aleatória. O medo é uma sensação que pode te paralisar ou te jogar para a frente.

- **Quantas pessoas**, por medo, deixam de comprar alguma coisa ou tomar uma decisão?

- **Quantas empresas** entraram no mundo digital, não porque tivessem essa crença, mas por medo de que o concorrente fizesse isso?

- **Quantas pessoas** acabaram contratando alguém com medo de que o concorrente contratasse aquela pessoa?

O medo tem essa dupla capacidade de paralisar e jogar para frente e temos problemas quando nos faltam critérios claros e definidos na ação ou na reação das situações.

## SOCIEDADE EFÊMERA

A individualização da sociedade, incentivada por meios digitais e pelo *mass customization* da indústria, trouxe consigo a necessidade de tomarmos decisões o tempo todo, sobre o que fazemos, compramos e como nos relacionamos. Cada vez mais, temos decisões pessoais, familiares, corporativas e de cidadania a tomar e o preço desse comportamento é alto.

A liberdade excessiva trouxe dificuldades adicionais e responsabilidades multiplicadas, implicando necessidade de exercermos nosso critério para tudo, o tempo inteiro. Enquanto isso, como consequência, o mundo digital trouxe consigo a *erosão criterial*. Podemos saber o que quiser a hora que der vontade, mas não temos a menor ideia da procedência daquela informação e se ela é confiável.

Somos inundados com notícias de toda ordem e ficamos à mercê da melhor estratégia algorítmica de quem publica a informação para que aquilo chegue até nós como resposta às nossas dúvidas. Só que o aumento da incerteza é exponencial, formando um ciclo ao infinito e além. Dúvidas geram dúvidas.

De fato, como teoriza o filósofo e sociólogo Jean Baudrillard, "a incerteza é a grande revolução atual". Como o nosso destino não está mais traçado, temos de decidir sempre, o tempo todo.

- E como é possível tomar tantas **decisões simultâneas**?
- Como não se **equivocar**?
- Como se **manter disposto** a decidir a todo instante?

Essas opções são tantas e tão diversas que as nossas convicções vão ficando pelo meio do caminho. Situação essa que me faz lembrar outro grande pensador contemporâneo, o filósofo francês Jean-Paul Sartre, quando ele afirma:

*"O medo da liberdade é o nosso maior medo."*

Esse pensamento fica evidente em um momento de incerteza como o nosso. Nunca fomos tão livres, porém, nunca fomos tão deprimidos como sociedade. De acordo com a Organização Mundial de Saúde (OMS), deixamos a década de 2010 para trás com uma média mundial de 800 mil suicídios ao ano. É como se a cada 40 segundos uma pessoa tivesse tirado sua própria vida.

O volume brutal de novos paradigmas em uma sociedade efêmera gera uma epidemia de decisões equivocadas, ou seja, quanto mais decisões ao mesmo tempo, mais rápidas elas têm de ser tomadas e, consequentemente, mais decisões equivocadas são feitas; e decisões equivocadas geram perda de tempo, frustração e a sensação de um gigantesco prejuízo em todas as áreas da vida. Essa dinâmica é uma das maneiras de nos tornarmos vítimas do critério. Diante do tsunami de escolhas apresentadas diariamente, nos faltam critérios adequados.

A quantidade de decisões gera uma *indigência crítica* e uma *miopia da realidade* com falta de nexo em quase tudo. Antigamente, os sábios tinham certeza e os ignorantes tinham dúvidas. Hoje, parece ser o contrário. Os imbecis estão cheios de certeza e os sábios repletos de dúvidas, porque, quanto mais você sabe, mais você nota que, de fato, não sabe de nada.

*"Fique na companhia de quem está à procura da verdade e fuja de quem já a encontrou."*

— VÁCLAV HAVEL, *dramaturgo*

A pandemia da Covid-19, que nos tomou de assalto no início de 2020, é um exemplo concreto e contundente do quanto é importante desconfiarmos da certeza dos imbecis e, se possível, nos mantermos a léguas de distância deles.

Quando o coronavírus se fez presente, entendemos rapidamente o quanto nossas organizações sociais, econômicas e políticas são frágeis. Passamos a combater um inimigo invisível, em tese onipresente, sem saber o que devíamos fazer. Estávamos agindo completamente às cegas.

Em determinados momentos, fomos guiados pela histeria, pela falta de evidências científicas e, pior, desconsiderando as características locais de cada um dos países. Daí, paralisamos nosso comércio, nos isolamos e, mesmo assim, vimos a quantidade de mortos e infectados se multiplicar consistentemente. O Brasil, inclusive, foi uma das nações que teve as mais graves estatísticas da pandemia.

Na prática, os esforços sanitários e médicos definidos pelos organismos internacionais de saúde tiveram graus variados de efetividade e diversos outros fatores não previstos, não identificados, influenciaram na propagação ou controle da doença. De certo, contudo, a Covid-19 foi a mola propulsora para a mais recente onda de prejuízos econômicos que afetou o mundo. Em 2020, tivemos a pior retração econômica global desde a Grande Depressão, gerada pela quebra da bolsa de valores de Nova York.

- Será que **não poderíamos ter lançado** mão de outros critérios de ação para enfrentar essa situação?

- Será que poderíamos **ter tido outra postura** diante de um inimigo desconhecido?

- **Seria possível ter combatido** esse vírus sem causar tantos traumas?

Essas são questões válidas, mas as respostas que obteríamos estão na casa da hipótese, e refletem a complexidade de nosso mundo atual, de como a sociedade, de fato, é líquida, como tão bem definiu o pensador Zygmunt Bauman. Hoje, temos muito mais liberdade e uma multiplicidade de opções, o que criou uma nova geração que pode ser considerada vítima do próprio critério.

## AO MESMO TEMPO AGORA

No Brasil, vivemos em uma sociedade assolada pelas *fake news*, por decisões incompreensíveis do Supremo Tribunal Federal e por equívocos estratégicos das corporações. Apesar de parecerem fatos isolados, tudo isso tem uma origem comum: somos vítimas do critério.

> "Para ter certeza absoluta sobre algo, você deve saber tudo ou nada sobre aquilo."
>
> HENRY KISSINGER, *diplomata*

No momento em que muita gente acredita que a Terra é plana e que os programas de vacina fazem mal, temos o cenário ideal para que se generalize a perda da visão crítica e abrimos espaço para a possibilidade de um crescimento endêmico das vítimas do critério.

O mundo digital amplificou muito esse fenômeno de multiplicidade de decisões, de opções e de informações por meio das referências e inferências distorcidas que chegam até nós através da internet. Por exemplo, recentemente, você pode ter se maravilhado com o conteúdo de um blog supostamente escrito por uma menina de 10 anos. Mas qual não seria a sua surpresa se, depois de tê-lo divulgado efusivamente para as suas redes sociais, você recebesse um alerta de um amigo que o conteúdo compartilhado é copiado de outros autores, que a menina não tem 10 anos e, aliás, nem menina é! Como você reagiria?!

Há algum tempo, a comparação e o juízo de valor na mídia eram simples e diretos. Tínhamos quatro tipos de mídia ao nosso dispor: TV, rádio, jornal e revista. Todos atuavam de maneira semelhante, com linhas editoriais definidas e as mesmas premissas de grade, periodicidade, tiragem e alcance.

Naquele contexto de certeza e estabilidade do setor de informação/entretenimento, o fato mais relevante era que todos os veículos de mídia decidiam o conteúdo que seria consumido. Eles funcionavam como uma espécie de *concierge* da informação. Elencavam os assuntos prioritários e nos ofereciam estes de acordo com o que julgavam melhor ou mais atraente. Entretanto, a tecnologia revolucionou esse setor, pôs um fim a esse sistema e a decisão do que consumir em termos de informação ou entretenimento mudou de lado. Quem define o que, quando e onde assistir, ouvir ou ler somos nós. A grade cedeu lugar à perenidade.

O comparável tornou-se incomparável. Afinal, como comparar a Netflix com o YouTube?! Ou empresas de rádio com o Spotify? Ao criarmos categorias distintas de produtores, exibidores, agregadores, streaming e buscadores, acabamos por inviabilizar comparações e dificultamos nosso juízo de valor. Somos mais livres! A decisão do que consumir é nossa e isso revoluciona tudo.

De alguma maneira, antigamente, nossa vida estava definida em quatro fases:

- Havia uma primeira fase em que brincávamos. **Era a infância**.

- Em uma segunda fase, nos dedicávamos mais aos estudos. **Era a juventude**.

- Daí, entravamos numa fase do trabalho. **Era a vida adulta**.

- Por fim, chegávamos a uma fase em que o foco era descansar. **Éramos idosos**.

Agora, a divisão entre essas fases foi implodida. Tudo acontece junto e misturado. A gente brinca, estuda, trabalha e descansa ao mesmo tempo. Às vezes, no escritório, eu termino uma série da Netflix que estou assistindo e, quando chego em casa, pego uma planilha de Excel para preencher. Tem gente que começa uma profissão aos 40 anos e, quando chega aos 60 anos, muda completamente de carreira, descobrindo um novo caminho profissional; ou que tira um período sabático para descansar aos 35 anos e retoma o trabalho aos 40; ou que interrompe uma formação universitária aos 23 anos e volta à sala de aula aos 30. Estamos o tempo inteiro fazendo correções de rota em nossas vidas de acordo com as necessidades do momento e as possibilidades que aparecem. Assim, acompanhamos as mudanças dos tempos.

Cada um decide o quando, o como e o porquê fará algo específico, e estamos fazendo coisas diferentes constantemente. Trocamos o mundo da autoridade, quando a sociedade ou alguém nos impunha tudo, para a fase da alteridade onde tudo é alternativa, tudo decorre de nossas decisões.

# CAPÍTULO DOIS

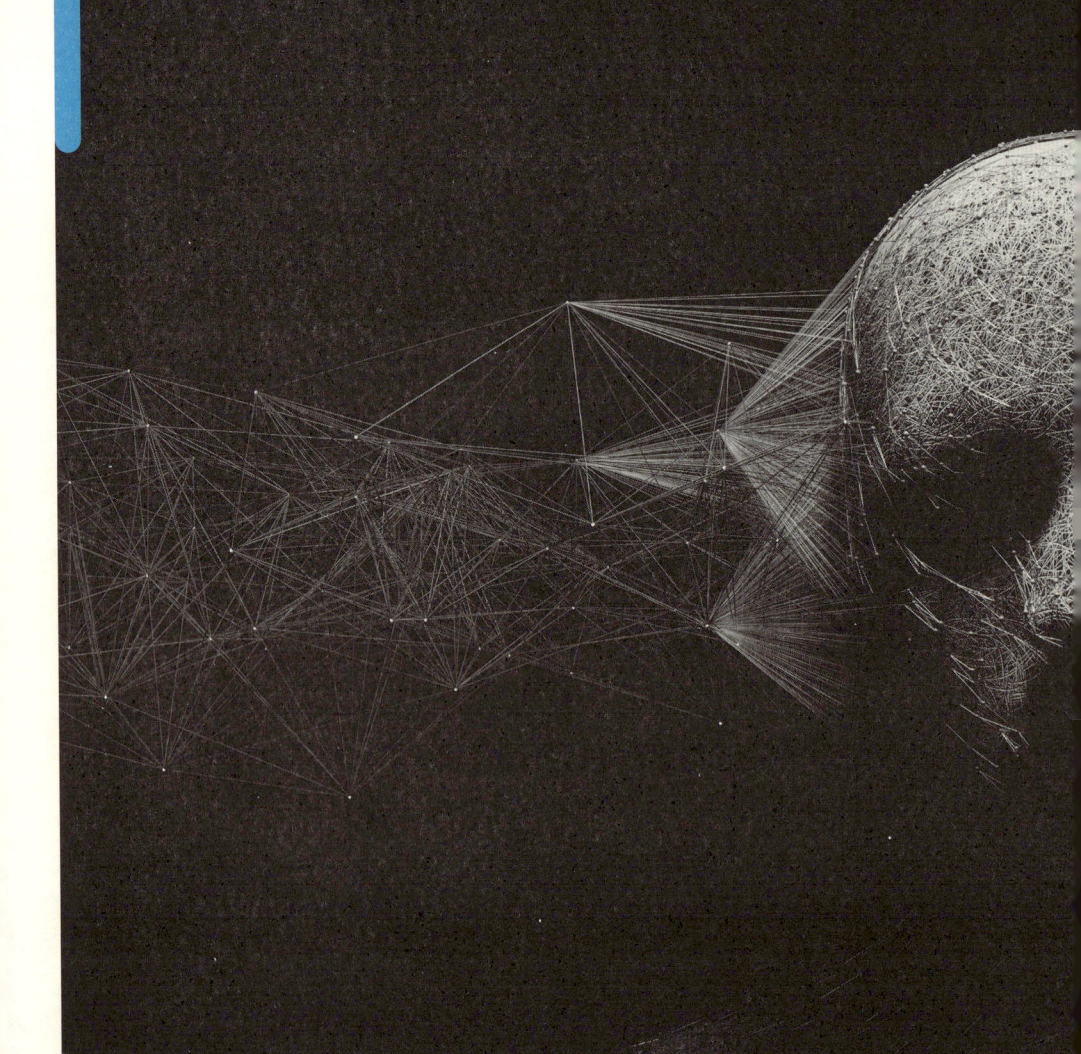

# POR QUE OS CRITÉRIOS ESTÃO INDO PARA O SACO?

> O melhor termo para definir *deepfake* é 'conteúdo sintetizado por IA', mas temos de lembrar que a produção de imagens e vídeos falsos não é algo novo. O que mudou foi a automação da criação desse material. Por isso, temos que ser mais críticos e perceber que estamos sendo manipulados por malfeitores de todos os tipos."

— **HANY FARID**, *professor de ciência da computação da UCLA e especialista em análise de imagens digitais*

# POR QUE OS CRITÉRIOS ESTÃO INDO PARA O SACO?

O ator e cineasta norte-americano Jordan Peele tornou-se uma referência na poderosa indústria do cinema dos Estados Unidos por ter sido o primeiro negro a ganhar um Oscar por roteiro original. Em 2018, ele levou a estatueta para casa pelo filme *Corra!*, do qual também foi diretor. Esse feito catapultou a sua carreira e o tornou um nome respeitado entre seus pares. De fato, suas qualidades técnicas como profissional do entretenimento foram responsáveis por fazê-lo uma figura notória. Contudo, não lembro o nome dele aqui pelos seus feitos conquistados na grande tela, e sim por um trabalho específico para outras telas.

No mesmo ano de sua consagração no Oscar, em abril mais precisamente, ele chamou a atenção da mídia dos Estados Unidos devido ao inusitado e inédito formato de uma de suas produções em vídeo feita para a internet. Peele deu corpo, voz e vida a um Barack Obama de sua imaginação. Uma criatura feita em total semelhança ao homem Obama, mas completamente inventada por um software de edição. E eu não estou me referindo a algo caricato, obviamente construído a partir de efeitos especiais; não é o caso. Estou mencionando uma imagem absolutamente realística capaz de convencer qualquer um de seus espectadores se, ao ser reproduzida, não estiver acompanhada por um vistoso sinal de alerta, indicando que aquele material não passa de um truque cinematográfico.

A partir da captura da imagem e das expressões do ex-presidente dos Estados Unidos, Peele criou em estúdio um vídeo para o YouTube em que Obama alertava:

> "Estamos entrando em uma era em que nossos inimigos podem fazer qualquer um dizer qualquer coisa a qualquer momento. Mesmo que eles nunca tenham falado nada sobre o assunto em questão."

Vestido com um terno escuro, camisa branca, gravata azul e um broche da bandeira dos Estados Unidos em sua lapela, calmamente, ele prosseguia:

> "Como por exemplo eu, quando falo que Killmonger [vilão do filme Pantera Negra] estava certo; Ben Carson [Secretário de Habitação e Desenvolvimento Urbano do Governo Trump] está em transe; e o presidente Donald Trump é um total idiota, um completo 'merda'."

A partir desse instante e ápice de xingamento a Trump, a tela do vídeo se divide e vê-se, lado a lado, a imagem de Obama e Peele, falando sincronizadamente o mesmo texto:

> "Este é um momento perigoso. Ao avançarmos [com a tecnologia], precisamos estar mais vigilantes com o conteúdo exposto pela internet. Precisamos, cada vez mais, contar com fontes de notícias confiáveis. Essa fala pode soar simplista, mas ao nos encaminharmos ainda mais nesta era da informação, [as fontes confiáveis de notícia] farão a diferença para sobrevivermos; ou, então, vamos nos tornar algum tipo de distopia 'fodida'."

O que se viu ali, pela primeira vez, e de forma extremamente didática, foi uma amostra explícita das *deepfake*. Se, ao longo da história, a imagem e o áudio foram entendidos como exemplos da veracidade dos acontecimentos, agora, acreditar naquilo que se vê ou se ouve, quando gravados ou filmados, pode ser uma grande armadilha.

As *deepfake* são uma espécie de "nova fronteira" das *fake news* e a tendência é que elas se alastrem como rastilho de pólvora, impulsionadas por ferramentas tecnológicas, sobretudo, com o avanço da inteligência artificial em nosso cotidiano e com a chegada da chamada Internet das Coisas, em que as conexões virtuais vão ganhar outra dimensão, quando todos os objetos que nos cercam estiverem interligados e com chips armazenando e difundindo informação por aí. Mesmo enquanto isso não acontece, já dispomos de tecnologia suficiente para mostrar o tamanho de seus possíveis estragos.

Com um mínimo de domínio técnico, teoricamente é possível para qualquer um criar uma imagem e áudio falsos, porque softwares, que no passado eram sofisticados e de uso restrito a profissionais do audiovisual, estão se popularizando e o seu preço é cada vez mais acessível. De declarações institucionais de líderes de todos os gêneros a filmes pornográficos envolvendo a imagem de celebridades ou políticos, já foi dada a largada para a criação de situações falsas que só existem no mundo virtual.

Os programas de computador desenvolvidos para dar vida a essas *deepfake* são extremamente eficientes e as possibilidades de criação para essas imagens e áudios falsos são ilimitadas. Pelo reconhecimento dos gestos, das expressões faciais e da entonação da voz, esses sistemas mapeiam pontos em nosso corpo até assimilarem o padrão de como nos movimentamos. Em uma segunda etapa dessa engenharia computacional, as máquinas lançam mão de cálculos matemáticos para recriar as situações e entram em cena ferramentas de simetria para atribuir veracidade ao produto final, ou seja, o vídeo em si, sua imagem e som. Só estamos aptos a realizar todo esse processo quando conseguimos utilizar a inteligência artificial. As consequências do uso dessas técnicas ainda não estão dimensionadas, mas já vivemos em uma era em que o conceito sobre o que é verdade está mais difícil de ser estabelecido.

Ao longo dos milênios, nos aproximamos de chegar a uma definição comum sobre a verdade, mas nunca conseguimos alcançar uma unanimidade sobre o assunto, porque a verdade absoluta inexiste, dada a quantidade de variantes envolvidas em uma situação, de forma objetiva e subjetiva. Com o advento da tecnologia, esse cenário só vai se agravar, pois introduziremos mais variáveis. As *deepfake* vão nos colocar em uma dimensão de vida sem nenhum precedente, porque a verossimilhança do material produzido é assustadora. Qualquer um pode confundir o que vê e ouve como sendo um acontecimento real.

Vivemos em uma era na qual a criação de textos falsos e afirmações inverídicas circula com muita força pelo mundo virtual. Agora, dimensione a força que as mentiras terão quando a manipulação da imagem e do som for mais simples de ser feita. Os estragos podem ser incalculáveis, e já foi possível vislumbrar um pouco desse alcance com o aplicativo chamado *DeepNude*, em alusão ao termo *deepfake*.

## NU COM A MÃO NO BOLSO

Um desenvolvedor de aplicativos, utilizando redes neurais, elaborou um app com a finalidade de remover as roupas em fotos de mulheres. O software, que era vendido a 50 dólares, prometia tirar a roupa e qualquer marquinha do corpo das mulheres. Como a promessa foi cumprida, rapidamente ele viralizou. O striptease virtual tinha uma lógica simples. O sistema substituía as roupas por seios e vulvas. Por isso, quanto menos roupa fosse preciso "retirar", mais realista seria o resultado final da fotografia manipulada. Ou seja, fotos de mulheres vestindo biquínis, maiôs e lingerie eram um prato cheio para a criação de imagens completamente realistas.

Contudo, a vida desse aplicativo foi curta. Pelo menos, a sua venda legalizada foi rapidamente coibida depois de uma matéria feita pela Motherboard, editoria de tecnologia do site Vice, nos Estados Unidos.

Com o título, "*This horrifying app undresses a photo of any woman with a single click*" (Este aplicativo apavorante tira a roupa de qualquer mulher com um simples clique), a jornalista Samantha Cole expôs as diversas questões éticas envolvendo o seu uso. A matéria, em pouco tempo, ganhou repercussão nos Estados Unidos, inibindo o criador do *DeepNude*, que se identificou à jornalista como Alberto, a dar continuidade à comercialização de sua invenção.

Em uma de suas contas no Twitter, ele declarou acreditar que "venderia algumas cópias do seu app de maneira controlada, não que ele iria viralizar e sair de controle como aconteceu".

Ao ser questionado por Samantha porque ele havia decidido criar um aplicativo com o objetivo de tirar a roupa das mulheres, ele respondeu que sua inspiração teria sido as propagandas de óculos raio-x feitas para as revistas nas décadas de 1960 e 1970. Ele teria ficado fascinado pela possibilidade da existência da visão de raio-x, que tudo vê. Sendo assim, ao descobrir os usos potenciais da inteligência artificial, não levou muito tempo para ele aplicá-los no desenvolvimento do *DeepNude*. "Quando descobri que as redes GAN eram capazes de transformar uma foto diurna em noturna, percebi que seria possível tirar a roupa das pessoas em uma imagem. Movido pela diversão e entusiasmo com aquela descoberta, fiz meus primeiros testes, obtendo resultados interessantes", disse ele a Samantha.

Rede GAN é o termo em inglês para redes contraditórias generativas, que tem relação com a estrutura e o estudo das redes neurais e foi a base do desenvolvimento do algoritmo de Alberto, "treinado" com 10 mil imagens de mulheres peladas.

De acordo com ele, é muito fácil encontrar fotos de mulheres sem roupa na internet, por isso, foi mais "simples" desenvolver o aplicativo para tirar a roupa das pessoas do sexo feminino e obter um resultado mais próximo à realidade. Isso porque, ao utilizar o software em homens vestidos, quando a roupa era retirada, em vez de aparecer um pênis, o aplicativo criava uma vulva.

Na reportagem, Alberto continuou se defendendo das acusações de ser machista e sexista dizendo não ser voyeur, mas sim um "entusiasta da tecnologia". Portanto, ele trabalharia para aperfeiçoar o seu invento, fazendo-o funcionar corretamente com fotos de homens e, tecnicamente, torná-lo mais rápido, diminuindo a velocidade necessária para deixar as pessoas completamente sem roupa, que era de 30 segundos na primeira versão do app.

Ao ouvir cientistas, ativistas sociais e especialistas em direito na internet, a matéria do Motherboard indicou a repercussão negativa contra o aplicativo. De questões éticas de invasão de privacidade à objetificação do corpo feminino, foi geral a gritaria dos entrevistados.

O professor de ciência da computação da Universidade da Califórnia e especialista em análise de imagens digitais, Hany Farid, ouvido por Samantha, foi enfático: "Como sociedade, temos de melhorar a detecção das *deepfakes*. Acadêmicos vão ter de pensar mais criticamente sobre como melhor proteger seus avanços tecnológicos para que eles não sejam transformados em armas e usados de maneiras prejudiciais. Por sua vez, as redes sociais vão ter de refletir com mais cuidado sobre como definir e fazer cumprir as regras em torno desse conteúdo. Assim como os legisladores terão de regulamentar cuidadosamente os ambientes virtuais."

É senso comum entre estudiosos mundo afora, principalmente a quem se dedica aos temas de tecnologia, apontar as *deepfakes* como fenômeno internacional contemporâneo. Elas estariam por todos os lugares. Por sua vez, a legislação dos países ainda é muito lenta para acompanhar e adotar um sistema legal de proteção às pessoas contra os malefícios decorrentes delas. Essa demora afetaria, sobretudo, os grupos minoritários e os mais vulneráveis na sociedade.

## A TEMPESTADE PERFEITA SE FORMA

A internet nos jogou em uma verdadeira infodemia, termo criado em março de 2020 pela OMS, que definiu o seu significado como um "dilúvio de informações (precisas ou não), que dificultam o acesso a fontes e orientações confiáveis". Essa palavra surgiu em meio a propagação do coronavírus para definir aquilo que ficou caracterizado como "segunda pandemia", devido à crise de saúde mundial instalada pela Covid-19.

O Departamento de Evidência e Inteligência para Ação em Saúde da Organização Pan-Americana da Saúde (OPAS) criou um documento técnico, uma folha informativa, para explicar e dimensionar o problema da infodemia com o surgimento do coronavírus. Intitulado "Entenda a infodemia e a desinformação na luta contra a COVID-19", esse documento trouxe significativas informações. Entre elas, algumas estatísticas perturbadoras:

- **361 milhões de vídeos** foram carregados no YouTube ao longo de 30 dias, em março de 2020, com a classificação "COVID-19" e "COVID 19".

- Cerca de **19.200 artigos** foram publicados no Google Scholar desde o início da pandemia até abril de 2020.

- Em março, **550 milhões de tweets** continham os termos "coronavírus", "corona vírus", "covid19", "covid-19", "covid_19" ou *"pandemic"*.

- A busca por atualizações sobre a Covid-19 na internet cresceu de **50%** a **70%** entre todas as gerações.

Apesar de a palavra em si, infodemia, ter surgido em 2020, seu conceito já havia sido definido anos atrás. Em 1970, o futurista Alvin

Toffler previu em seus estudos que sofreríamos de uma "sobrecarga de informação" por causa do contato excessivo com os canais existentes de informação e com os quais ainda criaríamos.

Naquela época, Toffler entendeu que tínhamos uma capacidade limitada de processamento e absorção de conteúdo que já era insuficiente para o volume de informação produzida. Para ele, nosso cérebro não tinha a devida capacidade para assimilar a demanda de assuntos a qual estávamos expostos pelas mídias convencionais — em TV, rádios, jornais e revistas — e nossa limitação só se agravaria com o surgimento de outros meios de difusão de conteúdo. Ele identificou essa característica nos anos 1970 e apontou o seu agravamento nas décadas seguintes, o que de fato aconteceu como consequência direta dos avanços tecnológicos. E como canta Caetano Veloso em sua música *Alegria, Alegria*:

> "(...) O Sol nas bancas de revista / Me enche de alegria e preguiça / Quem lê tanta notícia? / Eu vou / Por entre fotos e nomes / Os olhos cheios de cores / O peito cheio de amores vãos / Eu vou / Por que não, por que não? (...)"

De acordo com estudos publicados por especialistas em comunicação da Universidade de Berna, na Suíça, o ser humano tem a capacidade máxima de ler 350 páginas diariamente. Porém, esse número é completamente eclipsado pela quantidade de informações que recebemos ao longo de um dia, quando estamos expostos à internet, às redes sociais, aos aplicativos de troca de mensagens, aos e-mails, às revistas, aos jornais, aos telejornais, aos programas de rádio, à publicidade etc.

O volume dessa informação gira em torno de 7.355 gigabytes, o equivalente, em termos comparativos, ao conteúdo de bilhões de publicações impressas.

É evidente que, diante de um volume de conteúdo diário semelhante ao da Biblioteca do Congresso dos Estados Unidos (a mais antiga instituição cultural daquele país), desenvolveríamos problemas de saúde.

Precisamos de energia para nos mantermos ativos. Nosso cérebro, por sua vez, é o órgão que mais demanda energia para funcionar. Ou seja, quanto maior for nossa exposição à informação, mais energia precisamos para processá-la, do contrário, em algum momento, entramos em curto-circuito. Com pouca disposição energética, nosso cérebro para de funcionar apropriadamente, entrando em fadiga. Ficamos esgotados física e emocionalmente e, consequentemente, perdemos nossos critérios. Nessas situações, ficamos mais vulneráveis e mais propensos a tomar decisões erradas.

Outro detalhe extremamente importante a se considerar nessas situações é o fato de que, quanto mais expostos estamos tanto à informação como à tecnologia, mais dificuldade temos de nos desligar, de relaxar. É como se vivêssemos em um ciclo retroalimentar de sabotagem, como se estivéssemos viciados em drogas. Sabemos que precisamos parar, mas não conseguimos. Há, inclusive, cada vez mais pessoas sofrendo síndrome de abstinência da tecnologia e da informação. Esse é um dos motivos pelo qual algumas pessoas entendem que estamos fadados a viver em uma sociedade distópica.

Ao compreendermos que a distopia, como conceito, caracteriza-se como um estado de pessimismo generalizado, corremos um sério risco de termos sociedades distópicas no futuro devido à má aplicação de nossos critérios. Nesse cenário, os governos serão estabelecidos pelo totalitarismo, pela operação do autoritarismo. A visão desse futuro é catastrófica ao caracterizar os Estados como intrinsecamente corruptos e a tecnologia sendo utilizada como ferramenta de controle coletivo e individual. Contudo, essa é uma hipótese dos pessimistas. Eu, por exemplo, estou no time dos otimistas. Faço parte do grupo que sabe da necessidade urgente de usar os erros como aprendizado e que nenhuma situação, independentemente da sua gravidade, enquanto estivermos vivos, é estanque, finita em si. Por isso, prevejo o amanhã por um viés utópico.

Uma epidemia de informação verdadeira e/ou falsa dificulta a formação de um critério balizado sobre o que é verdade, o que é mentira, o que é importante ou irrelevante. Além de ser um fenômeno cada vez mais comum, principalmente quando falamos de boatos e mentiras contados virtualmente, um mal desta era, a Idade Mídia (fase do mundo analisada em detalhes no meu livro anterior *O Fim da Idade Média e o Início da Idade Mídia*). Como resultado direto da presença dessa situação, as pessoas sentem-se paralisadas em sua capacidade de decisão e de critério, abrindo espaço para o crescimento das incertezas, dúvidas e ansiedade, originando ainda relações sociais instáveis, angustiadas e tristes. Isso inclusive estende-se a ao exercício da fé.

De certa maneira, nossa relação com as religiões está passando por profundas transformações, que têm um significativo impacto sobre nosso entendimento como seres humanos. Afinal, as religiões atravessam a nossa história evolutiva. Tanto a civilização ocidental quanto a oriental, como as conhecemos, foram forjadas a partir de dogmas mais ortodoxos do cristianismo, judaísmo e islamismo (as três maiores religiões monoteístas do mundo), e crenças do xintoísmo, hinduísmo, taoísmo, entre outras correntes religiosas mais presentes no continente asiático.

## SEPARE O JOIO DO TRIGO*

*O que é infodemia?*

Como declarado pela OMS, o surto da Covid-19, e a resposta a ele, são acompanhados por uma enorme infodemia: excesso de informação (algumas precisas, outras não), tornando difícil encontrar fontes idôneas e orientações confiáveis quando se precisa. A palavra infodemia se refere a um grande aumento no volume de informações associadas a um assunto específico que podem se multiplicar exponencialmente em pouco tempo, devido a um evento específico. Nessa situação, surgem rumores e desinformação, além da manipulação de informações com intenção duvidosa. Esse fenômeno é amplificado pelas redes sociais e se alastra como um vírus.

*O que é desinformação?*

A desinformação é uma informação falsa ou imprecisa cuja intenção deliberada é enganar, podendo afetar profundamente todos os aspectos da vida das pessoas, mais objetivamente a nossa saúde mental. Grande parte dessa desinformação se baseia em teorias conspiratórias; algumas inserem elementos dessas teorias em um discurso que parece convencional, mas são informações imprecisas e falsas. A desinformação pode circular e ser absorvida muito rapidamente, mudando o comportamento das pessoas e possivelmente levando-as a correr riscos.

*Como a infodemia contribui com a desinformação?*

O maior acesso global a celulares conectados à internet, além das mídias sociais, levou à geração exponencial de informações e a um aumento do número de meios possíveis de obtê-las, criando uma epidemia de informações, ou infodemia. Em outras palavras, temos uma situação na qual muitas informações estão sendo produzidas e compartilhadas em todos os cantos do mundo, chegando a bilhões de pessoas. Quantas dessas informações são corretas? Apenas algumas!

*FONTE: Organização Pan-Americana da Saúde.*

Agora, porém, as pessoas transitam por uma profusão de seitas e credos, integrando em suas vidas os mais diversos dogmas religiosos simultaneamente. É como se as pessoas customizassem uma religião para si, utilizando aquilo que convém quando há interesse e deixando de lado situações que desacreditam ou não têm identificação. É um comportamento de um sincretismo cada vez mais inédito e irracional expressado, às vezes, em afirmações como: "Eu sou ateu, graças a Deus!"

As pessoas diante de uma profusão de informação — de constantes e radicais mudanças sociais, de uma permanente ressignificação das relações afetivas, fraternais e profissionais — buscam alguma estabilidade emocional e conforto espiritual na primeira manifestação religiosa com que se deparam. Elas se jogam e se agarram em um monte de religiões ao mesmo tempo, tudo junto e misturado, ignorando diferenças de credo, jogando por terra dogmas e vivendo um quinhão de cada uma delas ao rezar um terço de Ave Maria, oferecer flores para Iemanjá e meditar a partir dos preceitos do Zen Budismo. Vale tudo nesse caldeirão sincrético da fé.

Em nosso entorno, a confusão está grande em todos os aspectos, e ainda pode ser mais intensa, como um dia afirmou Umberto Eco, pelo fato de a internet ter dado voz a "uma legião de imbecis".

Escritor, filósofo, semiólogo, linguista, bibliófilo e diretor da Escola Superior de Ciências Humanas da Universidade de Bolonha, para citar alguns dos seus títulos e cargos, Eco, enquanto vivo, foi um ferrenho crítico do papel das novas tecnologias no ambiente da difusão da informação. A questão para ele nesse debate passava pelo fato de as redes sociais potencializarem, de maneira inédita e única, o pensamento dos "imbecis", que antes do surgimento desses meios de comunicação "falavam apenas em um bar, entre conhecidos, sem prejudicar ou interferir em uma coletividade social mais ampla".

Eco fez essa declaração na cerimônia a qual foi agraciado com o título de Doutor Honoris Causa em Comunicação e Cultura pela Universidade de Turim, em 2015. "Os imbecis eram imediatamente calados, mas agora têm o mesmo direito à palavra de um Prêmio Nobel." É interessante, contudo, ressaltar o fato de que esse seu pensamento repercutiu da mesma forma que o pensamento de um "imbecil" repercutiria, via internet.

A sua fala focou uma visão negativa da rede mundial de computadores, desconsiderando a sua mesma força para a propagação de uma mensagem construtiva e reflexiva. De certa forma, ao fazer as suas afirmações, ele vilanizou o mensageiro do conteúdo, criticado apenas por fazer o seu trabalho. No caso da internet, divulgar sem censurar a origem da mensagem.

No momento de sua titulação em Turim, Eco preconizou, contudo, o fato de que "ninguém mais seria capaz de saber se um site era confiável", se não conduzisse uma investigação apropriada de checagem de sua procedência. Ele defendia que os meios tradicionais de comunicação, devidamente estabelecidos e reconhecidos, como forma de enfrentar a tempestade de *fake news* que se formava no horizonte, constituíssem uma "equipe de especialistas" para fazer uma espécie de filtragem das informações em circulação no meio online.

Digamos que, nessa forma de combate à infodemia, Eco foi visionário, já que hoje os grandes veículos de comunicação mundo afora, assim como instituições públicas e acadêmicas, implementaram equipes de especialistas justamente para fazer uma triagem da informação em circulação, fato que evidencia mais um aspecto desse intricado mundo novo.

As pessoas que antes tínhamos como vestais da informação se transformaram em milhares de *coaches*; e cada um deles fala o que quer. Esse comportamento está intimamente ligado ao fato de a gerontocracia (estrutura social em que a opinião das pessoas mais velhas tem mais importância) ter cedido lugar à ditadura dos *millennials*. A tecnologia e a rapidez das mudanças ao nosso redor anularam a importância da experiência passada e colocaram no seu lugar o valor da atualidade. Os mais velhos passaram a ser considerados a geração 1.0, que, sem possibilidade de atualização, ficou obsoleta. Em seu lugar, assumiu uma legião de jovens cujos critérios refletiam um retrato mais fiel da instantaneidade da informação.

Antigamente, o mais velho era um cara que sabia mais, tinha razão. Agora, ele é desprezado, porque o importante é ser jovem; e a juventude fala o que bem quer e entende. No fundo, sobre esse assunto, eu faço um parêntese, pois ele é merecedor de um capítulo à parte.

Tudo o que está acontecendo no mundo, a existência de estruturas sociais com mais liberdade, a possibilidade de decidirmos nosso destino, de fazer o que quisermos, de nos casar com quem escolhermos, de trabalharmos onde desejarmos, estudarmos quando nos for mais conveniente etc. Enfim, todo esse grau de liberdade excessiva me faz lembrar uma das reflexões de Nietzsche sobre o ser humano.

Foi Nietzsche quem nos trouxe a noção da *moral aristocrata* e da *moral escrava*. Imagino como seria a recepção dessas expressões hoje em dia, em um mundo dominado pelo politicamente correto. Tenho cá com meus botões a impressão de que ele encontraria muitas dificuldades para ser acolhido. Mas, para além de uma interpretação rápida e superficial de suas palavras, ele refletia, com a elaboração de seu conceito, que há dois tipos de pessoas: as de *moral aristocrata* e as de *moral escrava*, também chamadas de *moral dos senhores e moral de rebanho*. Vale muito a pena nos determos mais detalhadamente no pensamento de Nietzsche e explorar essa sua visão, o que vamos fazer no capítulo a seguir.

# CAPÍTULO TRÊS

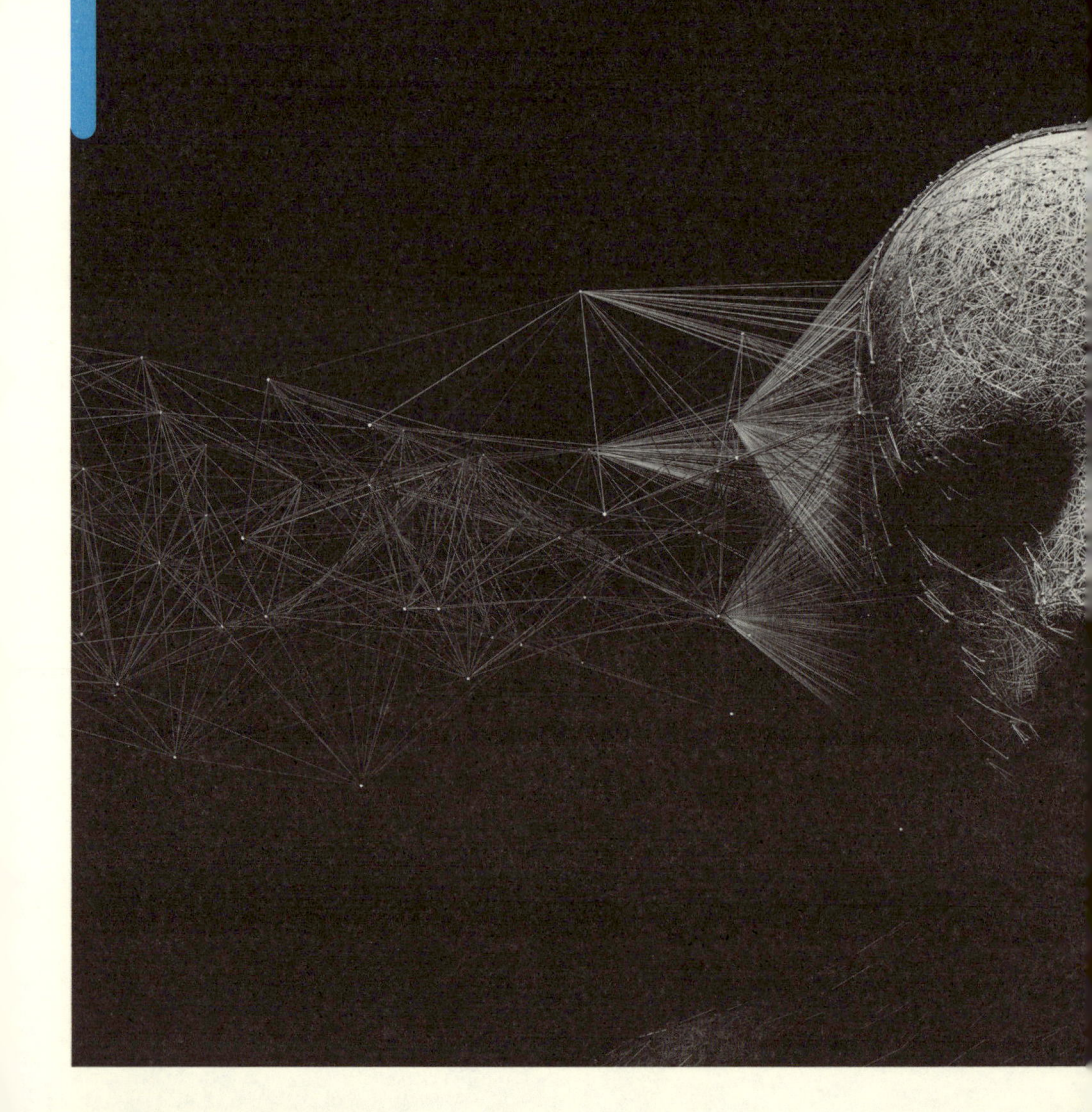

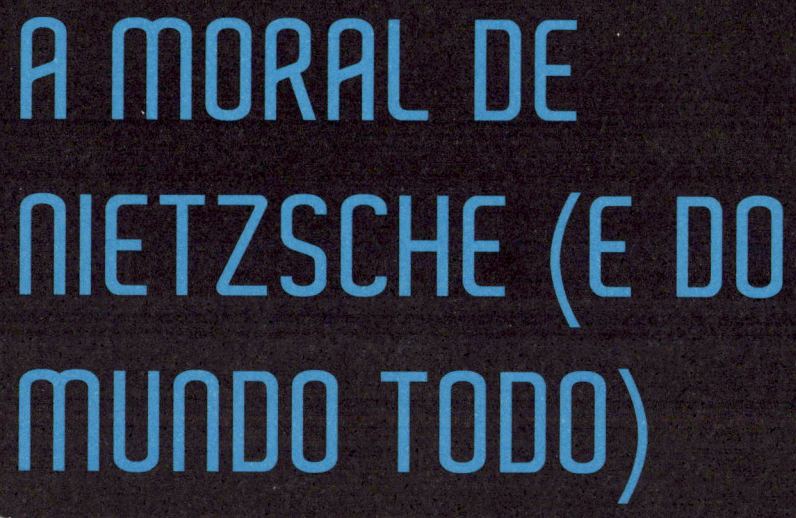

# A MORAL DE NIETZSCHE (E DO MUNDO TODO)

" Não devemos nunca permitir que nossos medos ou as expectativas dos outros definam as fronteiras de nosso destino."

— **MARTIN HEIDEGGER,** *filósofo*

# A MORAL DE NIETZSCHE (E DO MUNDO TODO)

Em 1887, o filósofo alemão Friedrich Nietzsche estava a 13 anos de sua morte e vivia um momento de maturidade em sua carreira profissional. Considerado um dos mais influentes filósofos do século XIX, ele entrou para a história como um dos principais pensadores da sociedade moderna do Ocidente por ter elaborado alguns dos mais contundentes estudos sobre a natureza humana do ponto de vista social.

Nascido no vilarejo de Röcken, em 1844, na então Prússia (atual Alemanha), Nietzsche, aos 25 anos, já havia se tornado catedrático em Filologia Clássica na Universidade de Basileia. Um feito e tanto para um jovem. No caso dele, entretanto, uma conquista consequente se considerarmos a rígida disciplina educacional imposta a ele quando criança e adolescente, mas não menos surpreendente.

Criado em uma família de clérigos luteranos (ele era filho, neto e bisneto de pastores protestantes), ele fora preparado por sua mãe, com a ajuda de sua avó e irmãs mais velhas, para seguir a tradição dos homens da família e se transformar em pastor (aos 5 anos, Nietzsche ficou órfão de pai). Portanto, à época de seu crescimento, não lhe faltaram livros para leitura e a consequente estruturação de um pensamento analítico, reflexivo.

Durante aqueles anos, ele teve tempo para exercitar seus mecanismos mentais construindo o princípio de sua expressão escrita e oral, bem como sua capacidade de interpretação de texto, estruturando assim a base intelectual para o homem que ele viria a se transformar.

Aparentemente tudo transcorria como programado. Aos 10 anos de idade, ele ingressou no *Domgymnasium Naumburg* (ginásio da cidade de Naumburg) e, aos 14 anos de idade, recebeu uma bolsa de estudos para a sua preparação como clérigo. Porém, silenciosamente, nesse período de estudo, ele começou a se questionar sobre os ensinamentos do cristianismo e, ao completar 18 anos de idade, toda a expectativa lançada nele cai por terra quando ele decide romper com a prática dos dogmas religiosos para viver um período de "libertinagem", como descrevem alguns de seus biógrafos. A rigidez da sociedade do século XIX não viu aquela decisão com bons olhos.

Como resultado daqueles anos de tantas experiências sexuais, encontros fraternais, discussões intelectuais, diversas noites regadas as mais variadas bebidas, ele contraiu sífilis, doença que anos mais tarde teria um papel fundamental para o declínio de sua saúde e influência em sua morte.

Apesar de ter rompido formalmente com o cristianismo, ele deu prosseguimento aos seus estudos de Teologia e Filologia Clássica, habilitando-o como profissional e criando espaço à produção de suas análises, textos, artigos e livros publicados. Foram vários e quase todos tornaram-se clássicos da literatura filosófica ocidental. Entre eles, um dos seus mais significativos tratados sobre a condição humana em sociedade, *Zur Genealogie der Moral: Eine Streitschrift* [*Genealogia da Moral: Uma Polêmica*, em português], publicado em 1887.

Essa obra, na verdade, complementava a sua reflexão sobre o tema da moralidade humana que ele publicara um ano antes, em 1886, *Jenseits von Gut und Böse: Vorspiel einer Philosophie der Zukunft* [*Para Além do Bem e do Mal: Prelúdio a uma Filosofia do Futuro*, em português], livro que por sua vez originou-se das anotações e reflexões nos momentos em que ele escrevia o seu texto mais popular: *Also sprach Zarathustra: Ein Buch für Alle und Keinen* [Assim Falou Zaratustra: Um Livro para Todos e para Ninguém, em português].

É preciso fazer essa breve cronologia de lançamentos de suas obras, porque o pensamento de Nietzsche é extremamente denso e, de certa forma, até hoje não se esgotou. Ele reflete a condição humana por uma perspectiva completamente original, tendo se notabilizado pelo veemente tom de crítica aos padrões sociais definidos, os quais repudiou em seu trabalho, principalmente a partir de 1887, quando de certa forma ele torna-se mais radical ao publicar textos mais contestadores, desafiantes à ordem social vigente tanto em âmbito público quanto privado. Nesse sentido, estudiosos de sua obra apontam o lançamento de a *Genealogia da Moral*, em 1887, como o início da fase de sua carreira em que ele aprofundou a negação ao que até então era estabelecido e aceito como ordem social, pregando a destruição do que estava posto para que refundássemos nossa civilização.

Nessa fase da vida, Nietzsche destruiu os valores fundamentais da cultura ocidental. De Deus ao Estado, da família às revoluções políticas, da ciência ao conceito de beleza, ele questionou todos os dogmas, estruturas e teses jurídicas, ou seja, toda e qualquer ordenação social aceita ou imposta como forma de vida. Para ele, os acordos existentes para justificar e fazer a sociedade funcionar eram construções delimitadoras ao homem e à sua capacidade criativa.

"A limitação do homem e de sua capacidade criativa" é um ponto fundamental para a compreensão de seu pensamento, porque, para ele, a vida sobrepunha-se às normas sociais vigentes, que nos "domesticavam" e "anulavam a nossa criatividade". O nosso caminho seria, então, o da superação desses valores, dessas amarras criadas para nos aprisionar. E a exemplo de seu personagem Zaratustra, que ao assumir plenamente o sentido da sua vida em todas as suas formas superou os obstáculos em sua trajetória, nós teríamos de fazer o mesmo; nos autorresponsabilizando pelos acontecimentos em nossas vidas.

Para ele, superamos os empecilhos à nossa volta entrando em ação em vez de esperarmos que a resolução venha como um ato contínuo do Estado, da família ou da religião. As soluções para nossos problemas não vêm de fora, nem são sobre-humanas, são nossas e se expressam em nossas atitudes.

A análise do mundo ao nosso redor é uma das mais importantes ferramentas de ação para modificação de nossa realidade, nos caracterizando assim como *übermensch* (palavra em alemão traduzida para o português como super-homem em diversos estudos sobre a sua obra), mas em uma tradução literal ela também pode ser compreendida como "acima do homem" ou "além-homem". Em suma, a sua reflexão dizia: podemos modificar nossa situação, não precisamos esperar por mais ninguém.

Filosoficamente, o *übermensch* não se questiona sobre "Qual é a verdade?", mas "Qual é o valor da verdade para a sua vida?", o que nos remete obviamente a um dos principais questionamentos da humanidade desde a Grécia Antiga: o que é a verdade?

## MORAL DOS SENHORES vs. MORAL DOS ESCRAVOS

A *Genealogia da Moral*, portanto, surge nesse contexto de elaboração de pensamento de Nietzsche e daí vem a sua tese principal de que os seres humanos só têm dois tipos de moral, a dos "senhores" ou dos "espíritos livres", contraposta à moral dos "escravos" também chamada de "moral de rebanho".

Antes de prosseguirmos, contudo, é importante compreender que não se deve entender a utilização da palavra "escravo", feita por ele, pelo seu uso social corrente, mas sim por sua conotação psicológica. Ou seja, o uso do termo "escravo" não se refere à subjugação de um povo especificamente, à escravidão de uma raça ou gênero humano. Vincula-se a um comportamento de aprisionamento limitante e desprovido de livre-arbítrio independentemente de etnia, nacionalidade, condição humana ou tempo.

Na visão de Nietzsche, a cultura ocidental aprisionou as pessoas, nos transformando em seres decadentes; e ele via Sócrates (o pensamento socrático, aliás) como um dos primeiros artífices dessa condição, porque ele teria instaurado a razão como principal paradigma de nossos atos, enfatizando a lógica, o equilíbrio e a ciência em detrimento de um conhecimento mais espontâneo, próximo à natureza e à sua força, assim como a vida é: sem lógica.

Com os avanços de sua reflexão, Nietzsche tornou-se um defensor do resgate dessa "força irascível da vida" em contraponto à formalidade da lógica e a sua necessidade de resposta para tudo. Porém, a sua metralhadora analítica não se restringiu à academia, à visão de mundo defendida pelos filósofos socráticos. Ele também voltou a sua artilharia para o cristianismo, acusando essa religião de ser um dos maiores agentes de propagação da "moral dos escravos" em detrimento da "moral dos senhores", isso porque, em sua ótica, um dos fundamentos do cristianismo é negar a vontade e o desejo individual das pessoas em prol de uma vontade coletiva, como afirmava Jesus Cristo, que sempre se colocou em favor dos mais fracos, dos desamparados e oprimidos, defendendo a existência de uma "moral de rebanho", nas palavras de Nietzsche. Fato esse absolutamente contraditório e conflitante em relação às pessoas que afirmavam a vida como um valor maior, relacionando-se com os seus desejos de maneira honesta e individual e sem pudores, tentando realizá-los independentemente de quem se opusesse a eles.

Para Nietzsche, a "moral dos escravos" prevaleceu em nossa vida até o século XIX e teria vencido a disputa contra a prática da "moral dos senhores". A disseminação do cristianismo em nossa sociedade e os seus bilhões de seguidores foi um dos motivos mais importantes para a "vitória" da mediocridade, segundo ele. Os mais fracos detiveram a ação dos mais fortes, baseando sua ação em versículos bíblicos como: "Bem-aventurados os pobres de espírito, pois é deles o Reino dos Céus."

Provavelmente, pensamentos como esse até hoje fazem Nietzsche se revirar em seu caixão. Ele via na expressão dessa afirmação uma ação maléfica do cristianismo contra o desenvolvimento das pessoas, porque uma fala desse tipo exclui do Reino dos Céus quem é belo, poderoso e forte, condenando-os a um inferno imaginário, sufocando a criatividade e o esforço em se aprimorar física e intelectualmente, afinal, se o Reino dos Céus está aberto aos "pobres de espírito", qual o destino de quem for um espírito livre, belo e altivo?

Na *Genealogia da Moral*, ele pregou a necessidade de nos questionarmos e investigarmos a origem dos valores sociais, não os aceitando como cláusulas pétreas, condições imutáveis de expressão. Nesse sentido, ele sugeriu a valorização dos aspectos materiais da vida, da natureza e das nossas necessidades físicas em detrimento da busca por uma vida em um paraíso religioso, onde estaremos cercados de anjos celestiais. Aqui, reside o conflito das duas possíveis morais em que vivemos.

É preciso entender ainda que, para Nietzsche, as duas morais eram forças de impulsão humana, uma espécie de estímulo como uma energia para interagirmos na vida e elas partem de um local completamente distinto um do outro.

Na "moral do senhor", a construção do mundo resulta de uma ação individual, a luta é contra você mesmo, em que o sucesso é sua responsabilidade e o fracasso, sua culpa. Quem tem essa moral, ou está nesse grupo de comportamento, entende o mundo a partir de si, de suas necessidades individuais. Já quem possui a "moral escrava" como forma de ação compreenderá a necessidade do outro como fator preponderante. As resoluções acontecem a partir de uma coletividade, a disputa é contra o outro, com um detalhe, quem pensa por esse viés acredita que o sucesso é seu por direito, mas, fatalmente, o fracasso é sua sina.

Deixando todo o mimimi de lado, sobretudo em relação às definições dos termos utilizados por Nietzsche (senhores vs. escravos), a mensagem dele como pensador é bastante objetiva.

Enquanto as pessoas detentoras da "moral de senhor" são donas de seu destino, se autorresponsabilizam e definem o seu caminho, as pessoas com a "moral escrava" são dependentes de um contexto (de uma empresa, de um governo, de um relacionamento etc.), portanto, não são donas de seu destino.

*"Me diga o que eu tenho que fazer, por favor?"*

### As diferenças de moral

| MORAL ARISTOCRATA | MORAL ESCRAVA |
|---|---|
| Ênfase endógena | Ênfase exógena |
| Deixa comigo | Quem vai fazer? |
| Eles dependem de mim | Eu dependo deles |
| A culpa é minha | A culpa é de alguém |
| Enfrenta e confronta | Aceita e lamenta |
| Pensar grande | Pensar pequeno |
| Superação | Ressentimento |

A "moral dos senhores" tem uma ênfase endógena, ou seja, a pessoa introjeta os desafios e os problemas. Normalmente, a postura de quem é assim se revela em afirmações como: "Deixa comigo. Eu faço. E, se tiver algum problema, a culpa é minha". Esse indivíduo é proativo, enfrenta o problema instantaneamente, confronta a situação, pensa grande e busca se superar.

Já quem é de "moral escrava" tem uma ênfase exógena, ou seja, ele tende a projetar para fora a responsabilidade e a pergunta que ele faz é a seguinte: "Quem vai fazer isto? Quem vai resolver este problema? Quem vai me dar isto daqui?" Ou seja, essa é uma visão de dependência na qual normalmente a conta é de alguém que nunca é ele. É uma pessoa que normalmente procrastina muito, aceita e lamenta tudo, pensa pequeno e é ressentida.

O tipo de moral define a estatura da pessoa. Ou seja, na "moral escrava", a disputa é contra os outros. Estou vendo aquele outro e queria ser como ele; ou queria ter o que ele tem; já na "moral dos senhores", a luta é contra si mesmo. Ele quer se superar, ser melhor a cada dia. Essas duas formas de estar no mundo também poderiam ser chamadas de "sujeito do desempenho" e "sujeito da obediência", como bem definiu o filósofo sul-coreano Byung-Chul Han, professor da Universidade de Artes de Berlim, em seu livro a *Sociedade do Cansaço*, no qual reflete sobre os efeitos colaterais da expansão dos discursos motivacionais em nossas vidas.

Ainda é fundamental atentar-se para o fato de que, na "moral do senhor", a existência prevalece sobre a essência. Aquilo que vivo é mais importante do aquilo que sou. "Eu sou eu e as minhas circunstâncias", portanto, o que acontece em minha vida é minha responsabilidade, "mea culpa, mea maxima culpa". Enquanto na prática da "moral escrava" a ênfase é contrária, a essência prevalece sobre a existência. Eu sou mais importante do que o que vivo. Além do mais, se a culpa é minha, eu a ponho em quem eu bem desejar. No exercício da "moral escrava", o indivíduo sempre tenta colocar a culpa em algo ou em alguém. É fácil entender essa afirmação em um simples exemplo.

Se uma pessoa chega atrasada para uma reunião de trabalho e seu diretor fala:

"Você está atrasado!"

A resposta de quem vê a vida a partir da "moral escrava" será:

"O trânsito estava engarrafado." "Meu ônibus não passou no horário." "O despertador não funcionou."

A culpa pelo atraso nunca é dele. É sempre de alguém ou de algo. Nessa mesma situação, quem é guiado pela "moral do senhor" responderá:

> "Verdade! Desculpe-me pelo atraso."

Ele reconhece o atraso, responsabiliza-se, desculpa-se, identifica o que o fez atrasar e encontra meios para evitar a repetição dessa situação, sem fazer alardes.

O mesmo é válido para uma situação de demissão. Quem olha para essa situação pela ótica da "moral do senhor" falará:

> "Eu não me adaptei à cultura da empresa. Não soube disputar o jogo corporativo e não alcancei as expectativas da direção. Me faltou jogo de cintura corporativa. Eu poderia ter sido mais flexível."

Essa fala revela alguém que está introjetando o problema em questão, assumindo a responsabilidade pelos acontecimentos.

No outro lado desse comportamento, as respostas seriam:

> "As pessoas tinham inveja de mim. Meu chefe era um imbecil e as metas propostas eram inalcançáveis. Eles não sabem o que querem."

Perceba a preponderância dos fatores externos nessa dinâmica. É como se o agente responsável pelo desligamento desse profissional da empresa fosse um exercício do "saquequeé", expressão provavelmente surgida como um neologismo em um misto de sânscrito com sueco, um termo bem comum entre os praticantes da "moral escrava", que em bom português refere-se ao: sabe o que que é.

Quem interage a partir da "moral escrava" sempre explicará os motivos da inadequação, os porquês do erro, da falta de compromisso, em vez de simplesmente assumir a responsabilidade pelas falhas apresentadas e tentar corrigi-las como uma pessoa com inclinação à "moral dos senhores" faria. Ela entende a necessidade de se autotrabalhar para se reconstruir e melhorar: "É verdade. Estou errado!"

## VIVER COM MEDO É SER ESCRAVO

Nós fazemos nossas vidas e somos responsáveis pelo desenvolvimento de nosso capital intelectual, portanto, quem constrói o seu caminho, principalmente o profissional, é o indivíduo. E essa construção tem de acontecer de maneira autônoma, com disciplina e responsabilidade, entendendo as recompensas pelos atos acertados assim como os ajustes necessários e os contratempos vividos pelas decisões intempestivas, falta de visão e de foco. É uma questão de meritocracia na veia e transitar por um caminho do livre-arbítrio no lugar de percorrer uma estrada determinista, fatalista. Como também refletiu o filósofo alemão Georg Hegel em *Fenomenologia do Espírito*: "Viver com medo é ser escravo."

Hegel, aliás, fez um brilhante trabalho de reflexão sobre a relação das posturas de senhor e de escravo na dinâmica social como as conhecemos. Em seu trabalho, ele exemplificou a interdependência dessas situações.

O senhor torna-se dependente do escravo pelo fato de ser ele quem vai executar todas as tarefas operacionais para a sua existência como limpar, construir, transportar etc.; por outro lado, o escravo, por medo de se rebelar contra os seus senhores, entende essa vida de limitação como segurança à sua existência. Ao trabalhar para o senhor, o escravo se sente parte de um sistema, garantindo assim a sua existência. Ou seja, no fundo, por medo de assumir uma vida distinta àquela que lhe foi imposta, ele permanece servil, retroalimentando a relação de dependência com os seus senhores.

A dialética de Hegel indica que tanto a existência do escravo quanto a do senhor depende da presença mútua de cada um deles. De forma simplificada, para alguém mandar é preciso alguém para obedecer; e alguém só pode obedecer quando há quem mande.

Ao transpor essa circunstância para os aspectos psicológicos do comportamento social humano, como Nietzsche fez, as pessoas de "moral escrava", que normalmente têm medo de decidir e, por isso, esperam o outro tomar a decisão, de certa maneira vivem em um inferno da dependência, da escravidão. Infelizmente, como Nietzsche pontuou, até o século XIX a maioria das pessoas no Ocidente viveu sob a égide da "moral escrava". A "moral dos senhores" na estrutura das sociedades como as conhecemos era uma exceção e um desafio. Principalmente, porque algumas pessoas têm vontade de mandar, mas a maioria absoluta tem apenas vontade de obedecer.

De acordo com mais um pensador alemão, Martin Heidegger, também considerado um dos mais originais e significativos filósofos do século XX, a submissão é a constituição fundamental da existência humana. Ou seja, de alguma maneira a gente se joga na dependência e quando, a partir dessa condição, se estabelece um limite, apenas alguns indivíduos conseguem superá-lo.

A maioria esmagadora das pessoas prefere permanecer naquele espaço que lhe foi dado, naquele ambiente predeterminado. A tendência das pessoas é a de se agrupar e viver em bandos, limitadamente. Apenas alguns fogem a essa regra. Só as exceções preferem se contrapor a esse comportamento.

Para o humanista e filósofo francês Étienne de La Boétie, a servidão voluntária é como se constituíssemos um oximoro, ou seja, um paradoxo. Formalmente, oximoros são figuras de linguagem encontradas em locuções que exprimem conceitos contraditórios, como "morto-vivo", "ilustre desconhecido", "silêncio eloquente" e "lúcida loucura". A contraposição do significado dessas palavras exacerba o seu sentido.

No caso da "servidão voluntária", La Boétie se questionava como uma pessoa que, em tese, pode ser livre e usufruir uma vida plena e autônoma, vive em servidão, sem coragem para reverter essa situação. A despeito da contradição em si dessa condição, ele constatou ser essa uma circunstância aceitável pelo gênero humano. Ou seja, poucos olham para frente com o firme propósito de conduzir o destino da sua vida. A maioria das pessoas desvia esse olhar do horizonte para baixo. Como consequência desse comportamento, ampliam-se as situações indesejáveis de violência, porque quem toma essa medida se vê como credor do mundo. Entende que a sociedade lhe deve alguma coisa, portanto, eles têm o direito de transigir das mais variadas formas inadequadas como pelo jeitinho, desmando, roubo e corrupção.

Quando as pessoas se sentem traídas, elas abrem mão de suas convicções de integridade e honestidade. Afinal, como ignoram a responsabilidade sobre o destino de suas vidas, imediatamente imputam ao mundo o papel de carrasco, em que as situações negativas e desfavoráveis surgiram em seus cotidianos para acabar com os seus sonhos e estabelecer a falta. Por isso, em um determinado momento de suas vidas, elas agem para pegar de qualquer maneira, para elas e para os seus, um pouquinho do mundo.

## SOCIEDADE DA ESPERA

Normalmente, quem se guia pela "moral dos senhores" tem cobiça e quem interage por meio da "moral escrava" tem inveja e há um gigantesco universo de diferença entre esses dois comportamentos.

Quem cobiça, pela ótica da "moral do senhor", quer o que o outro tem. É uma pessoa que, por querer muitas coisas, tem vontade de estabelecer uma vida independente, afinal, ela acredita na meritocracia, portanto, deseja ter o cargo de CEO, ser diretor regional, conquistar o cargo de VP Global da multinacional em que trabalha ou tornar-se um empreendedor de sucesso. Sendo assim, ela vai atuar ininterruptamente para conquistar esse desejo, estabelecendo as devidas relações corporativas para facilitar os seus planos. Contudo, isso não implica dizer que ela agirá de má-fé para realizar os seus sonhos. Esse profissional não precisa prejudicar seus companheiros ou usar atalhos para conquistar as posições cobiçadas por ele, não se trata de ser mau-caráter. Pelo contrário, é ter para si muita clareza de seus objetivos e agir com estratégia e foco para lograr seus planos. Essa é uma cobiça construtiva.

Por sua vez, o sentimento da inveja da "moral escrava" significa desejar ter algo de forma egoísta, impossibilitando o outro de ter as suas conquistas. Em vez de almejar o que o outro tem, no fundo ele deseja que o outro não tenha o que ele tem. Chega, inclusive, a ficar triste com a alegria do outro. Como disse Tomás de Aquino, inveja é ter exultação pela adversidade alheia e aflição por sua prosperidade. É um sentimento corrosivo, desagregador, mesquinho, destrutivo.

Infelizmente, a sociedade brasileira tem um comportamento majoritariamente resultante de uma prática da "moral escrava". Eu não tenho pesquisas objetivas, ou levantamentos científicos, mas, devido às minhas mais de quatro décadas de atividade profissional, tenho vivamente a impressão de que, para cada dez profissionais brasileiros com "moral escrava", apenas um demonstra interagir a partir da "moral dos senhores". E por que isso acontece de maneira tão aguda no Brasil?

Antropologicamente, somos forjados por três culturas que favorecem o crescimento e a evolução da "moral escrava". Os indígenas esperavam da natureza, os negros esperavam do divino, do transcendente, e os portugueses, por sua vez, esperavam da Corte. Ou seja, todo mundo esperava. Esperar algo de alguém ou de uma instituição foi um ponto em comum das raças que se miscigenaram e originaram o brasileiro e a sua cultura.

Acreditava-se que sempre haveria alguém para ajudar a fazer algo. Alguém olharia por você, o seu destino seria sempre traçado por esse alguém, humano ou divino. Dessa forma, ao longo dos anos formamos uma sociedade dependente desse alguém, uma sociedade da espera. Em tempos de relações globais, essa situação evidencia-se ao nos compararmos com outras estruturas sociais como as das sociedades alemã, japonesa e norte-americana, países onde as culturas do *do it yourself* (DIY, faça você mesmo) e do *self-made man* são correntes.

Talvez, a falta desse aspecto de DIY entre os brasileiros explique o porquê nossa produtividade, de maneira geral, é tão abaixo do desejável quando comparamos nosso desempenho com o de outras nações.

Nossa produtividade é oito vezes menor do que a chinesa, está cinco vezes abaixo da alemã e somos quatro vezes menos eficientes do que os norte-americanos. É significativo refletirmos sobre essa situação, porque na Idade Mídia (termo que utilizo para identificar a era em que vivemos e que foi tema de uma publicação anterior a esta obra) a prevalência da "moral escrava" diminuirá. Daqui para frente, a "moral dos senhores" vai se expandir e, provavelmente, essa expansão acontecerá muito rapidamente porque ela está atrelada ao desenvolvimento tecnológico e será um elemento significativo dessa nova era.

## MAIS LIVRES E MAIS DEPRIMIDOS

Até bem pouco tempo, o mundo era confortável demais para a "moral escrava" e extremamente inóspito para a "moral dos senhores", por isso, temos globalmente esse grande volume de pessoas vivendo a partir da "moral escrava". Não à toa, as três maiores religiões monoteístas (judaísmo, cristianismo e islamismo) concentram bilhões de pessoas e foram decisivas para formação dos Estados do Oriente ao Ocidente, tanto no hemisfério norte quanto no sul.

As fronteiras geopolíticas das nações foram estabelecidas em uma tensa relação entre os preceitos divinos professados por essas religiões e as necessidades e interesses das comunidades locais existentes nos continentes. Mas, no século XXI, a tecnologia vai ocupar esse lugar de decisão e influência desempenhado pela religião até então. Isso não vai significar, necessariamente, o declínio das religiões, mas a alteração de sua ótica e uma revisão de seu papel para cada indivíduo. Uma migração da missão de tutora para mentora da sociedade.

Há, inclusive, quem entenda a tecnologia como uma nova religião. Principalmente, se observamos que as respostas para nossas angústias, objetivas e subjetivas, começam a ser oferecidas pela miríade tecnológica.

O espaço de saber e conforto dos dogmas religiosos começa a caducar. Claro, uma mudança dessa extensão não acontece em um piscar de olhos, é evidentemente um processo, mas ele já está em curso.

Antes, tudo estava decidido, estabelecido. Como em um acordo tácito, alguém sempre mandava e os outros simplesmente obedeciam.

No seio familiar, o papel de mando estava reservado aos mais velhos, nossos avós e pais. Nas escolas e universidades, as ordens eram emitidas pelos professores e diretores. No trabalho, estávamos submetidos ao desejo dos chefes. Em termos de consumo, tínhamos de nos adequar à demanda e à quantidade de produtos oferecidos, assim como no consumo do lazer e entretenimento, em que poucas empresas dominavam o que nós deveríamos assistir, decidiam como poderíamos nos informar e o que era relevante para o nosso cotidiano. O mundo era delimitado das mais variadas maneiras. Não é mais assim.

As sociedades são cada vez mais confortáveis e adequadas para quem tem a "moral dos senhores", porque a tecnologia exige que tomemos partido e entendamos as possibilidades de nossas escolhas. Estamos entrando na era do poder da assunção e eclipsando a responsabilidade de outrora, em que tudo era proibido, tudo tinha regra, tudo tinha forma e tínhamos verdadeiras sunas. Havia um jeito de se vestir para entrar em tal lugar, um jeito específico para se usar os talhares à mesa; rigorosamente tudo estava predefinido e as pessoas obedeciam às regras para se integrar e fazer parte dos grupos. Agora, as sociedades nos obrigam a assumir nossas responsabilidades. Sem dúvida, esse movimento é positivo, libertador, mas tem seu lado controverso, digno de atenção.

Nessa nova era, a repressão cede espaço para a depressão, porque a liberdade conforta os de "moral dos senhores", mas oprime os de "moral escrava", que ainda são a maioria das pessoas. Por isso, é tão crescente o volume de *burnout* nas empresas. Não conseguindo lidar com tantas e complexas demandas, as pessoas entram em uma situação desmedida de estresse, comprometendo por completo o funcionamento de seu organismo, tornando-se disfuncionais.

Como a liberdade é uma forma de coação para os de "moral escrava", ela também se torna uma das razões para o crescente índice de depressão no mundo. Segundo a OMS, terminamos a década dos anos 2010 com mais de 300 milhões de casos espalhados pelo planeta. Na América do Sul, o Brasil é o país com o maior número de doentes, tendo um total estimado de 11,5 milhões de pessoas acometidas por esse transtorno, considerado a doença mental mais incapacitante. Estamos cada vez mais livres, porém mais deprimidos. Esse é um assunto extremamente relevante e não pode ser ignorado.

As cobranças aumentam na medida em que a pessoa tem mais liberdade de escolha e muitas simplesmente não conseguem gerenciar essas cobranças. De fato, não é algo trivial decidir o destino, ser dono do seu destino, tomar decisões e ser voluntário em tudo o que lhe interessa. Circunstância essa agravada pela infodemia ou infoxicação atual, fruto das constantes revoluções tecnológicas. Por isso, é tão importante basear a vida a partir da "moral dos senhores". Quem consegue fazer isso em um mundo de múltiplas escolhas e decisões está muito mais à vontade e saudável.

> **A liberdade conforta os de "moral dos senhores" e oprime os de "moral escrava".**

A liberdade é o oposto da coação, mas ela também coage, principalmente, para alguém de "moral escrava". É fácil evidenciar essa afirmação ao observarmos alguns modelos de governo. Teoricamente, regimes democráticos favorecem a "moral dos senhores", enquanto governos totalitários tornam o ambiente mais propício à "moral escrava". Quando se gera mais repressão do que liberdade, as pessoas de "moral escrava" se sentem mais à vontade. Por outro lado, ao diminuir a repressão institucional e governamental, as pessoas detentoras da "moral dos senhores" se sentem mais livres e mais felizes.

Caro leitor, se você leu este capítulo até aqui se perguntado qual das duas morais é a sua, se foi se identificando mais com uma e se orgulhando de ser desse modo, ou se, pelo contrário, avaliou que a sua moral lhe desagrada, acalme-se. Todos nós temos esses dois tipos de moral conosco, mas eles têm ênfases diferentes.

Todos nós nascemos com uma tendência um pouco mais à servidão ou um pouco mais para sermos donos do nosso destino. O que será determinante para desenvolver uma ou outra característica é a cultura em que estamos inseridos, a educação recebida, o ambiente corporativo, nossos traumas afetivos, relacionamentos sociais etc. O contexto de nossas vidas faz aflorar, ou de alguma maneira esconder, tanto o seu lado de senhor quanto o de escravo.

No trabalho, por exemplo, em um ambiente voltado à meritocracia, à valorização do indivíduo, normalmente a "moral dos senhores" será exacerbada para todo o grupo. Se, por outro lado, o ambiente profissional tem castas e estamentos extremamente definidos, esse será um lugar para o trabalhador entrar, calar a boca e obedecer. Nesses locais, a "moral escrava" vai se sobrepujar.

Seja como for, vale a pena se inspirar no filósofo francês Jean-Paul Sartre e decidir qual dessas perguntas é mais cômoda para você. A sua moral está na opção de qual dessas perguntas você deseja para si:

> O que a vida fez comigo?
>
> Ou então:
>
> O que eu fiz com o que a vida fez comigo?

# CAPÍTULO QUATRO

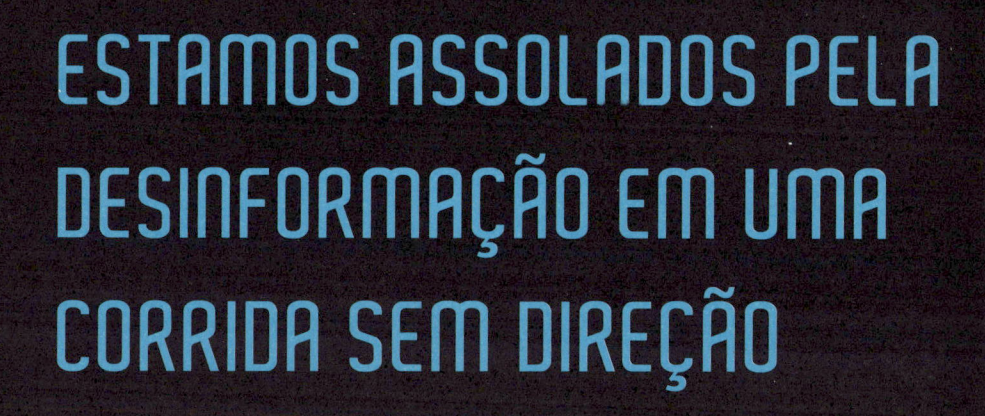

# ESTAMOS ASSOLADOS PELA DESINFORMAÇÃO EM UMA CORRIDA SEM DIREÇÃO

" A triste verdade é que a maior parte do mal é feita por pessoas que nunca decidiram ser boas ou más."

— HANNAH ARENDT, *filósofa*

# ESTAMOS ASSOLADOS PELA DESINFORMAÇÃO EM UMA CORRIDA SEM DIREÇÃO

Até os 35 anos de idade, a britânica Claire O'Connor tinha uma rotina convencional de trabalho. Ela era faxineira em hotéis na cidade de Kent, sudoeste da Inglaterra, onde morava com seu marido e três filhos em uma populosa região chamada Walderslade. Aquela era uma vida sem maiores excentricidades, por assim dizer, até o instante em que ela percebeu uma oportunidade nada convencional para fazer negócio. Ela decidira oferecer o seu trabalho como diarista para limpar a casa de "profissionais ocupados em suas profissões". O detalhe dessa oferta, contudo, estava na maneira como ela iria vestida à casa de seus clientes, ou melhor, na forma como ela iria sem suas roupas. Claire decidira exercer a função de diarista pelada.

Seu uniforme de trabalho no máximo seria uma lingerie, porque preferencialmente, em sua proposta de serviço, ela estaria varrendo, espanando, mudando os móveis de lugar completamente nua. Assim, nasceu a empresa Fantasy Clean, que logo na largada foi anunciada pelo *The Sun*, o jornal dominical mais vendido na Grã-Bretanha (distribuído no Reino Unido e na Irlanda) com o seguinte título de matéria: "Mãe, casada, com três filhos, inicia serviço de limpeza nua, cobrando até 95 libras a hora de trabalho."

Ela entrou no mercado em fevereiro de 2020 cobrando 95 libras esterlinas para trabalhar completamente nua. Alguns meses depois, porém, ela baixou esse valor para 85 libras esterlinas, como anunciado pelo site da empresa. Entretanto, se o cliente se interessasse por vê-la trabalhando apenas de topless, o valor da hora seria de £75. Havia ainda a opção de £65 a hora para vê-la trabalhar de lingerie. Em todas as circunstâncias, contudo, não haveria espaço para saliências, mãos bobas ou propostas de cunho sexual, como ela fez questão de ressaltar.

Ela não estava ali atrás de programas ou encontros sexuais. A oferta de seu trabalho era o de limpeza da casa e só. Por isso, quem contratasse os seus serviços não poderia tocá-la em momento algum e se quisesse tirar fotos teria de desembolsar um pagamento extra pelo instantâneo.

Quando questionada sobre a opinião de seu marido a respeito dessa situação, ela garantiu que ele estava "absolutamente confortável" com a ideia de a mulher trabalhar completamente sem roupa na casa de estranhos. Inclusive, ele a incentivara por entender o potencial financeiro da iniciativa, afinal o preço cobrado por sua hora de trabalho equivaleria a valores de profissionais bem remunerados como médicos.

Como empresária, Claire não entrou nessa atividade pensando pequeno. Apesar de ter começado a sua empresa sendo a faz-tudo, desde as suas primeiras faxinas ela vislumbrou a sua expansão e não tardou em formar um "banco de talentos" com outras mulheres e, inclusive, homens, que, subitamente, vendo a oportunidade dos ganhos financeiros, ficaram interessados por aquela atividade profissional. Portanto, mesmo sem muitas solicitações efetivas, ela começou o seu negócio com um portfólio de funcionários.

Obviamente, o inusitado de sua ideia mexeu com o humor dos moradores locais e o disse me disse correu solto. Alguns viram a sua iniciativa como algo reprovável, outros perceberam uma possibilidade única para exercitar o seu voyeurismo sem culpa, extremamente bem instalados no sofá de suas salas de estar.

A decisão de Claire em criar a Fantasy Clean apenas evidencia o fato de que o critério é algo intrínseco a cada um de nós; e, como bem falou um dos mais ativos pensadores contemporâneos, autor de alguns dos maiores best-sellers da atualidade, o israelense e professor de história Yuval Noah Harari: "O mundo tem 7 bilhões de pessoas e 7 bilhões de agendas." Eu adapto esse pensamento para: o mundo tem 7 bilhões de pessoas e cada uma delas tem o seu próprio critério. Temos de aprender a conviver com essa gigantesca diferença de pensamento e estabelecer uma convivência harmônica para tantas formas de agir.

Claire utilizou algum critério específico para tomar sua decisão de trabalhar pelada. Por si, essa questão não a torna uma pessoa melhor nem pior, ela simplesmente exprime um comportamento diferente da maioria, portanto, não está imediatamente errado. Daí, ela não pode ser julgada no tribunal da moralidade e sumariamente condenada, sem dó nem piedade, por querer trabalhar como faxineira de uma forma nada ortodoxa.

Estamos em um momento no qual cada um de nós cria a sua própria personalidade e decide sua vida a partir de critérios individuais. Essa condição tem sido extremamente favorecida pela presença da tecnologia na sociedade. Os avanços tecnológicos nos ajudam a customizar o nosso cotidiano e a construir nosso caminho mesmo estando inseridos em um contexto mais amplo, ou literalmente ao lado de uma multidão. Essa condição é inédita em nossa história como civilização e traz diversos avanços e possibilidades promissoras para descobrimos novas formas de interagir socialmente, mas claramente não estamos falando de nenhum Shangri-La.

Um dos mais evidentes desvios de comportamento desse novo tempo reside em nossa obsessão coletiva por fotografar tudo a todo instante. O critério deixou de ser desfrutar e passou a ser postar. Estamos mais preocupados em registrar os momentos do que vivenciá-los de fato. Praticamente todas as pessoas fotografam tudo ao mesmo tempo agora. Do sorriso do bebê recém-nascido, ao nascer do sol, passando pela trivial cerveja com amigos no fim de semana, ao momento do sim no altar, sem contar com o atropelamento de um ciclista ou a briga dos valentões na esquina. Literalmente, qualquer coisa é uma oportunidade para empunhar um smartphone e, *flash*, capturar a cena para a posteridade virtual.

Estamos mais preocupados em tirar fotos do que sentir afeto ou entrar silenciosamente em contato com alguma de nossas emoções. É como se o acontecimento que não fosse devidamente registrado, e logo publicado em nossas redes sociais, não tivesse sequer existido.

Esse comportamento em parte é responsável pelo avassalador surgimento das *fake news*, da deturpação dos fatos e, consequentemente, da mudança de conduta tanto dos poderes públicos, que cada vez mais nos surpreendem com decisões arbitrárias, quanto pelo surgimento de imensos equívocos de corporações empresariais.

Por vezes, olhamos o mundo ao nosso redor e constatamos que ele não faz o menor sentido. Ele deixou de ter nexo. Mas não se engane, esse sentimento de que o mundo ficou louco ou está invertido não é novo. Situações inusitadas, fora de uma aparente normalidade social, nos acompanham há milênios.

## DINHEIRO, COBIÇA, TRAPAÇAS E AS TULIPAS

Em 1637, o bulbo de uma tulipa atingiu preços estratosféricos. Algumas de suas espécies mais raras chegaram a custar o equivalente a uma casa ou um apartamento de dois dormitórios na capital da Holanda,

Amsterdã. Essa flor foi o personagem central daquela que é considerada a primeira bolha financeira dos mercados de ações.

A tulipa protagonizou histórias de poder, status, cobiça, exibicionismo e muito, muito dinheiro entre os holandeses que, no século XVII, ficaram completamente obcecados por essa flor. Esse fascínio foi tão desmesurado que, até os dias atuais, ela ainda é um dos principais símbolos da identidade cultural daquele país e continua a movimentar um mercado milionário por lá.

Apenas o comércio de quem a planta para vender supera os 600 milhões de euros ao ano. Isso sem contar o interesse que ela desperta em termos turísticos. Milhares de pessoas ainda visitam a Holanda para ver seus parques e plantações, levando para a economia local outros milhões de euros todos os anos.

Em seu auge de valorização, contudo, o valor de um de seus bulbos poderia aumentar em 20 vezes ao longo do dia. Quanto mais raro ele era, maior seria o seu preço de mercado, fazendo as pessoas cometerem os mais diversos atos de insanidade como trocar todos os seus bens para tê-la. No ápice da loucura das pessoas, o seu valor era praticamente incalculável. Até que, em um belo dia, um de seus compradores descumpriu o acordo estabelecido de pagamento por sua compra. Deu o velho e bom calote. Levou o produto e não pagou. Para azar dos demais produtores de tulipas, outros compradores seguiram o exemplo daquele caloteiro e o não pagamento cascateou no mercado, gerando um efeito dominó, uma quebradeira generalizada.

O governo holandês até tentou intervir nas negociações, mas a sua ação foi insuficiente e chegou tarde demais. O valor das tulipas simplesmente despencou e fortunas que circulavam em contratos de compra e venda desapareceram da noite para o dia. No século XX, vimos acontecer situações bastante semelhantes com mercados entrando em colapso num piscar de olhos com o estouro de outras bolhas financeiras. Parece que a história se repete e aprendemos muito pouco ou nada com ela.

As tulipas deixaram fortes marcas na cultura holandesa e, com o passar do tempo, ficou mais do que evidente que toda aquela histeria compulsiva ao seu redor foi praticamente o reflexo de uma sociedade em transe, vítima de uma loucura coletiva momentânea.

O uso de critérios inadequados não é um mérito de nosso tempo, não está restrito à contemporaneidade. Convivemos com essa condição desde sempre, mas a tecnologia intensificou a distorção dos critérios, democratizou o erro e facilitou a sua disseminação. Afinal, estamos consolidando o conceito de aldeia global. Aproximamos as distâncias e começamos a ter a possibilidade para estarmos presentes, em imagem e som, por meio da tecnologia, a qualquer hora em qualquer lugar deste planeta. Essa condição é única, nunca tivemos tal poder de ubiquidade, que tende a ser aprimorado. É só uma questão de tempo e nos faltam critérios na ação e reação diante das novidades que nos chegam em ritmo frenético.

## A MÍDIA E AS *FAKE NEWS*: UMA DELICADA RELAÇÃO

O mundo digital amplificou a nossa exposição tanto à miríade tecnológica quanto ao conteúdo e à forma de comunicação decorrentes dele. Vivemos em meio a um fenômeno de múltiplas referências e inferências distorcidas dos mais diversos assuntos e tecnologias aos quais somos expostos diariamente. E o volume dessa dinâmica é tão avassalador que destrói nossa capacidade de reflexão. É como se ficássemos incapazes de fazer simples perguntas que pudessem nos elucidar fatos e melhor compreender o surgimento de ferramentas de comunicação que invadiram o nosso cotidiano.

Nesse sentido, continuo chamando atenção para um dos principais assuntos mais recorrentes em todas as sociedades do planeta, as *fake news*. As redes sociais são hoje uma praça de guerra onde a desinformação, a dissimulação, a mentira deslavada e o ódio explícito campeiam de maneira inédita. Mas é necessário refletirmos, também, sobre o fato de que essa forma mentirosa de se comunicar não é exclusividade apenas de quem utiliza as redes sociais de forma pessoal ou em algum grupo específico movido por interesses ideológicos, políticos, financeiros ou sociais.

Infelizmente, as *fake news* também são geradas muitas vezes pela mídia de massa no momento em que uma suposição vira uma afirmação, algo irrelevante é transformado em um fato contundente, quando a mídia gera empatia por delinquentes, ou ao não explicar os assuntos corretamente, criando mais confusão do que esclarecimento. Entretanto, todas essas formas negativas de ação não necessariamente são novidade, algo que nunca presenciamos ao longo da história.

Atitudes que geram a propagação de mentiras são praticadas pela mídia devidamente estabelecida desde os tempos imemoriais do surgimento da imprensa como a conhecemos. Contudo, a banalidade, a gratuidade e a frivolidade a cada dia ganham mais espaço na imprensa.

Na busca por uma nova energia informativa, que possa ser associada ao formato dos meios de comunicação digitais, geramos mais calor do que luz. O universo digital criou um redemoinho de efemeridade e ilusões e o resultado disso é que o critério, assim como o bom senso, está cada vez mais distante dos profissionais e pessoas envolvidas na produção de conteúdo informativo, midiático, noticioso.

Nesta nova era, trocamos a utopia pela incerteza e a imprensa é o pior fenômeno deste novo momento, sobretudo, quando ela passa a ser agente gerador dessa disfunção social chamada *fake news*. Temos de procurar respostas honestas para esse comportamento. Há um imenso "Por que isso acontece?" que ainda não foi devidamente respondido. Esse assunto precisa ser tratado com transparência e honestidade principalmente entre os grandes grupos de comunicação, a mídia de massa. Não há espaço para o silêncio e para o corporativismo sobre esse tema absolutamente central ao funcionamento das instituições públicas e privadas e para a evolução da sociedade como um todo. Passamos por um momento tão brutal de desinformação que as pessoas têm cada vez mais dificuldades para formar um juízo de valor sobre os assuntos.

É importante observarmos alguns exemplos desses mecanismos de atuação praticados pelos grandes grupos midiáticos, indiscriminadamente à linha editorial que apresentem.

## QUANDO UMA SUPOSIÇÃO VIRA AFIRMAÇÃO

Em uma entrevista a um dos mais prestigiados jornais impressos do mundo, o britânico *The Guardian*, a primeira astronauta mulher do Reino Unido a participar de uma viagem espacial, Helen Sharman, fez a seguinte afirmação: "Existem bilhões de estrelas no Universo e deve haver todos os tipos e formas de vida diferentes dentro dele. Serão eles, como você e eu, feitos de carbono e nitrogênio? Talvez não." Ao longo de sua conversa com o jornalista Michael Segalov, ela ainda completou: "É possível, inclusive, que eles estejam entre nós nesse momento e não seja possível vê-los."

Esse foi apenas um dos seus pensamentos emitidos entre outras falas para a matéria inicialmente veiculada pelo *Observer*, uma publicação semanal (em formato de revista), que circula com o *The Guardian*. O foco da pauta com Sharman, uma personalidade em seu país, foi abordar sua trajetória como profissional, trazer comentários sobre seus interesses educacionais quando criança e adolescente e lembrar situações significativas em sua carreira. Portanto, o destaque editorial dado por eles não teve nada de surpreendente ou sensacionalista como se verifica, inclusive, pela escolha do título da entrevista: *"There's no greater beauty than seeing the Earth from up high"* (Ver a Terra do espaço é de uma beleza sem igual). Porém, após o texto ter sido publicado, a história rapidamente ganhou outro enfoque noticioso e, como se diz em um velho ditado, palavras soltas ao ar são impossíveis de serem reunidas.

Quando os demais jornalistas leram a sua afirmação sobre os extraterrestres, a abordagem do material mudou de figura. A imprensa, mundo afora, tratou logo de jogar todos os seus holofotes sobre a fala de que, sim, existem ETs e eles podem estar entre nós neste momento. Uau! Da *CNN*, nos Estados Unidos, ao *UOL*, do Grupo Folha, aqui no Brasil, a repercussão do comentário de Sharman circulou da seguinte maneira: "Primeira astronauta britânica afirma que aliens existem e 'estão entre nós'." Ou seja, sua reflexão sobre uma possibilidade, uma especulação hipotética sobre uma probabilidade, foi rapidamente transformada em uma afirmação peremptória e ganhou as páginas das mais distintas publicações como uma afirmação taxativa, um fato consumado. "Os ETs estão entre nós."

Quando uma suposição feita por uma pessoa é transformada em uma fala afirmativa, assertiva como essa, a imprensa está oferecendo elementos para a construção de *fake news*. Por si, essa repercussão já é uma forma de *fake news*, mas a trajetória de criação dessas inverdades pela mídia não se esgota com essa prática.

## DA IRRELEVÂNCIA AO FATO CONTUNDENTE (SÓ QUE NÃO)

A discussão sobre as políticas de cultura em todas as esferas governamentais no Brasil é sempre bastante acalorada, repleta de acusações de improbidade, falta de transparência e favorecimento. Nada a se estranhar em termos da prática política brasileira recheada de controvérsias. Mas o Governo Federal, desde 2019, protagoniza um descontentamento generalizado entre a classe artística pelas sucessivas mudanças no comando do setor e a falta de uma definição objetiva para a área, como bradam os descontentes. Sendo assim, era de se esperar o acompanhamento dos acontecimentos da área pelos tradicionais veículos de comunicação e que o assunto ganharia destaque em espaços significativos como a coluna *Painel*, da *Folha de S.Paulo*, dedicada aos meandros políticos nacionais.

Nesse embalo, a jornalista responsável por esse espaço decidiu que a seguinte informação era digna de nota: "Possível vice de Covas, Alê Youssef, critica Regina Duarte e lança grupo em defesa da cultura". Nessa época, a cultura, em âmbito federal, estava sendo comandada pela atriz Regina Duarte e Youssef era o então secretário de Cultura da cidade de São Paulo, e o seu nome era especulado como candidato a vice-prefeito em uma chapa formada por Bruno Covas, que tentava se reeleger para um novo mandato à frente do Palácio do Anhangabaú, sede do governo municipal da capital paulista.

Então, naquele contexto, o jornal saiu com a notícia: "A possível candidatura do secretário de Cultura de São Paulo, Alê Youssef, como vice na chapa do atual prefeito Bruno Covas (PSDB) marcará o lançamento do Bloco da Cultura, um movimento político em defesa da cultura composto por nomes de peso no setor, como a cineasta Laís Bodanzky, a jornalista Erika Palomino, o rapper Xis e o palhaço Hugo Possolo, todos integrantes da gestão municipal paulistana."

Esse, então, é o grupo de peso em apoio à cultura? Esse seria o "Bloco da Cultura" formado para lutar pelo setor? Quem os teria indicado, efetivamente, como tais representantes? Como se observa, o fato noticiado está mais ligado a uma série de incertezas do que a uma ação efetiva, prática de resistência e negociação com outras esferas do Poder Executivo federal.

Em outras palavras, uma jornalista entendeu um fato irrelevante como algo significativo e, consequentemente, o destacou em um dos mais influentes e importantes jornais de abrangência nacional como uma notícia significativa de interesse político. Nessa mesma linha de ação, em que um grupo de profissionais da mídia tradicional define quem é relevante para ser entrevistado e ter sua história contada, tivemos um exemplo no mínimo bizarro que, após a sua publicação, gerou uma série de comentários críticos e veementes reprovações ao fato.

## EMPATIA POR DELINQUENTES

A maior empresa de comunicação do Brasil, e uma das mais importantes do mundo, a TV Globo, levou ao ar em seu principal programa informativo do domingo, o Fantástico, uma entrevista com a assassina e estupradora de uma criança, sem, contudo, informar ao seu telespectador, no momento de exibição da entrevista, toda a sua história criminal. Grande parte dos telespectadores, por não ter tido acesso aos detalhes do crime cometido por Suzy Oliveira, acabou formando uma opinião distorcida sobre a sua história.

Entrevistada na penitenciária José Parada Neto, na cidade de Guarulhos, região metropolitana da capital paulista, pelo doutor Drauzio Varella, que há anos faz para a emissora carioca um extenso trabalho informativo sobre questões de saúde, as falas de Suzy causaram comoção nacional, principalmente quando ela afirmou que há oito anos não havia recebido nenhum abraço, tampouco alguma visita na penitenciária. Ao ouvir tal afirmação, as pessoas se comoveram com a solidão de Suzy e uma extensa rede de solidariedade se formou, sobretudo, na internet.

Em poucos dias, as pessoas organizaram uma vaquinha virtual para arrecadar dinheiro para ela e enviaram, entre outros itens, 16 livros, 2 Bíblias, maquiagens, chocolates, e 234 cartas, como relatado pela Secretaria de Administração Penitenciária do Estado de São Paulo. Entretanto, após a repercussão nacional gerada pela entrevista, a história completa do encarceramento de Suzy veio à tona e, da mesma forma como o seu sofrimento gerou uma gigantesca comoção, o seu crime chocou as pessoas e suscitou uma imensa onda de repulsa e indignação.

Em 2010, Suzy, que é uma mulher transgênero, foi condenada por estupro, seguido de homicídio, com emprego de meio cruel, em que a vítima (uma criança de 9 anos de idade) não teve condições de se defender contra ela. Ou seja, o pouco cuidado no trato da informação dada pela equipe jornalística do Fantástico ao seu caso, quando levou a sua história ao ar, induziu as pessoas a se sensibilizarem com uma assassina cruel.

Ouvida após a divulgação e repercussão dessa história, a família do menor assassinado se declarou extremamente revoltada com a situação, sobretudo, pela rede de solidariedade surgida para Suzy. Não podemos condenar o Fantástico por esse equívoco não premeditado, mas se a prática jornalística tivesse sido realizada de maneira mais cuidadosa essa situação inexistiria.

O programa cometeu uma falta de imprecisão ao veicular a informação da detenta sem explicitar todos os seus detalhes, criando uma realidade não condizente com o histórico dos fatos que resultaram em sua situação no sistema prisional. Será que também não podemos chamar de *fake news* tal condição informativa inapropriada? Mas os exemplos da má condução com o trato informativo dos fatos são vistos constantemente.

## PARA QUE FACILITAR A COMPREENSÃO DA INFORMAÇÃO?

Em muitos casos, alguns textos veiculados pela mídia parecem ter sido escritos para confundir o leitor. Algumas matérias, por vezes, desafiam os fundamentos da lógica formal, como por exemplo quando vemos reportagens com o título: "Deportados dos EUA, brasileiros desembarcam em MG sem saber como voltar para casa". Como assim, a pessoa é deportada de outro país, retorna para o seu local de origem e não sabe como voltar para casa? Talvez, eles não tenham os meios financeiros para retornar para casa, mas não saber o caminho de volta para o lugar onde cresceram parece ser algo improvável, principalmente para quem teve a coragem e a ousadia de viajar de forma clandestina para um outro continente.

Claro que eles sabem voltar para casa, mas um título redigido de forma tão preguiçosa como essa gera mais dúvidas do que esclarecimentos. Essa forma de escrita não traz clareza para o fato e, quando um texto jornalístico não está claro, coeso e conciso, não cumpre seu papel de informar.

Mas, volto a lembrar, essa postura absolutamente repreensiva da grande mídia não é um comportamento exclusivo dos nossos tempos. Ela não surgiu há poucos anos, tampouco é uma decorrência das redes sociais e dos meios digitais. Muito pelo contrário.

No domingo, 27 de agosto de 1911, os norte-americanos liam com destaque na imprensa que "Marcianos haviam construído dois imensos canais em dois anos de obra". A gigantesca empreitada de engenharia teria sido realizada em um tempo recorde por "nossos vizinhos planetários". Essa história não é piada. Ela foi contada nos jornais da época por Mary Proctor a partir do recebimento de um telegrama do Observatório Lowell, localizado no Arizona, comandado pelo cientista Percival Lowell, que anunciava a descoberta desses canais no solo de Marte, que, aliás, teriam sido vistos pela primeira vez em 1909. "Os canais agora são muito conspícuos e atraem a atenção mundial devido ao seu surpreendente significado", garantia trecho da reportagem.

Como se vê, a conduta da imprensa é questionável há bastante tempo. Caso você tenha interesse em saber mais sobre essa fantástica ficção, o *The New York Times* mantém em seus arquivos a história completa dessa "fenomenal descoberta", que teve direito a uma generosa ilustração para mostrar detalhes do planetário.

Não é de hoje que a banalidade, a gratuidade e a frivolidade com o trato da informação tomam conta da imprensa, a diferença agora é que os veículos de comunicação buscam se assemelhar, cada vez mais, às redes sociais com um amontoado de inutilidade e dicas superficiais repassadas como informação, o que me faz questionar por onde anda a sensatez e seriedade de jornalistas que dedicam seu tempo a elaborar pautas recentes como:

- "**Fazer exercício** apenas no fim de semana pode ser tão benéfico para a saúde quanto malhar todo dia."
- "Quem mora perto de bar **é mais feliz**."
- "Mulher obesa faz **mais sexo**."
- "Procrastinar **turbina sua criatividade**."
- "Se você não **gosta de estudar**, a culpa é dos seus pais."
- "Aranha curte **sexo oral**."

Ao abordar esse tema, não quero que pensem por um minuto que se trata de uma crítica generalizada aos veículos de comunicação de massa, nem uma tentativa de colocá-los na vala comum das redes sociais. A mídia noticiosa e informativa continua sendo fundamental na preservação da democracia que todos valorizamos. Seu papel como "*concierge* da informação" é ponto central numa sociedade civilizada. Mas também é verdade que a crise recente dos veículos de mídia, associada à superficialidade que a sociedade passou a valorizar, reduziu o interesse de conteúdo gerado pela curiosidade epistêmica, cedendo lugar à curiosidade diversiva, genérica e banal.

Isso trouxe como consequência uma juniorização das redações, um encurtamento das matérias e uma falta de análise aprofundada dos fatos. Essa miopia de tentar disputar espaço com as redes sociais usando a mesma abordagem rápida e rasteira delas acabou por banalizar o conteúdo, comoditizar as abordagens e superficializar a análise. Por isso, muita gente acredita que os veículos de mídia impressa não estão morrendo, mas podem estar se suicidando. O tempo dirá.

Estamos todos à mercê dessas informações inusitadas, situação que pode muito bem ser caracterizada como um pandemônio. E pior, não estamos expostos apenas a bobagens como a "aranha faz sexo oral", mas temos de lidar com a má conduta de uma cobertura jornalística também ligada a informações relevantes, a exemplo do que vimos à época dos primeiros questionamentos sobre a necessidade do uso da máscara em situações de pandemia como a da Covid–19.

Até se chegar a um consenso se a máscara deveria ser ou não ser noticiada como um item fundamental no combate a essa doença, a mídia levou um tempo bastante significativo para ajustar o tom da sua cobertura a esse fato, resultado do generalizado bate-cabeça entre formadores de opinião, especialistas, autoridades sanitárias e representantes do governo. Ao maior interessado sobre o tema, a população, contudo, restou apenas a forte sensação de desentendimento sobre o que fazer.

Por isso, tão ruim quanto o conceito da "banalidade do mal", criado pela filósofa política Hannah Arendt para descrever os absurdos da Segunda Guerra Mundial e a ação dos nazistas no genocídio perpetrado contra os judeus, o que estamos vendo hoje é o *mal da banalidade*, que assola a mídia informativa tradicional.

Na grande mídia, tudo está sendo filtrado por um viés específico, utilizado sem transparência nenhuma. Até suspeitamos de seu uso, mas desconhecemos os detalhes de como ele funciona na prática. Porém, basta sintonizar os principais telejornais dos dois maiores canais da televisão aberta no Brasil para ver a ação desses filtros que as emissoras dizem não existir.

Ao assistir ao noticiário de um grande canal de TV, o telespectador entra em contato com um Brasil. Ao mesmo tempo, quando ele sintoniza a principal emissora concorrente, nos deparamos com outro país.

Ninguém consegue lutar contra a existência dessa disparidade de informação, em que, em alguns casos, parece que temos de lidar com pessoas se comportando como se estivessem em uma seita. Esse tipo de gente é expert em se posicionar de maneira intransigente, levando às últimas consequências uma filosofia de vida na qual exercem um estranho posicionamento em que *contra argumentos não há fatos*. Nessa guerra de narrativas, eles têm tanta convicção de seus pensamentos que é impossível demovê-los de suas opiniões, mesmo com a demonstração de fatos concretos. Uma postura absolutamente contrária à de alguns anos quando a máxima falada em sociedade era: *contra fatos não há argumentos*.

## O FAKE WORLD

Antes estávamos cercados de livros, que eram uma das principais fontes para a obtenção da informação e consequente construção de nosso saber. Atualmente, apesar da continuidade de sua existência, os livros perderam para os meios digitais e as redes sociais o protagonismo dessa dinâmica. É certo que eles também nos cercaram com informação, mas os meios digitais nos sitiaram com um cabedal de bobagens sem fim, nos jogando em um gigantesco vazio.

Como um dos resultados práticos dessa condição, nossa imaginação foi ilhada, tornando-se um arquipélago distante e pouco frequentado, porque preferimos fazer uma consulta rápida e obter uma informação condensada e superficial para nos satisfazer momentaneamente, mas com pouca capilaridade e nenhuma duração em nossas vidas, afinal tudo se tornou resumido e vago. Com isso, mandamos às favas o princípio da coautoria da leitura.

Ao lermos qualquer livro, ativamos o princípio de coautoria, você está exercitando essa situação neste momento em que está me lendo, porque esse princípio é estabelecido entre o autor da obra e a imaginação do leitor, que estão juntos no desenrolar da história, seja ela qual for (um enredo ficcional ou literatura não ficcional). Essa dinâmica é tão introjetada entre leitores e autores que se você ler o mesmo livro dez anos depois da primeira leitura que tenha feito dele, você terá a sensação de estar lendo outra publicação. Isso acontece porque você mudou. Em uma década você já não é mais o mesmo. As coisas aconteceram em sua vida e você se modificou. Por isso, o princípio da coautoria só existe na leitura de livros.

Daí, como o índice de leitura como sociedade cai vertiginosamente, estamos exercitando cada vez menos a nossa imaginação. Por outro lado, ampliamos o recebimento de maneira enlatada de tudo aquilo que alguém cria pra consumirmos, esse é um dos motivos de vivermos em uma sociedade onde todo mundo fala tanto e ouve tão pouco. As pessoas exigem e querem ter o seu lugar de fala, mas poucos reivindicam com a mesma veemência o seu lugar de escuta.

O princípio da coautoria está diretamente ligado à nossa leitura de textos extensos e, se ela diminui, ele desaparece. Assim, caminhamos para uma extrema limitação. Junto a essa perspectiva de uma vida mais pobre em termos existenciais, aliamos outro fator preocupante, o de fingirmos ser quem não somos. Pretensamente, criamos em nossas fotos maravilhosas nas redes sociais lugares paradisíacos, situações sofisticadas e prazerosas, quando, na verdade, estamos apenas usando de maneira eficiente nossas câmeras dos smartphones e a luz dos ambientes para elaborar um universo idealizado, imaginário. Para conhecer melhor esse novo mundo de aparências e falsidades, vale a pena assistir ao documentário da HBO intitulado *Fake Famous*, um verdadeiro tapa na cara de quem crê e investe no multimilionário mundo dos influencers.

Nas redes sociais, as pessoas, por mais infelizes que sejam, demonstram apenas o que entendem como felicidade ao mostrar uma vida pretensamente luxuosa. Para isso, contamos com o auxílio de sofisticadas ferramentas, como o Photoshop, para realizarmos essa tarefa.

Os aplicativos de edição de imagem, aliás, são verdadeiras máquinas do tempo, nos tornando indivíduos atemporais, em que a idade, um mero detalhe incômodo, pode ser facilmente alterada, nos permitindo abrir espaço para uma eterna aparência jovial.

Nossas sociedades incentivam a dissimulação e isso é algo extremamente preocupante, porque agindo dessa forma perdemos nossa autenticidade e toda pessoa que tenta ser o que não é passa a ter uma dificuldade com o uso de seus critérios.

Estamos mais inertes, mas ao mesmo tempo temos a sensação de que estamos em constante movimento, porque a realidade virtual cria uma vida paralela à nossa e, consequentemente, nos leva à perda de nossos critérios. Enquanto isso, nos sentimos em uma corrida sem direção em que não encontramos respostas para explicar: por que as coisas são assim? Por que devo agir de determinada maneira? Por que as situações estão acontecendo de uma forma específica? Eu te convido a encontrar algumas respostas a esses questionamentos nos próximos capítulos.

# CAPÍTULO CINCO

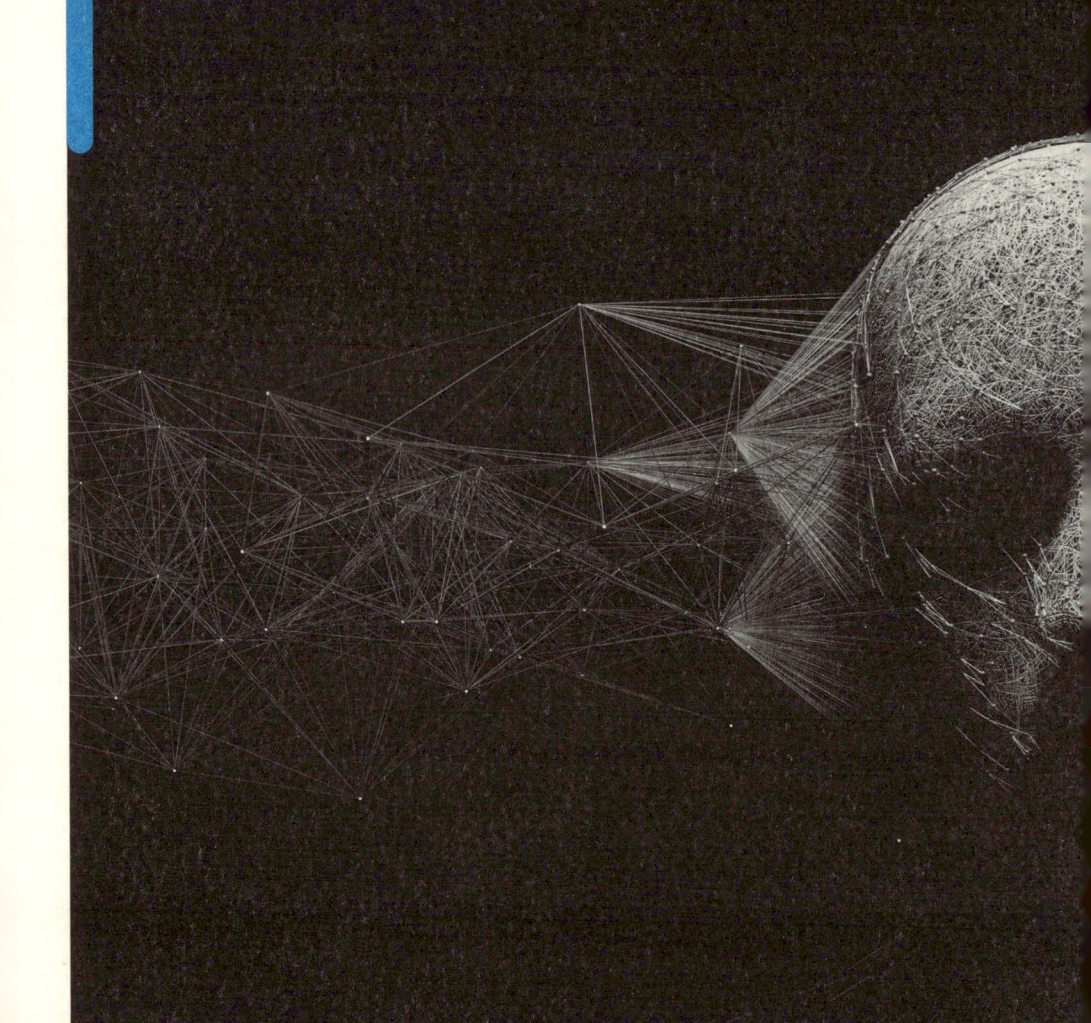

# A HISTÓRIA ESTÁ SENDO REESCRITA

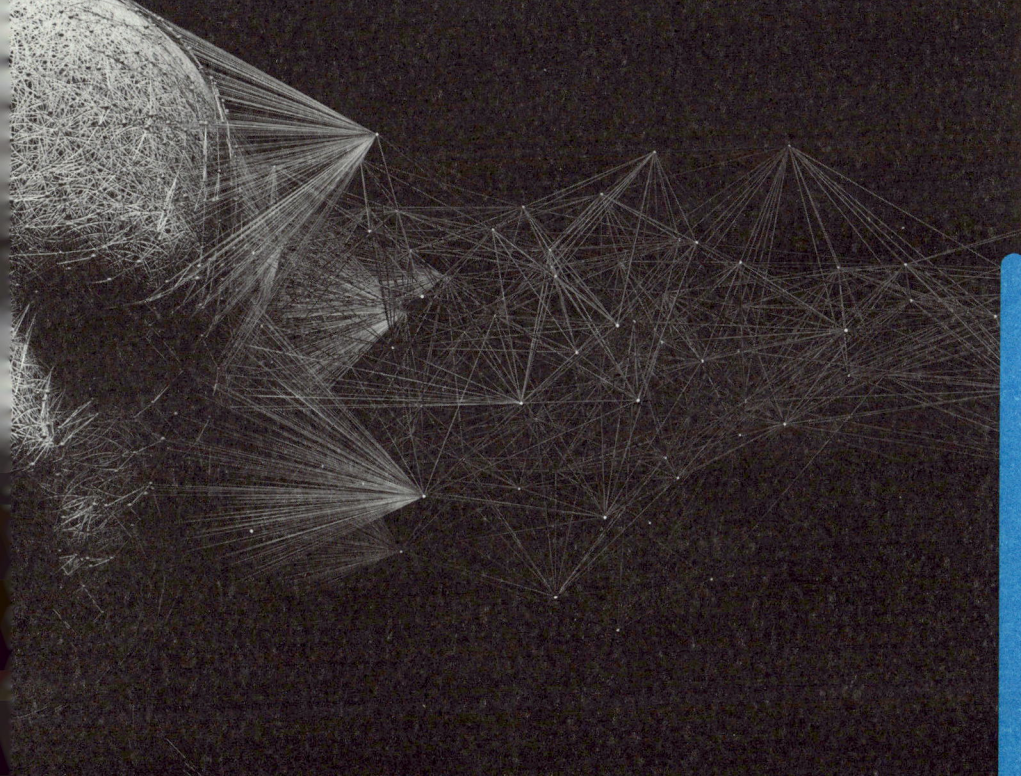

"Minha alma é uma orquestra oculta; não sei que instrumentos tange e range, cordas e harpas, timbales e tambores, dentro de mim. Só me conheço como sinfonia."

— FERNANDO PESSOA, *escritor*

# A HISTÓRIA ESTÁ SENDO REESCRITA

O cenário é paradisíaco. Para alguns, a mais perfeita tradução da beleza. Gigantescas montanhas de pedra que, ao serem vistas ao longe, se assemelham a uma infinita muralha coberta por uma densa camada de neve. Completando o cenário idílico, o céu, sem nenhuma nuvem e de um profundo azul, emoldura um dos lugares mais míticos da Terra e intensamente procurado através dos séculos por viajantes de diversas nacionalidades, o monte Everest.

Localizado na Cordilheira do Himalaia, uma cadeia de montanhas na fronteira entre a China e o Nepal, estendendo-se desde a Índia, passando pelo Butão, até chegar ao Paquistão, os 8.848 metros de sua altura o qualificam como o pico montanhoso mais íngreme de todo o planeta. Ao longo de nossa história, ele sempre foi um convite de superação ao ser humano. Chegar até o seu topo é uma meta de vida para muitos. Pela dificuldade dessa escalada, vencer esse desafio requer uma grande preparação física, emocional, financeira e de logística. De fato, desafiá-lo é uma superação e tanto. Antigamente, um feito para poucos. Hoje em dia, uma jornada menos exclusiva.

Com o passar dos anos, a sua escalada tornou-se mais acessível. Por isso, mais e mais pessoas decidiram ter essa experiência, ao menos uma vez na vida, até que chegamos a maio de 2019 e vimos o desenrolar de uma cena absolutamente inusitada, desconcertante.

Literalmente, os caminhos de subida e descida do Everest foram tomados por tantos alpinistas que a multidão de pessoas ali presente provocou um congestionamento. Acredite, não é uma piada sem graça. A quantidade de pessoas foi tão grande no vai e vem para subir e descer o monte que, em um determinado momento dessa aventura, ninguém conseguiu mais andar. Era como se todos estivessem espremidos em um bloco de carnaval nas alturas, obviamente sem a música e o suor tão comuns na festa de Momo em nossos trópicos; e um detalhe fez uma importante diferença àquela muvuca vertical. As frias temperaturas locais, agravadas pela altitude, tornaram infernal (no sentido de sofrido e não de aquecido) aquela parada forçada, comprometendo a saúde das pessoas, levando algumas a perder as suas vidas. Isso mesmo. Não tendo para onde ir, sem encontrar uma saída, alguns não resistiram e sucumbiram em uma montanha coalhada de gente.

Impossibilitados de andar, os alpinistas apresentaram quadro de hipotermia, alguns deles, sem se dar conta das baixas temperaturas, morreram "entalados na montanha", caso do norte-americano Christopher John Kulish, de 61 anos de idade, que durante a descida do Everest, em meio à movimentação de anda e para, teve complicações cardíacas, vindo a falecer subitamente, como noticiado pela mídia à época. Mas ele não foi o único.

Outras dez pessoas, de acordo com o Departamento de Turismo do Nepal, uma das entidades de controle de acesso à montanha, afirmou que a temporada de 2019 no Everest foi uma das mais letais de sua história. Muito desse cenário de tragédia decorreu da quantidade insana de alpinistas presentes naquela temporada. Eram mais de 807 pessoas ávidas por uma experiência singular. Com certeza, elas viveram algo único, mas de maneira avessa, infelizmente.

A situação ficou tão incontrolável que alguns alpinistas fizeram uso das suas redes sociais para relatar cenas macabras. Cadáveres eram encontrados pelo meio do caminho e em tendas espalhadas nos acampamentos. A mera ideia dessa cena é de uma bizarrice única. Algo está muito errado quando nos deparamos com notícias dessa natureza. Não é possível que situações dessa magnitude ocorram ou sejam naturalizadas.

O que leva centenas, milhares de pessoas a se arriscarem dessa maneira? Como admitir morrer por tão pouco? Por que não havia, em um lugar tão arriscado, condições adequadas de locomoção? Como as autoridades locais permitiram que a situação chegasse a esse ponto?

Essas perguntas, contudo, têm uma resposta simples, porque essas situações surgem pelo uso irresponsável e inadequado dos critérios que nos norteiam. Quando tomamos atitudes baseadas em premissas enviesadas de pensamento e ação, criamos o absurdo. E essa maneira de agir não é restrita a uma raça, a um período cronológico ou a um país, ela acontece indiscriminadamente em todo o planeta, nas mais aleatórias circunstâncias e é atemporal. É como um viajante do tempo. Sempre esteve à nossa espreita.

No Brasil, nos sobram exemplos desse uso enviesado dos critérios. De norte a sul, de leste a oeste, essas situações pululam à nossa frente. Está aí a maior cidade do hemisfério sul, São Paulo, ostentando situações desse quilate, o que só confirma, com pompa e circunstância, minha afirmação.

Um turista desavisado, ao chegar na terra dos Bandeirantes pelo Aeroporto Internacional de Guarulhos, logo percebe o quão intrincada é a cidade e, em seu primeiro contato com a selva de pedra, já pode pressentir a necessidade de se empenhar para descobrir a sua beleza, porque um dos seus mais vistosos cartões de boas-vindas é simplesmente um presídio. Aliás, um só não, dois: a Penitenciária I "José Parada Neto", de Guarulhos, e a Penitenciária Desembargador Adriano Marrey, Guarulhos II. É como se os administradores da cidade de Guarulhos fizessem questão de garantir às pessoas que em seu município a lei e a ordem imperam de forma inequívoca. Andou fora da linha, é cadeia na certa.

Qual é o critério utilizado por uma administração pública (municipal, estadual ou federal), para permitir a construção de presídios próximos a um dos mais importantes terminais de passageiros do país, a principal porta de entrada internacional de uma das cidades mais ricas do mundo, repleta de turismo de negócio e sede de conglomerados empresariais globais? Qual é o critério dessa construção? Seja qual for a resposta, em São Paulo, presídios sendo construídos em lugares inoportunos e ilógicos parece ser uma receita de sucesso.

Tem lógica ou pertinência construir presídios em uma das mais movimentadas vias expressas da cidade, como a Marginal Pinheiros, onde circulam diariamente mais de 300 mil veículos e os terrenos ao seu redor são áreas urbanas valorizadíssimas? Qual é o pensamento racional usado para essa determinação? O que passa pela cabeça do gestor público para autorizar essas edificações? Será que, pelo fato de a via se chamar "marginal", ele, por isso, decidiu fazer jus ao seu nome e construir ali um presídio, afinal esses são estabelecimentos repletos de marginais? Será?! A lógica dos absurdos gerados por um uso enviesado dos critérios segue o seu indiscriminado caminho livre e solto.

Em dezembro de 2019, o mundo cultural foi surpreendido com uma das mais inusitadas obras de arte já realizadas em todos os tempos, uma banana madura fixada por uma fita adesiva cinza em uma tela branca.

Essa obra intitulada *Comedian*, criação do italiano Maurizio Cattelan, estava exposta na feira de arte contemporânea *Art Basel*, em Miami Beach, e foi arrematada por um colecionador francês pela singela quantia de 120 mil dólares. Sim, uma banana que ia apodrecer fixada em uma tela branca, presa por uma fita adesiva, foi vendida por US$120 mil, à época, algo em torno de R$500 mil. Mas, como se todo esse inusitado já não fosse suficiente, essa história teve reviravoltas dignas de um roteiro cinematográfico.

Ao ser exposto, o quadro da banana rapidamente atraiu a curiosidade das pessoas que, interessadas por vê-lo, se aglomeravam à sua frente para fotografá-lo ou fazer uma selfie de respeito.

Em meio aquele burburinho, não tardou para que surgisse alguém interessado em realizar uma intervenção artística com a obra. Essa pessoa, no caso, foi o artista norte-americano, David Datuna, que intitulou a sua performance de *Hungry Artist* [O Artista Faminto, em tradução livre].

Como um visitante qualquer, ele entrou na exposição, se aproximou do quadro e, calmamente, tirou a banana da fita adesiva e a comeu. Simples assim. Ele a descascou, a saboreou tranquilamente e ainda disse que o seu gosto estava muito bom aos organizadores da mostra. Essa cena é facilmente encontrada na internet, porque quando ele realizou o seu feito, uma multidão curiosa o acompanhava, devidamente paramentada de seus smartphones, fazendo todos os registros cabíveis para que nenhum detalhe ficasse de fora.

Após a sua intervenção, em suas redes sociais, Datuna declarou que adorava o trabalho de Cattelan e que tinha "amado" a instalação da banana, que "estava uma delícia."

Diante do ocorrido, um dos responsáveis pela exibição do quadro de Cattelan, Lucien Terras, se apressou em amenizar o incidente, afirmando à imprensa que Datuna não havia destruído a obra de arte, porque "a banana é uma ideia"; e que, de qualquer maneira, Cattelan havia concebido essa obra prevendo a substituição da banana antes de ela apodrecer. E assim os organizadores da exposição procederam.

Alguns minutos depois da intervenção de Datuna, uma nova banana madura foi devidamente fixada no quadro para êxtase geral dos visitantes, que passaram a fotografar a obra de maneira ainda mais frenética.

Em tempo, a galeria onde tudo aconteceu não moveu nenhuma ação legal contra Datuna, que soube muito bem impulsionar a sua imagem e trabalho a partir de sua intervenção, transformando sua ação em produtos artísticos, posteriormente, também expostos em galerias e comercializados. Sem contar a série de paródias surgidas mundo afora inspiradas por sua ação.

Seguindo exemplos de critérios enviesados, o que pensar sobre uma igreja ao celebrar missas dominicais para nudistas? Em um título de uma matéria sobre o assunto, um dos mais prestigiosos jornais do mundo, o *The Wall Street Journal*, pode te ajudar a pensar algo, porque, de acordo com a reportagem, essa igreja estaria buscando a "pureza do Éden": *"Church Seeks Purity of Eden In Clothing-Optional Services"* [*"Igreja busca a pureza do Éden em serviços dominicais em que o uso da roupa é opcional"*, em tradução livre].

O uso de roupa até era indicado como opcional, mas, de acordo com a matéria do WSJ, o nudismo era a opção majoritária dos fiéis na manhã de domingo em que eles acompanharam a celebração da missa às 9h45. Há uma explicação, contudo, para a presença de tantos peladões nessa missa matinal. Esse ato litúrgico aconteceu em um campo de nudismo. Portanto, de seu pregador aos fiéis, todos ali já tinham o hábito de andar sem roupas. Além do mais, como eles se autodenominam cristãos, a nudez é vista por eles como um ato de humildade, refletindo a ideia de que todos, no juízo final, vão se apresentar a Deus nus. Daí, o uso de roupas não ser uma prerrogativa obrigatória.

## A UNIVERSALIDADE DO CRITÉRIO

A palavra "critério" talvez seja a única escrita da mesma maneira em qualquer idioma ocidental. Critério é uma palavra universal. É quase um esperanto. Porém, não adianta de nada ela ter essa dimensão quando o bom senso no uso de seu conceito desapareceu, sumiu.

A cada dia temos mais dificuldade de parar, observar e refletir sobre qual o sentido daquilo que fazemos em nossas vidas. A velocidade das transformações e as mudanças de paradigmas estão nos paralisando, nos obliterando. Em algumas circunstâncias, essa falta de análise é tão grave que simplesmente deixamos de pensar sobre o bom senso e os critérios de nossas ações. É como se, inclusive, fosse politicamente incorreto parar e refletir sobre o contexto.

É bom lembrar, bom senso é um conceito ligado a questões de conhecimento, razoabilidade e capacidade de adequação às regras e costumes sociais. Ao colocá-lo em prática, buscamos fazer boas escolhas e executar julgamentos mais acertados. Queremos tomar decisões em acordo com o contexto para estabelecermos um convívio social salutar. Porém, não sabemos mais o que mensurar ou como chegar às conclusões para definirmos essa medida. Na verdade, perdemos as medidas.

Há uma descontrolada proliferação de situações absolutamente irrelevantes, de fatos completamente insignificantes, de produtos totalmente dispensáveis. Em vez de frearmos esse descontrole, agimos de maneira contrária, com uma urgência de consumo, com uma pressa em viver todas as experiências que se apresentam. É como se não pudéssemos ficar fora de nada. Como se tudo fosse decisivo e vital. Tudo está sendo transformado em urgente (e para ontem). Ao mesmo tempo, temos uma epidemia de obsolescência.

Objetos, pessoas, situações e emoções são cada vez mais obsoletos, vide a cultura do cancelamento disseminada pelas redes sociais em que as pessoas são "canceladas" por agirem em desacordo a maioria, por ter uma opinião diversa e polêmica, ou por ver o mundo por uma ótica muito particular. Essa dinâmica fomenta a cultura da intolerância e de inúmeras contradições decorrentes dessa impaciência.

Outro reflexo dessa situação é identificado na cada vez mais frequente mudança brusca de humor das pessoas, agora tão casual como uma mudança de roupa. Esse desequilíbrio é uma nova e disfarçada ciclotimia social e o marketing é um agente significativo nessa prática por criar apelos de consumo cada vez mais indistintos, pueris e fantasiosos.

Quando essa estratégia de marketing atinge uma população absolutamente limítrofe, como as sociedades têm se apresentado, qualquer produto, prestação de serviço e pensamento é válido. Vide a maneira como alguns produtores de ovos fazem a sua publicidade, ao anunciar que o seu ovo é fruto de "galinhas felizes que ciscam, se empoleiram e brincam ao ar livre".

Ao utilizar essa abordagem, essa empresa pretende atrair consumidores alegando que as suas galinhas são, de fato, mais felizes do que as galinhas da concorrência, por sua vez, criadas em condições análogas à escravidão. Sendo essa afirmação verdadeira ou não, exagero ou licença poética, o extremo desse exemplo indica o quanto vivemos em um momento de absoluta dissimulação, manifestado desde as redes sociais, passando pelas notícias veiculadas pelos conglomerados de mídia, chegando à produção das *fake news* e criação do marketing, que desenvolve técnicas para simplesmente enganar incautos ou infantilizar a relação de consumo. Na mistura de todo esse imbróglio, estamos nós vivendo os efeitos dessa situação em meio a uma multiplicidade de informação e tendo a sensação de estarmos em uma corrida desgovernada a qual não sabemos onde vai acabar.

Demos voz a qualquer tipo de pessoa e isso é um avanço desta nova era, garante livre expressão a todos. Por outro lado, essa liberdade de ser, estar e falar, em certa medida, cerceia o romantismo de antigamente, as fantasias. Perceba, a própria ideia de homem e mulher foi despedaçada neste século. Isso se apresenta como uma tendência à destruição dos valores culturais do passado, quando as fantasias, por exemplo, eram parte significativas de nossas vidas.

Hoje, vemos exposições fotográficas mostrando uma Branca de Neve com dois filhos e um marido absolutamente enraivecido dentro de casa; ou uma Cinderela bêbada, trançando as pernas; uma Rapunzel com câncer, fazendo quimioterapia. Esses são exemplos de como a arte desnuda a fantasia que nos nutriu até hoje, colocando um ponto final em ícones e símbolos de nossa infância. Enquanto isso, a realidade é mais fantasiosa do que nunca. Ou seja, nesta era a fantasia é cada vez mais realista e a realidade mais fantasiosa. Esse nó conceitual e dialético, aos poucos, vai ficando muito mais difícil para desatar. Resultado, não sabemos mais o que pensar, como agir ou qual decisão tomar. É muito complicado! E tudo isso provoca um efeito dominó de consequências imprevisíveis.

Do jeito que está, a sociedade é um terreno fértil para terraplanistas, para detratores de vacinas, para criadores das mais diversas teorias da conspiração, porque a realidade ficou tão louca que as loucuras passaram a ter uma dose de realidade, consolidando, assim, o fato de nos tornarmos vítimas dos nossos critérios. O uso de nossos critérios nos leva ao sucesso, mas também nos joga em grandes enrascadas, nos guia a imensuráveis equívocos.

## SÍNDROME DE PARIS

Nunca fomos tão violentos pela defesa da paz, e o movimento dos Black Blocs comprova essa tese. Quando esse grupo sai às ruas em protesto por direitos que eles acreditam lhes ser devidos, destroem a cidade, apedrejam a propriedade privada, vandalizam espaços públicos, incendeiam o transporte coletivo, em nome de uma pretensa visão de democracia e igualdade de direitos. Essa prática é um dos mais exemplares atos de contradição em que se busca a garantia dos direitos de alguns, desrespeitando a segurança e a ordem pública da maioria da sociedade. Essa condição também é reflexo de uma gigantesca distância entre a realidade e a percepção da realidade. Um dos reflexos dessa circunstância é o que se costuma chamar, no setor de turismo, de Síndrome de Paris, um distúrbio psicológico transitório gerado como uma reação orgânica à frustração de uma expectativa.

Esse termo foi inicialmente definido para caracterizar a confusão psicológica de alguns japoneses decorrentes do impacto negativo que tiveram ao visitar, pela primeira vez, Paris, a Cidade Luz.

De forma geral, no imaginário das pessoas, Paris é uma cidade romântica, elegante, limpa e iluminada. Com certeza, ela é tudo isso, mas por ser uma das maiores metrópoles da Europa, a cidade mais visitada no mundo, é também um lugar inóspito, de pessoas apressadas, trânsito caótico, transporte público cheio e lixo, muito lixo pelas ruas, em parques e espalhados pelos arredores de alguns de seus pontos turísticos mais famosos.

Essa realidade adversa foi demasiadamente insuportável para alguns japoneses que, pela diferença cultural, inclusive, não deram conta da desorganização ocidental. Não conseguiram lidar com a frustração da expectativa, gerando aí sintomas físicos de alucinações, hipertensão, paranoia, tontura e neurose.

Esse fenômeno, apesar de ter sido batizado em referência à capital francesa e ter sido inicialmente identificado entre os japoneses, não se restringe nem a um nem ao outro. Alguns dos sistemas de saúde de importantes destinos turísticos europeus, como Londres, identificaram o mesmo padrão de acometimento de saúde em turistas visitando a capital inglesa.

A dificuldade em lidar com a realidade, provocando doses cavalares de frustração pela alta expectativa depositada na situação, se repete em grandes pontos turísticos como na visita ao Taj Mahal, à Muralha da China, em Machu Picchu, ao ver a Mona Lisa no museu do Louvre etc. Afinal, quando esperarmos muito de uma situação, seja ela qual for, e não encontrarmos correspondência na realidade, nos questionamos, revemos nossos investimentos (subjetivos e materiais), gerando assim um incômodo emocional por vezes insuportável. Aí, a pessoa pode entrar em profunda depressão.

Essas situações contribuem imensamente para a perda do critério, mas a manifestação da Síndrome de Paris não acontece apenas no turismo. A decepção vivida por alguns ao visitar um tão sonhado lugar turístico e constatar uma realidade completamente distinta à do sonho é o mesmo tipo de decepção de alguém que idealiza uma empresa ao observá-la de fora e se frustra quando se torna um funcionário ou passa a prestar um serviço específico para ela.

Essa frustração, aliás, tem sido cada vez mais intensa em relação aos novos negócios, a empreendimentos considerados disruptivos. Muitos deles são identificados com práticas mais humanizadas na relação de trabalho, como iniciativas inovadoras e de consciência ambiental. Entretanto, qual não é a surpresa de várias pessoas ao descobrirem que toda aquela imagem projetada não passava disso, de uma projeção, uma idealização, porque no cotidiano de funcionamento desses lugares a prática repete exemplos das empresas originadas em séculos passados, tão criticadas por suas pressões implacáveis contra funcionários e cobrança por resultados. Algumas das empresas da nova economia têm um grau de coerção tão ou mais intenso do que os vividos em organizações tradicionais.

As nossas certezas estão se perdendo pelo meio do caminho a tal ponto de que até o DNA das pessoas passa agora por uma revisão de critério, a partir do caso Chris Long, um norte-americano que descobriu, de maneira inusitada, que o seu material genético, DNA, fora substituído pelo de um homem alemão, dez anos mais novo do que ele, seu doador em um transplante de medula óssea, ao qual Long teve de ser submetido.

Long era portador de leucemia mieloide aguda e síndrome mielodisplásica, doenças que modificam a produção de células sanguíneas saudáveis. Foi essa condição que o fez passar pelo transplante. Mas o inusitado dessa história reside no fato de que, após os devidos tratamentos, ao ter o seu material coletado para exames, constatou-se que os exemplos de seu DNA indicavam que ele havia cometido um crime, apesar de ele nunca ter se envolvido em nenhuma contravenção.

A questão foi: parte do material genético coletado de Long apresentava dois DNAs distintos, o dele e o do alemão. Mas isso não foi tudo. Na análise de seu sêmen, todo o DNA coletado era apenas do alemão, não havia um traço sequer de seu material genético naquele insumo analisado.

De acordo com os especialistas que o examinaram, o corpo de Long é capaz de comportar duas estruturas genéticas. Essa é uma condição rara, um fenômeno chamado de *quimera*, mas ele pode ser mais presente na medida em que o volume de transplantes aumente. Oficialmente, já existem entre nós, pelo menos, 40 casos de pessoas com alteração no DNA que passaram a carregar o código genético de outro indivíduo.

Essa condição é um enorme desafio para as nossas certezas, porque até o DNA, nosso mais exato marcador biológico, pode deixar de existir enquanto estivermos em pleno gozo de nossas faculdades mentais, esbanjando saúde. Não à toa começamos a perder a noção de realidade e ampliamos nossa ilusão de ótica sobre as circunstâncias ao nosso redor. Afinal, vivemos em um tempo no qual é possível uma pessoa desaparecer geneticamente, abrindo espaço para o surgimento de outro indivíduo, inclusive, coexistindo com outro ser geneticamente igual, tudo ao mesmo tempo agora em um único corpo. Talvez nem o mais prodigioso escritor de ficção pudesse pensar nessa situação. Estamos reescrevendo a história.

# CAPÍTULO SEIS

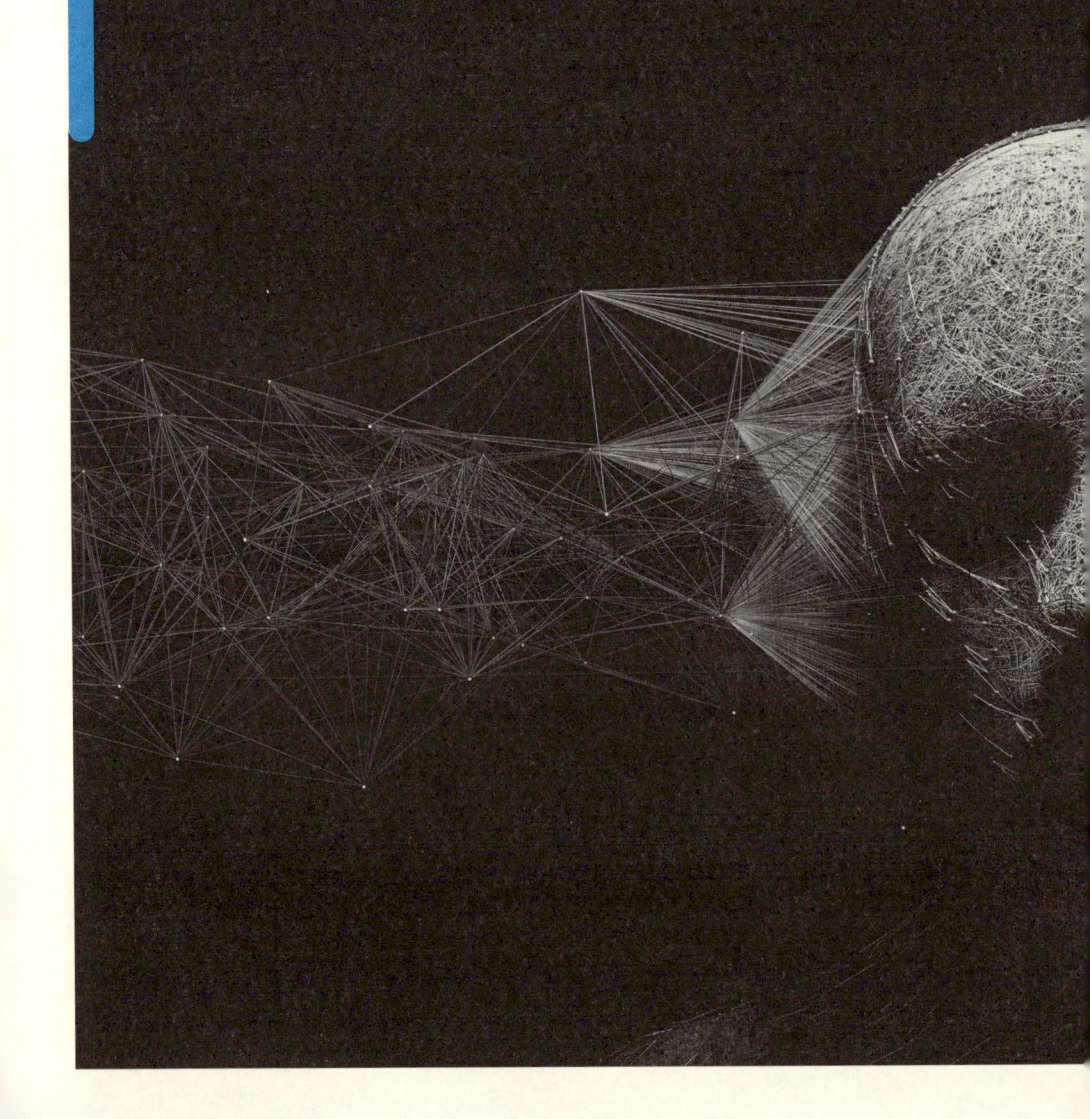

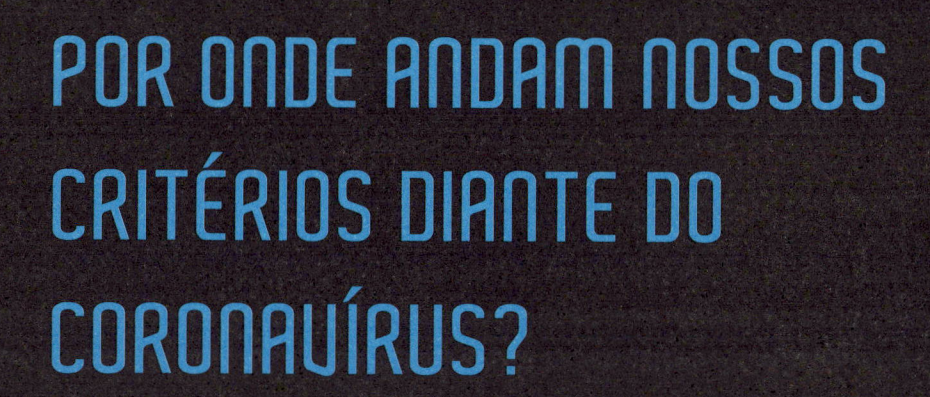

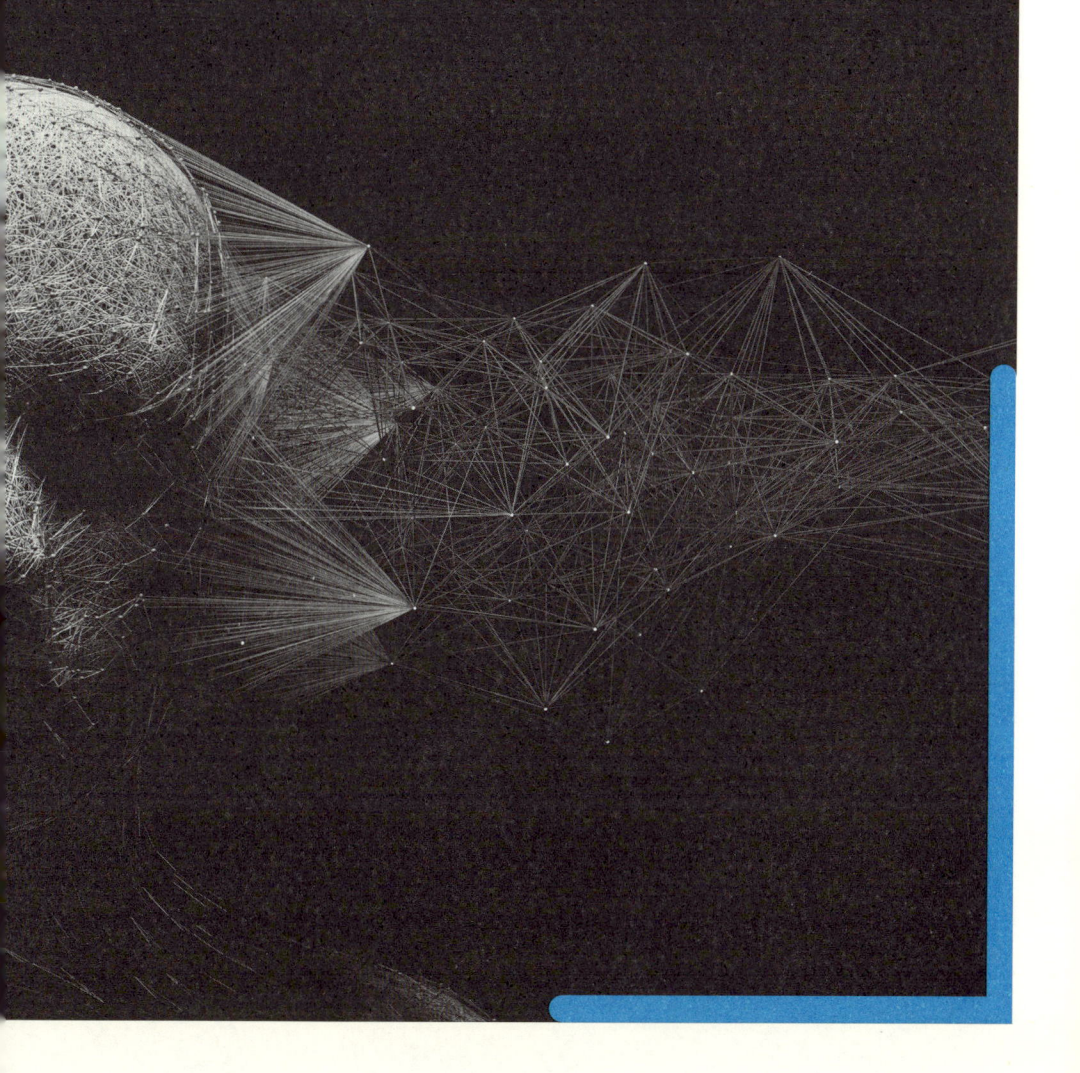

# POR ONDE ANDAM NOSSOS CRITÉRIOS DIANTE DO CORONAVÍRUS?

" Sem ação, quase 400 milhões de pessoas morrerão de doenças crônicas nos próximos 10 anos. Muitas dessas mortes ocorrerão prematuramente, afetando famílias, comunidades e países."

— DRA. CATHERINE LE GALÈS-CAMUS, *diretora-geral adjunta para Doenças Não Transmissíveis e Saúde Mental da OMS*

# POR ONDE ANDAM NOSSOS CRITÉRIOS DIANTE DO CORONAVÍRUS?

Em 30 de dezembro de 2019, um dia antes do réveillon de 2020, estávamos ansiosos por mais uma celebração de um novo ano que estava por começar. Como em toda véspera dessa que é uma das maiores festividades em todo o mundo e feriado internacional, ao menos no Ocidente, nos organizávamos para entrar no ano com o pé direito. Alguns, à beira-mar, estavam devidamente paramentados para pular sete ondinhas, comer lentilha e romã, enquanto outros faziam os últimos preparativos para a ceia e muitos se aglomeravam nos saguões dos aeroportos para conseguir embarcar em seus voos que os levariam, finalmente, para o tão sonhado destino de descanso e férias. O mundo, aparentemente, seguia a sua rotina, afinal, era fim de ano, momento de confraternizar com familiares e amigos, planejar novas atividades, desejar prosperidade financeira, saúde e amor. Eis que o tão aguardado dia chegou sem nenhum sobressalto. Veio de mansinho como tantos outros 31 de dezembro, uma terça-feira naquela ocasião.

E lá fomos nós esperançosos por dias melhores, mas ali, completamente desavisados, estávamos prestes a viver uma reviravolta de escala global, sem precedentes neste século.

Algumas semanas depois daquela data festiva, seríamos confrontados com alguns fatos que alterariam por meses e até anos todo o nosso cotidiano e a forma de nos relacionarmos em sociedade. Dali a alguns dias seríamos obrigados a ficar em casa e manter distanciamento social, inclusive, das pessoas mais próximas em nossas vidas, como nossos pais, avós, maridos, esposas, irmãos, tios, sobrinhos, netos e primos.

Abraços estavam terminantemente proibidos, saudações com beijinho no rosto eram vistas quase como uma sentença de contágio, quem sabe até de morte. Nem o simples aperto de mão estava liberado. A orientação foi radical. *Fiquem em casa, se mantenham distantes uns dos outros e jamais tenham algum tipo de contato físico com outra pessoa, sobretudo, algum estranho.*

Essa situação absolutamente surreal, que nos tomou de assalto, começou a se formar poucos dias depois daquele 31 de dezembro, quando seríamos apresentados à Covid-19 (contração da palavra em inglês, *Corona Virus Disease 2019*). Mas essa modalidade do vírus não chegou de supetão, causando espanto, suas primeiras manifestações vieram em forma de uma doença respiratória já bem conhecida.

Naquela véspera de Ano-Novo, a Organização Mundial da Saúde (OMS) recebeu alertas sobre diversos casos de pneumonia na cidade de Wuhan, capital da província de Hubei, na China. Aqui, vale a pena contextualizar.

Wuhan é a cidade mais populosa da China Central, com mais de 10 milhões de habitantes, o que a torna a 7ª cidade mais habitada do país. Ela é considerada o centro político, econômico, financeiro, comercial, cultural e educacional daquela região; e é um importante hub logístico e de distribuição para a economia chinesa, porque inúmeras ferrovias, estradas e vias expressas a conectam com outros importantes polos econômicos e industriais da China.

Por toda a sua relevância, estrangeiros que a visitam a negócio costumam compará-la à cidade de Chicago, nos Estados Unidos, um dos mais ricos e importantes centros metropolitanos norte-americanos.

Pois bem, esse era o cenário urbano, o contexto social em que foram identificados os primeiros casos de Covid-19 de que se tem conhecimento, mas até aí não havia necessidade de sobressaltos, porque convivemos com casos de coronavírus desde meados dos anos de 1960; e esse tipo de vírus é bem comum. Contudo, essa história estava para mudar, porque o subtipo de coronavírus identificado em Wuhan era inédito. Não havia registro médico sobre ele e essa condição é um fato significante para tentarmos entender muito do que aconteceu depois de sua aparição. Afinal, quando não temos vacina para vírus novos, ficamos à mercê deles; e essa situação foi um dos principais critérios utilizados pelos organismos de saúde internacionais e governos mundo afora para nortear as atitudes tomadas.

O racional nessa situação é até simples de se compreender. Já que a forma mais comum de contágio do corona entre humanos acontece pelo contato com alguém infectado, ao evitarmos as pessoas, evitaríamos o vírus. Simples assim. Ou seja, por meio desse raciocínio e prática podemos dizer que, como os carros são responsáveis pela maioria das mortes de trânsito, a partir de agora estamos proibidos de dirigir carros. Vamos tirar todos os veículos das ruas, ou, ao menos, limitar consideravelmente a circulação deles. Ou, ainda, como o trabalho é causador do estresse agudo, devemos parar de trabalhar para acabarmos com o *burnout*.

Essas comparações podem parecer estapafúrdias ou extremamente radicais, inocentes quem sabe, mas elas são formalmente pertinentes, porque os critérios utilizados pelas autoridades de saúde para definir o comportamento social que deveríamos adotar mediante a circulação da Covid-19, sobretudo, pela ausência de uma vacina para nos proteger, podem ser aplicados em diversas outras situações de saúde como as mortes causadas pelo trânsito, que, inclusive, são consideradas pela OMS uma epidemia em alguns países devido ao número crescente de vítimas.

Anualmente, são inúmeros os mortos, algo em torno de 1,35 milhão de pessoas. Em média, a cada 24 segundos, alguém morre em decorrência de um acidente no trânsito em algum lugar do mundo. É uma quantidade alarmante, inaceitável! O que estamos fazendo para evitar essa pandemia mundial de mortes no trânsito? Por acaso, proibimos motoqueiros de circular por entre os carros? Criamos áreas especiais separando veículos pesados de veículos de passeio? Limitamos a velocidade máxima em perímetro urbano para 30km/hora? Não! Não fazemos nada disso. Continuamos a nossa vida sabendo que ano a ano milhões de pessoas vão morrer no trânsito e nenhum governo faz algo concreto e amplo para reverter essa tragédia anunciada.

Por que, então, as autoridades de saúde e os governantes não tomam uma medida preventiva tão rígida quanto a adotada em relação à Covid-19, tirando os carros de circulação? Isso não acontece porque eles aplicam critérios distintos para essas situações. O mesmo é válido para quem padece de *burnout* decorrente da condição de trabalho.

Só no Brasil, de acordo com dados de organizações de acompanhamento das condições de trabalho no país, mais de 33 milhões de profissionais apresentam esgotamento profissional. Em termos mundiais, apesar da dificuldade de se precisar números absolutos de vítimas dessa condição, especialistas estimam que 10% da população de trabalhadores sofra desse mal. Em um planeta povoado por bilhões de seres humanos, é pertinente suspeitar que a contagem de vítimas seja feita em milhões.

Essa situação se agravou tanto ao longo das últimas décadas que a OMS caracterizou o *burnout* como uma síndrome e vem fazendo alertas cada vez mais contundentes para os seus malefícios à saúde e ressaltando a importância da prevenção. Eles avisam que logo, logo, essa síndrome poderá ser uma circunstância análoga a uma pandemia.

Sendo assim, é possível refletir: se o trabalho é a condição causadora do *burnout*, evitar que as pessoas trabalhem é uma das maneiras mais rápidas e eficazes para acabar, de uma vez por todas, com o seu avanço em nossas sociedades. Se agíssemos assim, estaríamos utilizando critérios semelhantes aos adotados quando dissemos: *Fique em casa e mantenha o distanciamento social.* Mas poderíamos viver sem trabalhar? Isso seria uma situação factível?

### Em tempo*

Os coronavírus são uma grande família de vírus comuns em muitas espécies diferentes de animais, incluindo camelos, gado, gatos e morcegos. Raramente, os coronavírus que infectam animais infectam pessoas, como exemplo do MERS-CoV e do SARS-CoV.

A Covid-19 é uma doença causada pelo coronavírus denominado SARS-CoV-2, que apresenta um espectro clínico variando de infecções assintomáticas a quadros graves. De acordo com a OMS, cerca de 80% dos pacientes portadores da doença podem ser assintomáticos ou ter pouco sintomas; e, aproximadamente, 20% dos casos detectados requer atendimento hospitalar por apresentarem dificuldade respiratória, dos quais aproximadamente 5% podem necessitar de suporte ventilatório.

*FONTE: *MINISTÉRIO DA SAÚDE*

O resultado do critério utilizado para "pararmos o mundo" como fizemos em reação à presença da Covid-19 só poderá ser avaliado com mais objetividade e clareza daqui a dezenas de anos. Um fato histórico dessa dimensão, que afetou a todos os países do planeta ao mesmo tempo, de certa forma traz consequências multifatoriais, com implicações únicas, por isso, é limitada qualquer opinião açodada, emitida precocemente, enquanto os fatos ainda estão acontecendo ou acabaram recentemente. Talvez, no futuro, consideraremos que ter mantido, por meses, as pessoas em casa, em distanciamento social, foi a atitude mais acertada a ser tomada, considerando todas as suas repercussões; ou talvez vamos concluir que essas medidas foram a pior bobagem já feita no mundo. Seja qual for a resposta, o importante aqui é compreender sem julgamentos morais ou antagônicos, de certo e errado, que essa medida foi um critério adotado pelos governos em grande parte dos países sob a influência do arranjo social de nossos tempos, ou seja, a Covid-19 foi a primeira pandemia existente após as redes sociais, ela surgiu em uma sociedade que tem obsessão pelo politicamente correto, com pessoas vivendo, como nunca antes, sob um medo generalizado da morte. Esses são fatores temporais únicos que devem ser levados em consideração para se elaborar análises pertinentes dessa situação.

## PARALISIA ECONÔMICA À VISTA

Ao olharmos a nossa evolução, facilmente identificamos a existência de uma série de outras pandemias bem mais agressivas, com maior quantidade de casos e mortes do que as registradas pela Covid-19, pelo menos até o primeiro semestre de 2021. Uma das mais recentes, a AIDS (Síndrome da Imunodeficiência Adquirida), doença causada pelo vírus do HIV, infectou mais de 75 milhões de pessoas desde o seu início até o final da década dos anos de 2010 e matou mais de 34 milhões de pessoas nesse mesmo espaço de tempo. Nem por isso, os governos decidiram decretar o fim da prática sexual entre as pessoas, porque, seguindo a lógica do *fique em casa*, se o sexo é o principal caminho de propagação do HIV, qualquer adulto que faça sexo consentido com outro adulto, seja lá com quem for (principalmente no começo desta pandemia quando, além de não entendermos quais eram os meios adequados de prevenção, tampouco tínhamos remédios preventivos ou que controlassem a sua manifestação como temos hoje em dia), estava correndo um iminente risco de se contaminar.

Mas as pessoas, apesar dessa situação potencial de doença, continuaram fazendo sexo regularmente e os motéis permaneceram abertos, basta ver o crescimento das taxas de natalidade no mundo desde o início dos anos 1980, década em que passamos a conviver com a pandemia do HIV, que inicialmente afetou mais diretamente a população homossexual, mas, com o passar dos anos, tornou-se uma doença possível de ser transmitida entre todas as pessoas com vida sexual ativa. A AIDS, contudo, é só um exemplo.

- A **Gripe Russa** (vírus H2N2) matou 1,5 milhão de pessoas entre 1889 e 1890.
- A **Gripe Espanhola** (vírus H1N1) levou 100 milhões de pessoas entre 1918 e 1919.

- A **Gripe Asiática** (vírus H2N2) vitimou 2 milhões de pessoas entre 1957 e 1958.

- A **Gripe de Hong Kong** (vírus H3N2) dizimou 3 milhões de pessoas entre 1968 e 1969.

Todos esses surtos maciços de gripes foram extremamente significativos para o contexto social em que ocorreram, mas nenhum deles, nem a Gripe Espanhola, com seus 100 milhões de mortos, fez "o mundo parar" como a Covid-19. Claro, os países ou regiões mais afetadas por eles sofreram mais, tiveram um forte impacto, mas a paralisia naquela época era pontual e parcial, completamente diferente da escala global da atualidade e do efeito em onda provocado pela Covid-19.

Em termos mundiais, até setembro de 2020, ou seja, nove meses após o seu surgimento, a pandemia desse novo vírus tinha matado quase 1 milhão de pessoas, as vítimas fatais eram mais precisamente 979.435 mortos. Sem dúvida, um número expressivo, um fato de grande importância, sendo que depois esses números foram bastante ampliados. Aliás, ao falarmos de falecimentos, é preciso ressaltar que uma única morte já é suficiente para considerarmos uma tragédia, afinal, a vida é nosso bem mais fundamental, nada existe sem ela. Mas, quando estamos pensando em políticas públicas, em definição de quais ações vamos tomar coletivamente, é preciso colocar as situações em perspectiva, inclusive as mortes. Nesse caso, apesar de sua importância e impacto dramáticos, a Covid-19 está bem longe de ser a pior pandemia que já enfrentamos. Sendo assim, por que ela "parou o mundo"?

É evidente que a interrupção social que foi feita trará efeitos em cascata para todos nós, tanto em questões subjetivas (emocionais e comportamentais), quanto implicações econômicas objetivas, que bem podem ser caracterizadas como o maior desastre econômico existente.

De acordo com economistas das mais variadas correntes ideológicas, essa pandemia provocou uma crise econômica sem precedentes em um futuro imediato, além de impactos ainda a serem projetados num futuro distante. Quando se pensa em longo prazo, aí somos obrigados a fazer um exercício de futurologia, porque ninguém é capaz de projetar todas as suas consequências.

A negatividade anunciada pelos economistas surgiu, por entre outros motivos, pela vertiginosa queda das bolsas de valores dos países mais desenvolvidos. Nos primeiros oito meses da presença da Covid-19 entre nós, as bolsas, mundo afora, despencaram algo em torno dos 30%. Essa queda foi gradual e persistente. Ou seja, o *downsize* do mercado financeiro foi consistente, não uma marolinha qualquer.

Ao nos conscientizarmos da antecipação surpreendente e quase milagrosa do desenvolvimento das vacinas, que antes demoravam uma década para estarem disponíveis, os mercados se acalmaram, mas a dívida pública dos países ainda custará muito caro a todos nós por décadas adiante.

Outro indicador dos tempos sombrios foi observado pelo crescente número de desempregados na maior economia do planeta. Por lá, nos primeiros meses das restrições econômicas decorrentes da presença do vírus, quase 7 milhões de pessoas ficaram sem emprego formal e solicitaram subsídio ao governo Donald Trump para conseguir pagar as despesas do mês.

O nível de pedidos por ajuda do Estado que se viu nunca fora registrado na história dos norte-americanos. A grande maioria das solicitações aconteceu porque, tendo de ficar em casa, os desempregados não encontraram saída para sobreviver financeiramente a não ser entrar na fila do auxílio governamental. Apesar do posterior reaquecimento da economia, graças a inéditos subsídios governamentais, milhares de empresas fecharam e milhões de pessoas perderam seus empregos e sustentos definitivamente.

Até a sólida economia alemã, país mais rico da Europa, viu o seu desempenho econômico de curto prazo envolvido em previsões "sombrias" em decorrência das restrições adotadas para a contenção da pandemia. Contudo, como a Alemanha é um país acostumado a se reerguer de grandes tragédias e culturalmente os seus governos são extremamente pragmáticos e rígidos com as medidas implementadas, mesmo em meio a incerteza e aos pífios resultados econômicos apresentados durante a primeira onda da Covid pela Europa, a indústria alemã, entre as demais europeias, respondeu com mais vigor ao debacle. Ou seja, as autoridades financeiras do país, mesmo em uma época em que não sabíamos quando teríamos uma vacina, já indicavam um possível equilíbrio de suas contas de maneira mais rápida do que a prevista.

Porém, é preciso considerar essa recuperação em um contexto, entendido por eles como uma das "piores crises" desde o fim da Segunda Guerra Mundial. Quer dizer, mesmo com a sua positiva recuperação econômica, o patamar da economia alemã após a Covid-19 se assemelhou ao período em que o país foi completamente devastado e cindido pelo maior conflito bélico do século XX, a Segunda Guerra Mundial.

Por sua vez, nesse cenário de pandemia afetando o desempenho das economias mundiais, a China, o país marco zero do vírus, surpreendeu com um resultado econômico que, apesar de modesto para o seu nível de crescimento, foi mais alto do que o previsto. Pela centralidade das informações do governo chinês, é muito difícil verificar a verdadeira extensão dos estragos provocados pela Covid-19 em seu território, mas as fortes medidas de contenção impostas por Pequim facilitaram o controle do vírus de forma mais rápida quando comparada às atitudes adotadas em outros países. Em paralelo às ações de controle, ainda a serem compreendidas e justificadas, eles conseguiram assegurar um pouco da vitalidade da economia com o incremento da sua produção industrial ao manter o significativo nível da exportação de seus produtos manufaturados. Esse cenário levou a economia chinesa a encerrar 2020 com alta de 2,3% em seu Produto Interno Bruto (PIB). Apesar de positivo, esse crescimento ficou abaixo dos 6,1% registrados em 2019, e foi um dos menores dos últimos 40 anos, mas, entre as maiores economias mundiais, eles foram os únicos que evitaram retração econômica.

## MORTES POR TODOS OS LADOS

Quando os governos, seguindo as orientações sanitárias e médicas dos organismos de saúde internacionais, decidiram conduzir as pessoas para que ficassem em casa, tomamos uma medida protetiva à nossa saúde, porém, como um dos efeitos colaterais dessa decisão, criamos profundos entraves econômicos mundiais, situação que repercutirá por décadas. Alguns dos seus efeitos mais evidentes serão a falta de dinheiro para investimento, a suspensão e adiamento de obras de infraestrutura, a perspectiva de desemprego maciço, principalmente nos países em desenvolvimento, prejuízo no processo de aprendizagem em todas as fases educacionais, entre outros reflexos.

Frente à gravidade e extensão dessas situações é pertinente se questionar: em nome de qual critério deixamos que essa situação ocorresse? Se em nenhuma outra de nossas mazelas tomamos providências tão drásticas, por que agora agimos assim? Qual foi o critério utilizado para essa decisão? Temos de colocar esse questionamento em perspectiva para entender a nossa ação, afinal, todas as nossas decisões implicam tanto em ganhos quanto em perdas e o resultado de ambas as situações precisa ser constantemente avaliado. Portanto, nossos governantes e autoridades médicas precisam nos responder com riqueza de detalhes: será que os ganhos obtidos com a parada da economia mundial compensaram os estragos causados? E quais foram esses ganhos efetivos?

Em nossa história, sempre aceitamos o resultado de um *mal menor* para evitar a catástrofe de um *mal maior*. Ao longo dos séculos de nossa existência, foi assim que nos comportamos em sociedade. A Covid-19, por sua vez, modificou esse comportamento e ainda não sabemos exatamente o porquê da mudança. E a resposta não é porque a Covid-19 mata, porque outros vírus matam muito mais. Outras situações cotidianas e de saúde também.

De acordo com Centro de Controle e Prevenção de Doenças dos Estados Unidos e a OMS, as gripes comuns matam até 650 mil pessoas por ano, mas, a despeito dessa quantidade significativa de vítimas, as gripes sazonais nunca pararam nada. E isso não é só. As estatísticas das mortes previstas pela OMS são dramáticas. O câncer mata em torno de 6 milhões de pessoas, o cigarro 4 milhões, as bebidas 2 milhões, os suicídios chegam perto dos 800 mil e a malária uns 730 mil. Esses números são pessoas, não estatísticas. A morte de muitos deles poderia ter sido evitada se, como sociedade, agíssemos de outra maneira, se tivéssemos sido tão incisivos como fomos contra a Covid-19, mas não fomos e essas mortes tendem a crescer.

## ONDE FAREMOS O RETORNO

A história é um conjunto dos resultados indeterminados e aleatórios das nossas ações e das nossas omissões. Portanto, termos "parado o mundo" pode ter sido resultado da ação de alguns e omissão de muitos. Quando o medo e o politicamente correto prevalecem, heróis do presente podem virar vilões no futuro. A história já mostrou isso várias vezes.

Em regimes livres e democráticos, as decisões duras e contundentes são muito difíceis de serem tomadas. Quase ninguém teria coragem de dizer: segue em frente! Não "pare o mundo", porque no futuro mais pessoas vão morrer se por acaso "pararmos o mundo" agora. Em regimes democráticos, ninguém toma uma decisão dessa magnitude quando muitas pessoas pensam de forma contrária, sem falar da mídia e seu poder de influenciar corações e mentes. Isso acontece porque, em democracias e no capitalismo, as pessoas são eleitores e consumidores, portanto, os políticos e as empresas agem para agradar a maioria delas, caso contrário podem perder votos e compras e essa possibilidade é determinante para o uso dos critérios utilizados.

Ninguém em sã consciência, nem Trump com toda a propalada macheza dele, consegue saber qual teria sido o critério mais adequado para enfrentar uma situação como a da Covid-19. Como isso nunca foi claro, criamos uma situação em que também não sabemos como reverter. Agora, como vamos voltar ao momento pré-pandemia? Qual critério devemos utilizar para restabelecermos a sociedade como a conhecíamos? Ainda não sabemos qual foi o critério utilizado para *fecharmos o mundo,* tampouco temos ideia sobre qual é o critério necessário para *reabrirmos o mundo.* Vamos acabar envoltos como em uma grande colcha de retalhos em que cada localidade, cada cidade, cada país estabelecerá os seus critérios. E toda essa situação aconteceu porque para evitar o *mal menor,* não agimos para desconstruir o *mal maior.* Se Winston Churchill tivesse agido dessa maneira quando governava o Reino Unido, e foi uma peça decisiva para a derrota dos exércitos nazistas, estaríamos em um mundo com outra configuração geopolítica, pois haveria uma chance muito grande de que os Aliados não sairiam vitoriosos dos combates da Segunda Guerra Mundial.

## PROCURA-SE POR UM CHURCHILL

Em 11 de novembro de 1940, os Aliados descobriram que 500 toneladas de explosivos iriam cair sobre a cidade Coventry, na Inglaterra. Eles só conseguiram obter essa informação porque decifraram o sistema de códigos das mensagens do exército alemão. Devemos esse feito ao matemático inglês Alan Turing. Pioneiro da ciência da computação e da inteligência artificial, Turing desenvolveu as máquinas que, anos mais tarde, deram origem aos computadores. Por meio delas, ele conseguiu invadir o sofisticado sistema de mensagens dos nazistas, fazendo com que os Aliados acompanhassem as estratégias de Hitler.

De posse dessa informação absolutamente relevante, com impacto na vida de milhões de pessoas, os oficiais britânicos se apressaram em informá-la a Churchill. "Vamos evacuar a cidade, porque em dois dias Coventry será alvo de forte bombardeio aéreo dos alemães", disseram.

Churchill ouviu o que eles falavam, refletiu e, para a surpresa geral, emitiu um sonoro "não". "Não vamos evacuar cidade alguma!"

O que teria levado o homem que é considerado, no Ocidente, como um dos maiores estadistas de todos os tempos a sacrificar a vida de milhares de inocentes? Qual critério ele teria usado para justificar a sua ação? Churchill considerou a relação do mal menor vs. o mal maior.

Os alemães não sabiam que os Aliados conseguiam acompanhar as suas trocas de mensagens. Portanto, se, naquele momento, dois dias antes dos bombardeios, os ingleses tivessem ordenado a retirada das pessoas de Coventry, possivelmente eles chamariam a atenção dos inimigos. Os alemães poderiam entender que aquele movimento teria acontecido porque, de alguma maneira, eles detinham informações secretas sobre os seus planos. Churchill não quis dar margem para essa suspeita, mesmo sabendo que milhares de pessoas morreriam ao ser atingidas pelo brutal ataque aéreo planejado. Mas ele tinha a convicção de que venceria a guerra contra Hitler se mantivesse sob segredo o fato de ter acesso ao sistema de mensagens nazista. A decisão tomada em relação a Coventry é um típico caso da ocorrência de um *mal menor* (a morte de milhares de pessoas naquela cidade) para se evitar o *mal maior* (a perda da guerra e morte de milhões de outras pessoas).

A decodificação das mensagens dos alemães era uma condição crítica para auxiliar a campanha dos Aliados e derrotar os nazistas, mas manter esse segredo exigiu a tomada de decisões muito difíceis que custaram a vida de milhares de pessoas. Churchill não sacrificou apenas as pessoas em Coventry.

Ciente dos ataques alemães contra a França, que culminaram na invasão do país, ele ordenou à Marinha Real Britânica que bombardeasse a frota francesa estacionada na Argélia, mesmo os franceses integrando o grupo de países Aliados que lutavam contra Hitler. Com essa ação, aparentemente um gesto de traição, Churchill matou 1.290 soldados franceses e afundou a frota de navios aportados naquela localidade.

Apesar das implicações de sua decisão, Churchill tomou essa medida para evitar que os nazistas, ao invadirem a França, fizessem uso da armada náutica francesa, o que poderia determinar em favor dos nazistas o resultado da guerra. Ou seja, para eliminar essa possibilidade, ele atacou um país aliado, evitando o que consideraria um *mal maior* (a perda da guerra). Quem hoje teria essa coragem? Qual governante teria o sangue frio para estabelecer esse tipo de critério nos tempos atuais? Qual teria sido a postura de um estadista como Churchill diante de uma pandemia como a da Covid-19?

Não dá para saber o que ele teria feito, mas o que é evidente é que a decisão e o critério perderam completamente o senso no momento dessa pandemia. Estamos em guerra contra a Covid-19, contra essa pandemia, portanto, precisamos de governantes à altura dessa situação, capazes de estabelecer as melhores ações para conseguirmos sair vitoriosos, a despeito dos mal menores, porque eles sempre existirão.

Dizer hoje de maneira assertiva quem está certo ou errado é um exercício de soberba intelectual. Ninguém em sã consciência pode cravar uma resposta absoluta. Em nome da ciência, os critérios seguiram um rumo. E, em nome da economia, talvez seguissem outro. E da educação, outro ainda.

Como se vê, o critério tem uma importância brutal em nossas vidas, e por meio deles não só decidimos o que fazer, como também julgamos o que foi feito. Talvez daqui a décadas futuro adentro, alguém com uma visão mais privilegiada dos fatos atuais e suas repercussões poderá fazer um juízo de valor mais isento e verdadeiro.

O que importa para nós neste ponto do livro é entender que o destino de cada um de nós é regido pelos critérios definidos por nossa geração, que vão se aliar aos que foram definidos por todas as gerações anteriores. É essa corrente fluida e ininterrupta de critérios que está nos movendo rumo ao futuro.

# CAPÍTULO SETE

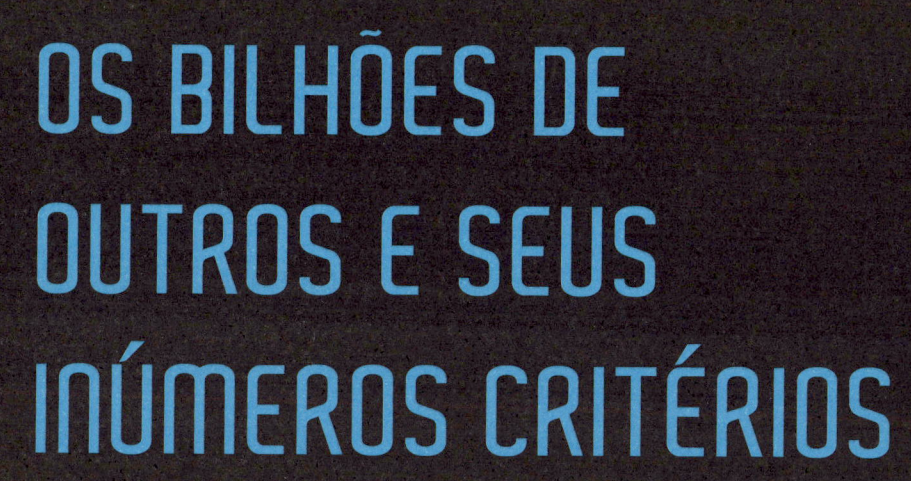

# OS BILHÕES DE OUTROS E SEUS INÚMEROS CRITÉRIOS

" O que será que será (...) que andam sussurrando em versos e trovas, que andam combinando no breu das tocas, que anda nas cabeças, anda nas bocas, (...) que estão falando alto pelos botecos, que gritam nos mercados, que com certeza está na natureza, será que será, o que não tem certeza, nem nunca terá, o que não tem conserto, nem nunca terá, o que não tem tamanho."

**TRECHO DA MÚSICA O QUE SERÁ (À FLOR DA TERRA),**
*de Chico Buarque*

# OS BILHÕES DE OUTROS E SEUS INÚMEROS CRITÉRIOS

No capítulo anterior, e independentemente do juízo de valor formado sobre as reações globais, vimos como são extensas as implicações sociais, a exemplo do caso da Covid-19, quando sobrevalorizamos o mal menor em detrimento do mal maior. Evidentemente, essas duas situações são críticas. Poucas são as pessoas que, em sã consciência, desejam algum tipo de mal propositalmente, seja ele menor ou maior. Apesar disso, a vida é incontrolável e situações que são consideradas como algum tipo de mal surgirão. A grande resposta para lidarmos com essas ocasiões está em nossa ação, na maneira como interagimos com esses acontecimentos.

Ao sermos confrontados com essas situações (individual ou coletivamente), temos de agir prontamente e esse movimento estará sempre ligado ao uso de algum critério, um valor desenvolvido ao longo de nossa vida a partir de nossas referências, contextos e história.

Somos todos influenciados por nossos critérios e essa condição é inegociável. Por isso, é fundamental que, ao avaliarmos a utilização de critérios por outras pessoas, empresas, governos e afins, independentemente à situação em que tenham sido aplicados, façamos essa análise longe de um viés moral, centrados naquilo que é pretensamente certo ou errado. Esses conceitos não são os mais adequados, porque eles nos induzem ao erro de análise. Sobretudo, por estarem baseados em predileções pessoais, preferências momentâneas e argumentos subjetivos. É mais coerente utilizar conceitos de adequação para essas análises. É preciso verificar se as ações tomadas se adequam ao contexto em questão e se surtiram os efeitos pretendidos. Como didática para compreensão dessa afirmação, vejamos um assunto controverso que aconteceu em tempos de paz, não de guerra, como no exemplo de Churchill, mencionado anteriormente. Ele deixa claro a dificuldade de julgamento dos critérios de terceiros.

## O MAL MENOR vs. O DESENVOLVIMENTO SOCIOECONÔMICO

Um dos mais colossais projetos de engenharia da era moderna foi a construção da usina hidrelétrica das Três Gargantas na China, também conhecida como Barragem das Três Gargantas. Localizada no distrito de Yiling, na província de Hubei, a capacidade de armazenamento de água de seu reservatório é de 39,3 quilômetros cúbicos, o equivalente a 10 trilhões de galões de água. Esse volume de armazenagem é tão gigantesco que, se o seu lago artificial estivesse completamente cheio, conseguiríamos alterar em 0,06 microssegundos a duração de um dia na Terra. Essa extensão de tempo extra aconteceria devido ao imenso deslocamento de massa originado pelo fenomenal acúmulo de água em seu lago.

Essas impressionantes estatísticas e possibilidades, contudo, só se tornaram realidade porque o governo chinês ignorou por completo qualquer polêmica contrária aos seus planos de desenvolvimento e atropelou as resistências.

Idealizada por Mao Tsé-Tung, nos anos de 1950, e construída no rio Yangtzé (o maior da China), a megausina Três Gargantas tem uma impressionante capacidade de geração elétrica, que supera os 100 milhões de megawatts-hora ao ano. Apenas a usina de Itaipu tem uma produção energética maior. Em 2016, nossa hidrelétrica, erguida em parceria com o governo paraguaio, produziu 103,1 milhões de megawatts-hora/ano, marca imbatível até 2020.

Entretanto, devido às condições hidrográficas do rio Yangtzé, para Três Gargantas conseguir o seu surpreendente desempenho, os chineses tiveram de conviver, principalmente durante o período de sua construção, com a alcunha de terem promovido um dos maiores desastres ambientais do mundo. Essa acusação, entretanto, por pior que tenha sido, não foi forte o suficiente para demovê-los da ideia de finalizar os seus projetos como idealizados, mesmo com os críticos dessa construção tendo feito uma grita internacional. A começar pelo fato de que, para a usina surgir, foi preciso deslocar mais de 1,2 milhão de pessoas de suas casas para dar lugar ao lago artificial criado para represar as águas.

Essa transferência em massa da população local, entretanto, não saiu tão a contento como o governo chinês havia se programado. Alguns dos moradores que viriam a ser obrigados a deixar suas casas vagaram em busca de outras localidades por um longo período, porque o governo não encontrou de imediato uma nova moradia para eles. Em suma, uma horda de sem-teto ficou a esmo pelas regiões próximas em busca de um lugar para chamar de lar. Esse, porém, foi só um dos reflexos sociais da construção em meio a outras situações inicialmente repreensivas.

Rios, lagos e nascentes de água próximos à usina foram poluídos, comprometendo a existência da fauna marinha, e, consequentemente, o sustento dos pescadores e de suas famílias. A agricultura também foi afetada, pois a contaminação chegou até algumas terras agricultáveis, prejudicando o cultivo de plantas e o uso dos terrenos como pastagem para os animais. As atividades de engenharia foram tão significativas que as escavações e construções da barragem provocaram abalos sísmicos, danificando edificações em cidades próximas. Isso sem contar com o desaparecimento de importantes sítios arqueológicos da civilização chinesa, submersos pela inundação das áreas.

O rio Yangtzé é o mais extenso da Ásia. Ele nasce no planalto do Tibete e percorre toda a China, por 6.300 quilômetros. É considerado a bacia hidrográfica mais importante do continente asiático e é responsável por algumas das áreas mais férteis do país, que, aliás, se desenvolveu às suas margens. Nada disso, contudo, demoveu o governo de Pequim de construir as Três Gargantas. Para tanto, foram gastos US$40 bilhões e milhares de operários foram empregados nas obras em mais de 10 anos de trabalho. O início de sua construção, oficialmente, data de 3 de dezembro de 1992.

Barragens são algumas das mais complexas e maiores construções de engenharia contemporâneas. Basicamente, elas são necessárias para reter grandes volumes de água e, por isso, a sua a existência é essencial para o desenvolvimento das economias das nações. Sobretudo, por garantirem o fornecimento de eletricidade e serem uma fonte de irrigação à agricultura ou espaço para o abastecimento de água nas metrópoles.

O governo chinês, ciente dessa função vital das Três Gargantas, não hesitou um minuto sequer em finalizar a sua construção e a aposta deles rendeu dividendos pragmáticos. Desde o começo de seu funcionamento, nos anos 1990, mesmo parcial, ela mudou o cenário do fornecimento energético do país, beneficiou milhões de pessoas, controlou as enchentes do rio que invadiam as cidades ribeirinhas, comprometendo o ir e vir urbano, facilitou a navegação no leito do Yangtzé, algo fundamental para o transporte de carga e escoamento da produção industrial, além de ter eliminado parte da produção dos gases responsáveis pelo efeito estufa.

De acordo com dados do governo chinês, no primeiro ano de seu funcionamento, 50 milhões de toneladas de carvão deixaram de ser utilizadas em atividades industriais, impedindo, dessa maneira, a emissão de 100 milhões de toneladas de dióxido de carbono ($CO_2$) na atmosfera. Pelas contas das autoridades em Pequim, o desenvolvimento socioeconômico proporcionado compensou todos os contratempos ambientais decorrentes de sua construção.

Uma obra dessa dimensão e impacto tem muito mais chance de acontecer em um país cujo regime político seja mais forte e centralizado. Em que os seus governantes, mediante estudos de viabilidade, se dirigem à sua população e anunciam: "Faremos esse projeto!" E, àqueles diretamente afetados, eles avisam: "A área em que vocês moram será inundada. Vocês têm de sair daí." Essas foram as determinações e informações repassadas à sociedade chinesa à época.

Anos depois de a obra ter sido concluída, a economia mundial dá graças a Deus pela existência das Três Gargantas, pelo fato de a usina ter sido uma das molas propulsoras do desenvolvimento econômico daquele país, portanto, projeto fiador à evolução econômica mundial.

Ao vermos o cenário no qual as Três Gargantas surgiram, é evidente se questionar: seria possível fazer uma obra dessa magnitude em um país em que o regime democrático é o vigente? O Brasil, por exemplo? A resposta, provavelmente, seria não, devido à presença de organismos federais, estaduais e municipais de preservação do patrimônio histórico, de conservação do meio ambiente, de proteção a comunidades desfavorecidas, entre outros. Diante dessas instituições, toda a certeza objetiva das decisões administrativas se converte em um amontoado de indecisões, senões e imprecisões de planejamento, elementos mais que perfeitos para um cenário de atraso e obstáculo ao desenvolvimento e ampliação da infraestrutura.

Para os chineses, por sua vez, que vivem em um regime sociopolítico extremamente centralizador e controlado, o impacto ambiental alegado contra o projeto foi avaliado pelas autoridades do país como um mal menor. Os seus governantes viram as ditas perdas como situações necessárias de acontecer para abrir espaço e oportunidade para os ganhos vindouros e a evolução social econômica projetada. Sim, eles perderam alguns dos seus sítios arqueológicos, incomodaram 1,2 milhão de pessoas, mas, com a execução e finalização do projeto, tornaram-se capazes de gerar energia para milhões e milhões de habitantes, criaram estrutura para colocar a China entre as maiores potências industriais do planeta, conseguiram desenvolver inúmeros outros projetos socioeconômicos, aumentaram a renda de bilhões de seus moradores e, consequentemente, trouxeram mais conforto material, segurança financeira e perspectiva educacional para os seus cidadãos como um todo. Diante desses ganhos, será que os sacrifícios realizados são válidos?

Aqui, faço uma ressalva conceitual. Ao reconhecer o desenvolvimento socioeconômico produzido pela megausina Três Gargantas, não estou defendendo os meios utilizados pelo governo chinês para conquistá-los.

Em minha vida, nunca valorizei governos totalitários, absolutistas ou centralizadores. Tenho a mais profunda convicção (e este é um dos meus critérios mais fundamentais) de que as democracias são os melhores sistemas políticos existentes, apesar de todos os desafios. Eu me alinho às incertezas democráticas, não às certezas ditatoriais. Mas não posso deixar de reconhecer a velocidade e eficiência de gestão do poder centralizado.

Para mim, é importante que as sociedades se organizem garantindo a total liberdade de expressão dos seus cidadãos. É imprescindível que os governos assegurem o livre direito das pessoas de ir e vir. Essa condição me define, é um dos valores mais caros em minha existência. Por isso, entendo que a assertividade dos governos totalitários, e todos os possíveis ganhos resultantes dessa ação, são critérios contestáveis e inadequados à minha idealização social. Uso esse exemplo apenas para demonstrar como julgar critérios decisoriais definidos em tempo e espaço distintos não é uma tarefa fácil nem simples.

## CAIXAS DE BACTÉRIAS AÉREAS

O critério é o que nos prende ou nos faz prosseguir. A partir dele julgamos, escolhemos e decidimos. Não há regras nem códigos que afetem mais nosso destino do que os critérios utilizados em nossas decisões, de forma consciente ou não, e essas situações são tão complexas que chegamos ao extremo quando alguém afirma: prefiro um gestor público que roube, mas construa a ponte que tem de ser construída no lugar correto, do que ter de conviver com um administrador público honesto, mas incapaz de erguer uma ponte sequer no lugar onde ela beneficiaria mais pessoas.

Exemplos radicais como esse, e aparentemente contraditórios, tornam mais fácil a compreensão de por qual razão o uso dos critérios é responsável pela formação de conflitos armados, pelo fim de acordos multilaterais entre países, por equívocos corporativos e, até em âmbito absolutamente pessoal e íntimo, por separações, divórcios (litigiosos e consensuais), disputas fratricidas e dissoluções familiares.

Diante do significado do uso dos critérios em nossas vidas é extremamente importante assimilarmos os mecanismos que nos motivam a usar tal ou qual critério. Sobretudo agora que vivemos em um mundo com uma sociedade transitória, em ressignificação, na qual a biologia e a tecnologia se entrelaçam e caminham juntas para revolucionar a nossa existência, inclusive como nos entendemos como seres humanos.

Apesar de estarmos prestes a passarmos por um salto evolutivo em nossa condição de vida como indivíduos, parece que vivemos um surto coletivo, colocando em marcha um comportamento completamente aleatório em que aplicamos os nossos critérios inadequadamente. É como se, de alguma maneira, estivéssemos carentes de bom senso e, ainda por cima, o pouco que nos resta de razoabilidade não estivesse sendo distribuída de maneira equânime entre as pessoas em sociedade. Situações pontuais e corriqueiras revelam essa situação.

É cada vez mais comum nos depararmos com funcionários de uma padaria ou em lanchonetes usando protetores de cabelo e luvas nas mãos para evitar a contaminação aos alimentos que estão manipulando. Eles seguem regras sanitárias estabelecidas com o objetivo de garantir boas práticas de trabalho, a higiene das refeições e dos lanches, e a saúde dos clientes, consumidores desses produtos vendidos por eles.

Ao mesmo tempo em que dedicamos nossa atenção para regular o setor de alimentos com tanto escrutínio e rigidez, praticamente nos esquecemos de encontrar soluções para um dos ambientes mais imundos que temos conhecimento e contato regular, os aviões comerciais.

Em tempos de pandemia da Covid-19, as empresas aéreas se apressaram em propagandear seus cuidados com a limpeza das aeronaves e o intenso uso de tecnologia no sistema de ar das cabines que, por serem ambientes pressurizados, dificultam naturalmente a renovação do ar em circulação no seu interior. As empresas aéreas, por sua vez, garantem uma completa renovação do ar respirado em poucos minutos. O sistema das aeronaves mais modernas, de acordo com informações de seus construtores, consegue renovar o ar em até três minutos, portanto, especialistas do setor indicam que a ventilação nas cabines dos voos comerciais é até seis vezes maior do que a existente em hospitais, tendo inclusive uma taxa de eliminação das impurezas das partículas suspensas de até 98%. Essa é a alegação. Porém, a sujeira das aeronaves está longe de se resumir à qualidade do ar respirado. Pelo contrário, são diversos os locais verdadeiramente imundos que temos contato durante um voo.

Pesquisas de microbiologia amplamente difundidas entre a mídia especializada do setor aéreo nos revelam taxas alarmantes de unidades de formação de colônias de bactérias (UFC) por polegada quadrada nos aviões. E, nesses estudos, o objeto campeão da imundice são as bandejas fixas localizadas nos encostos dos assentos. De acordo com os levantamentos, elas têm 2.155 UFC por polegada. Em bom português, isso é muita sujeira acumulada em sua superfície. Essa situação acontece porque o tempo de limpeza entre um voo e outro é extremamente exíguo. As companhias áreas não conseguem higienizar as bandejas como deveriam, então a sujeira se acumula ao longo do dia.

Outros pontos emporcalhados são a saída do ar condicionado (285 UFC), as máscaras de oxigênio (285 UFC), os botões de descarga dos banheiros (265 UFC), a fivela do cinto de segurança (230 UFC), as maçanetas dos banheiros (70 UFC), além dos encostos nos assentos, os botões de comando das poltronas, os braços das poltronas, os carpetes no piso da aeronave. Em suma, aviões são uma caixa de bactérias e, como sociedade, fazemos muito pouco para reverter essa situação.

Portanto, enquanto exigimos práticas, por vezes, impossíveis de serem realizadas em padarias e lanchonetes, nos recostamos felizes e sorridentes em um ambiente imundo o qual, às vezes, ficamos por mais de 15 horas sem esboçar nenhuma irritação ou exigirmos uma mudança em defesa de nossa saúde. O que nos leva a termos esse comportamento tão distinto para com essas situações? Mais uma vez nos deparamos com uma resposta intrinsecamente relacionada com a importância do uso do critério.

## O ALASCA E SEUS CRITÉRIOS

A formação de um critério, por sua vez, é um ato que demanda tempo. Simplesmente, não amanhecemos e, como em um estalo de dedos, por iluminação divina, lançamos mão de algum critério para usarmos em nossa vida.

Desde o nosso nascimento, vamos construindo repertório para a definição dos critérios que usamos. Somos influenciados pelos valores sociais e pelo momento em que vivemos. Nossos pais têm extrema importância nessa formulação, assim como os ambientes educacionais que frequentamos, nossas amizades, relações afetivas, os livros que lemos, os filmes que vemos etc. Rigorosamente, tudo tem influência e significado na formação de nossos critérios em uma dinâmica sempre retroalimentar.

A partir de um critério, eu me movimento e, ao me movimentar, revejo os meus critérios (incorporando novos e eliminando antigos). Essa condição é permanente, ininterrupta, nos acompanha até nosso último suspiro em vida. Não temos como fugir dessa situação. E, se você pensa que poderia escapar desse ciclo ao não fazer nada, está enganado. O próprio não fazer nada é uma atitude resultante de um critério de não ação.

A dinâmica do critério em nossas vidas é um ciclo que se estende tanto às atividades pessoais quanto às ações institucionais, governamentais, empresariais, se materializando de diversas maneiras. Alguns exemplos são bastante ilustrativos e inusitados, como os vistos em algumas das leis estipuladas no longínquo território dos Estados Unidos, o Alasca.

Para quem vive nos trópicos, nosso caso ao morarmos no Brasil, o Alasca é, de fato, uma terra muito distante de nossa realidade, não só geograficamente (quase 12 mil quilômetros nos separam), mas sobretudo culturalmente.

No extremo norte do hemisfério norte, o Alasca é uma península que faz fronteira com o Canadá e é banhado pelo Oceano Pacífico e pelo Mar de Bering. Sua localização favorece o clima frio praticamente ao longo de todo o ano, com meses congelantes no inverno e no outono, quando as temperaturas raramente ficam acima dos zero graus centígrados e a incidência da luz solar é muito restrita, deixando os dias muito curtos e as noites muito longas. No verão e na primavera, o sol aparece um pouco mais, mas as temperaturas não se alteram muito, continuam baixas. Ou seja, é um lugar frio e a imagem que temos dele é de iglus e esquimós envoltos em neve.

Apesar das condições inóspitas para se viver por lá, o seu território é muito rico. Há várias jazidas minerais de carvão, gás natural, prata, pedras preciosas, ouro e zinco e eles ainda detêm uma das maiores reservas de petróleo do mundo. Nada mal para a sua população de aproximadamente 732 mil habitantes, que, em sua maioria, se concentra no sul do território, local em que o inverno é menos rigoroso e onde está localizada a cidade de Juneau, sua capital. De lá, o governo estadual formula algumas das leis mais inesperadas em vigência. Aparentemente, eles legislam sobre assuntos completamente inusitados, ao menos para o nosso ponto de vista ou nossos critérios de julgamento.

No Alasca, por exemplo, há uma lei que proíbe atirar em um alce quando se está em um avião em pleno voo. Provavelmente, essa lei busca inibir a caça aos alces que seria feita em aviões de pequeno porte, mas essa condição não fica tão clara e a lei é assertiva. Se você estiver em um voo de avião, não atire nos alces porque, se isso acontecer, você será detido. É a lei! E tem mais.

Em Anchorage, o maior centro urbano do Alasca, é proibido transportar um cão amarrado no teto dos automóveis. Sim, cães não devem ser transportados no teto dos automóveis. Mas em algum momento será que alguém pensou em fazer isso? Quem teria a brilhante ideia de amarrar um cachorro em cima de um carro e sair por aí dando umas voltas pela cidade? Na dúvida, eles decidiram proibir essa prática antes que ela virasse moda. Assim como, em Juneau, os flamingos estão proibidos em barbearias. Isso mesmo, caso alguém tenha um flamingo de estimação e decida sair com ele para fazer um passeio, fique avisado que, se parar para cortar o cabelo ou fazer a barba em uma barbearia, cometerá uma infração, porque a ave é terminantemente proibida nesses espaços. Essa é a lei!

Ah, e se você for um turista desavisado e estiver encantado com as belezas naturais do Alasca, porque, de fato, o território tem uma natureza linda, você não pode acordar um urso para fotografá-lo. Não vá chegar como quem não quer nada junto de um urso selvagem e acordá-lo para fazer uma foto, uma selfie quem sabe. Essa ação é proibidíssima por uma lei estadual. Não se arrisque a ser detido, portanto.

Ainda em relação a tiros e caçadas, não mire sua arma de caçador em nenhum animal, caso você esteja no segundo andar de um edifício qualquer em alguma das cidades do território. Isso é proibido! Assim como não é permitido trafegar em carros de passeio com quatro pessoas sentadas, ao mesmo tempo, nos bancos da frente desse veículo. Jamais tente fazer isso por lá, porque se a fiscalização de trânsito lhe pegar cometendo essa grave infração, com certeza, você será multado.

Prepare também o seu bolso se você estiver na cidade de Rennes e quiser portar um estilingue. Para ir e vir por lá, com esse perigoso objeto, você precisará de uma licença especial. Não vá achando que você vai simplesmente chegar por lá, com seu estilingue, e sair em um displicente trottoir pelas ruas de Rennes, isso não funciona dessa maneira. Se você estiver interessado em dar umas voltas pela cidade, portando o seu estilingue, consiga autorização antes de sua caminhada.

Agora, se você preferir portar uma arma de fogo de qualquer calibre, vá despreocupado, você está autorizado, desde que, obviamente, você tenha autorização para ter porte de arma e souber atirar. Se esse for seu caso, se despreocupe, nenhuma autoridade local vai lhe importunar, porque essa permissão é garantida, está dentro da lei. O que eles cismam e exigem autorização é para portar estilingue, não para armas de fogo.

Todas essas leis, proibições e regulamentações, de alguma maneira, nos soam muito exóticas. São estranhas e até engraçadas, mas elas não surgiram do nada. Houve uma necessidade identificada para a sua formulação.

Os políticos do Alasca, e seu sistema judiciário, dedicaram parte de seu tempo para elaborá-las. Usaram critérios específicos para chegar aos seus termos e a um consenso. Critérios esses que desconhecemos, portanto, as definições estabelecidas nos parecem desnecessárias, absurdas e hilárias, mas elas evidenciam a importância e a pertinência do uso dos critérios.

Para aquela sociedade faz sentido explicitar que é proibido vender leite em uma loja de bebidas alcoólicas ou fornecer bebida alcoólica para um alce. Provavelmente, em alguma ocasião, eles enfrentaram essas situações e, de alguma maneira, as julgaram como incorretas. Daí, elaboraram os códigos de regra para coibir essas situações.

Os exemplos das leis do Alasca evidenciam a inexistência de critérios absurdos para conduzir a maneira de viver. Há critérios para nos nortear e ponto. Dessa concepção, vem a importância de olharmos as situações sem juízo de valor, evitando moralismos, julgamentos morais, o exercício do "me desagrada, logo, não presta".

## RESPEITO AO OUTRO E AOS SEUS CRITÉRIOS

Temos de ter em perspectiva o fato de existir 7 bilhões de pessoas no planeta, portanto, há, pelo menos, 7 bilhões de critérios. E está tudo bem para essa circunstância, porque temos o direito de ter o nosso cabedal de critérios para nos nortear.

Evidentemente, a partir de nosso critério, devemos entrar em diálogo com o critério do outro. Essa determinação por si já é um critério, porque sem comunicação, e sem conversa, não conseguimos construir uma sociedade. A construção social é um fator decisivo à nossa sobrevivência, à nossa evolução. Vivemos em constante troca, coletivamente. Sozinhos, sem interagirmos com o contexto, com o outro, exterminamos as condições adequadas para existirmos. Nos limitamos e acabamos por desaparecer, por nos tornar irrelevantes à sociedade. É como se fosse um fim de nossa existência em vida.

Cada um tem um critério, e não cabe a nenhum de nós julgar o uso do critério alheio, mas avaliar a pertinência dele em nossa trajetória. Nesse sentido, é válido lembrar de um critério entendido como fundamental na maioria dos países democráticos: *a liberdade de uma pessoa termina quando começa a liberdade do outro*. Ao longo de nossa existência, esse critério é amplamente aceito, a não ser nas circunstâncias em que ele tem de ser confrontado com a ideologia de governos totalitários, de sistemas políticos fechados, absolutistas.

Respeitar a liberdade do outro é importante em sociedade porque essa ação torna o convívio mais preditivo e respeitoso, afinal, ao não incomodar ninguém, espero não ser incomodado. É fácil entender o funcionamento dessa lógica quando observamos condomínios residenciais. A quebra dessa regra de convívio geralmente resulta em grandes brigas e embates homéricos entre vizinhos. Quantas pessoas você conhece que já não se viram enlouquecidas com um som de uma festa muito alto, madrugada afora?! Talvez você seja uma das que costumam enlouquecer. Ou o contrário, quantas pessoas sabem que podem dormir tranquilamente a partir das dez da noite, pois o vizinho não fará nenhum barulho para incomodá-lo e o seu sono estará devidamente resguardado de surpresas incômodas.

É importante se atentar para o fato de que nessa dinâmica inexistem leis universais. Se todos ou a maioria dos moradores do condomínio concordarem que está tudo bem em fazer barulho após as 22h, de fato, está tudo bem para esses moradores. Afinal, em conjunto, essas pessoas decidiram por meio de um critério pertinente a elas fazer o barulho que lhes der vontade, a qualquer hora.

As sociedades agem em acordo aos critérios que definem, e eles podem ser alterados quantas vezes for necessário se houver espaço para essa atitude.

Cada sociedade estipula um conjunto de regras que vai definir o seu jeito de viver. Por isso, temos de ficar atentos às dificuldades apresentadas, e que se avolumam quando presenciamos um momento no qual um dos principais critério utilizados coletivamente está baseado no princípio do é "cada um por si e Deus por todos".

Na prática, essa maneira de agir, além de transferir a responsabilidade de organização coletiva para uma entidade imaterial, no caso Deus, destrói os regramentos coletivos construídos ao longo de muitos séculos de convivência, aceitação do outro, definição de limites e revisão de atitudes, levando a sociedade a uma espiral de situações aleatórias e inconsequentes.

- Será que a autonomia promovida pela tecnologia em nossas vidas inviabiliza nosso **convívio social**?
- Será que nossa **liberdade excessiva**, por fim, vai acabar nos paralisando?
- Será que estamos usando critérios para nos **desconstruir como sociedade**?

# CAPÍTULO OITO

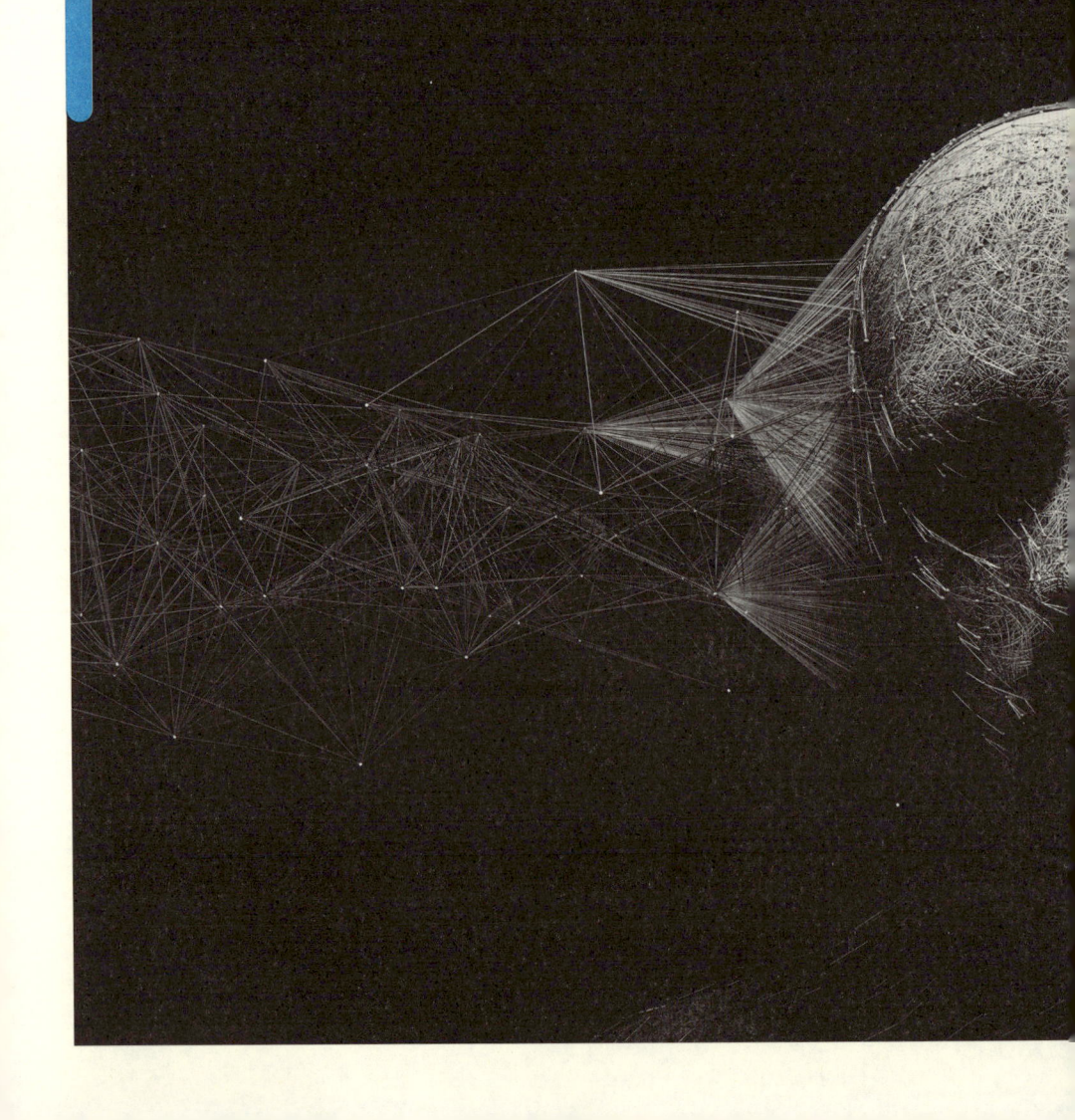

# OS INGREDIENTES DO CRITÉRIO

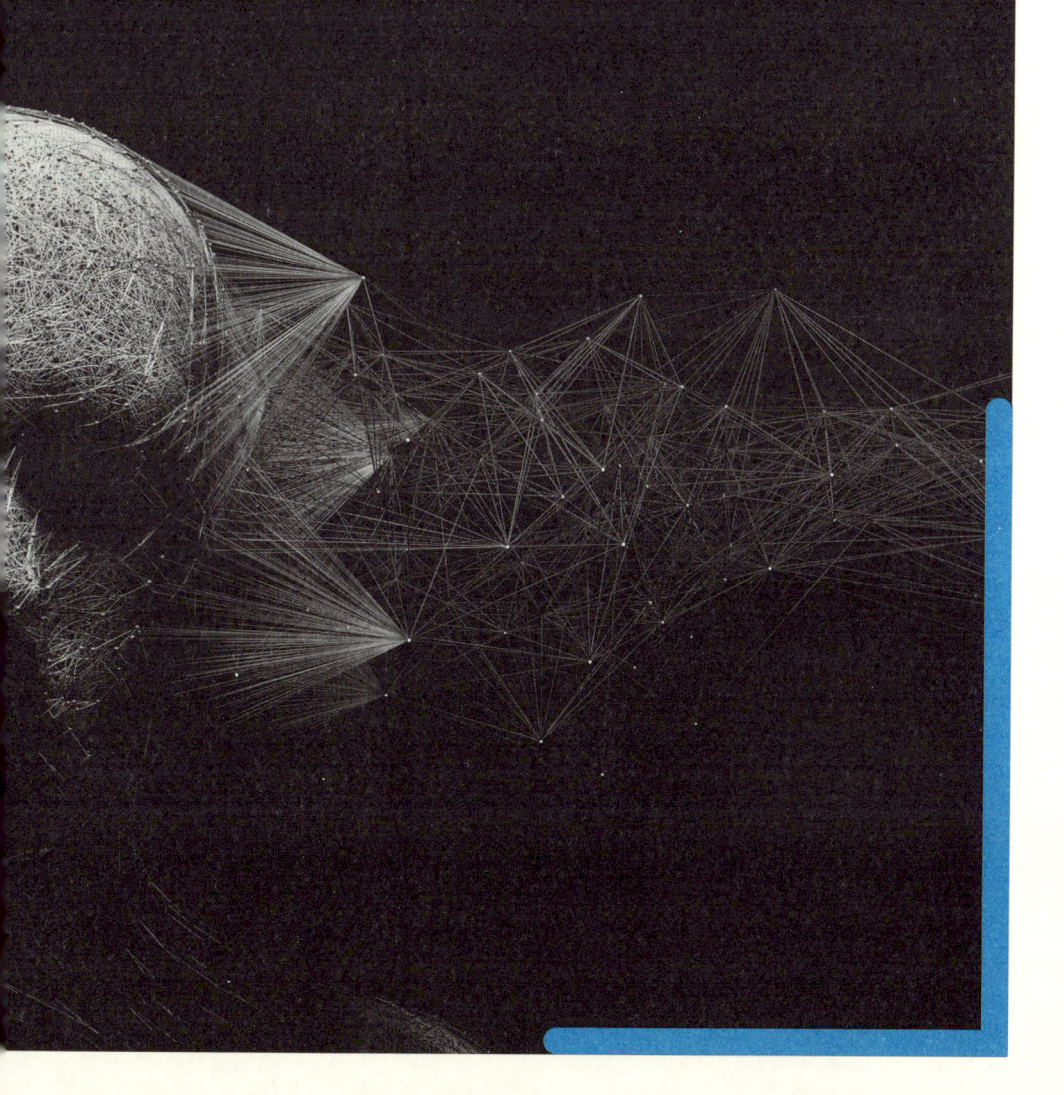

> "A linha reta é uma ilusão de ótica respeitável que arruína muitos homens."
>
> VICTOR HUGO, *romancista*

# OS INGREDIENTES DO CRITÉRIO

No século I, havia uma certeza entre os habitantes da Terra e ela era expressa em uma simples afirmação: "Todos os caminhos levam à Roma." Por séculos, essa máxima foi mais do que uma expressão figurativa. Era uma verdade literal e inconteste. Afinal, o Império Romano dominava o mundo e a sua presença se espalhava desde a região da Bretanha, onde está o Reino Unido, até a Pérsia, área equivalente ao Irã, atualmente.

Naqueles anos, os Césares eram governantes absolutos e, no exercício de seu poderio, na demonstração de sua riqueza e capacidade de engenharia, eles mandaram construir mais de 80 mil quilômetros de estradas para interligar todo o seu vastíssimo território. Contudo, essas vias chamadas de *cursus publicus* tinham particularidades (critérios de construção) em acordo com seu tempo. Elas não se assemelham às estradas como as conhecemos. Majoritariamente, eram espaços retos utilizados como meio de comunicação entre Roma e todas as demais cidades de relevância da época. Elas foram vitais para a boa administração do império. Por elas, frenéticos mensageiros circulavam em um ininterrupto vai e vem, com as mais diversas mensagens imperiais aos seus súditos. Nesse ir e vir, eles levavam ordens e pedidos e traziam de volta à corte toda sorte de informação.

De acordo com estudiosos desse período, essas ligações foram tão eficientes que uma mensagem poderia percorrer 270 quilômetros de distância em um único dia. Essa impressionante capacidade de envio de uma correspondência foi um feito e tanto só superado, em termos de eficiência, no século XIX, quando os sistemas de correios europeus conseguiram suplantar essa fantástica marca. Os *cursus publicus* eram como se fossem as redes 5G daquele tempo. Até o século III, eles se mantiveram imponentes no Império Romano, mas, com as invasões bárbaras, aos poucos, foram sendo destruídos. Inclusive, muitas das pedras que os constituíam foram saqueadas e usadas para erguer diversos castelos medievais.

Uso a imagem de um período glorioso da engenharia romana para ressaltar o fato de que assim como naquela época todos os *cursus publicus* levavam à Roma (ou seja, não havia um caminho único e correto, pois qualquer um deles levaria, quem o percorresse, ao "centro do mundo"), o uso dos critérios segue a mesma definição. Qualquer critério é válido. Você pode atingir seu objetivo lançando mão do critério que lhe for mais pertinente, não há um único e exclusivamente correto. Ao longo deste livro, vou insistir com essa afirmação. Ela é importante de ser assimilada porque, ao desvalidarmos o critério do outro, seja ele qual for, estamos impossibilitando a sua expressão, tolhendo a sua ação e nos colocando em uma posição de julgamento e superioridade, na qual eu tenho a razão enquanto o outro precisa melhorar, se aprimorar. Essa relação é indesejável e improdutiva.

Atente-se, porém, que colocar em exercício o critério "de aceitação plena", "do não julgamento", "da eliminação do certo ou errado", não implica dizer que abrimos a temporada do vale-tudo. Caia fora dessa armadilha conceitual e infantil.

Podemos discordar do critério alheio e está tudo bem. Mas, a partir de nossas diferenças, temos que dialogar, negociar sobre as situações em que estamos envolvidos e, consequentemente, temos de exercer nossa habilidade de escuta, nossa empatia, compaixão e respeito, características um tanto fora de moda em tempos de cancelamento pelas redes sociais e pessoas cada vez mais tribais.

Apesar desse contexto, o universo corporativo, ao estabelecer normas para corrigir problemas e adequar situações de relacionamento e produção, ainda é um ambiente em que presenciamos a equanimidade como uma das medidas mais valorizadas no relacionamento interpessoal.

As empresas estabelecem critérios coletivos de convivência por meio dos processos de trabalho. Essa condição de governança corporativa é essencial à sua existência, principalmente para multinacionais presentes em vários países que têm em seus escritórios, lado a lado, pessoas das mais diversas culturas.

O estabelecimento de princípios e valores objetivos, simples e de fácil entendimento, são vitais para o bom funcionamento dessas organizações intercontinentais. Assim como deveria ser o nosso convívio em sociedade, de forma geral.

## AS EMPRESAS PROCURAM SE ENCONTRAR

As constituições dos países, como documento supremo de nossas organizações sociais, deveriam ser mais referenciais e menos intrusivas. Se assim fossem concebidas, elas respeitariam mais a individualidade, as particularidades dos cidadãos, a exemplo do que acontece nos Estados Unidos; aliás, uma experiência de regramento constitucional significativamente diferente do brasileiro.

Lá pela terra do Tio Sam, a Carta Magna estabelece princípios gerais para a população, mas garante autonomia a cada um dos estados da

Federação para formular as suas regras, respeitando os princípios gerais previamente definidos. Ao agir dessa maneira, eles conferem mais liberdade para que cada um dos seus 50 estados definam as regras mais pertinentes à sua população. Isso gera uma efervescência social e uma constante atualização de regras locais que acompanham as naturais modificações do tempo e o surgimento de suas necessidades específicas.

Enquanto isso, em Terra Brasilis, nossa Constituição é de uma riqueza de detalhes enlouquecedora, nos gerando uma condição singular de intromissão do Governo Federal na vida dos seus entes federados e, consequentemente, dos seus cidadãos. Isso em um país com dimensões continentais e realidades absolutamente contrastantes como a vivida no Amazonas em comparação à do sertão nordestino ou dos pampas gaúchos.

Tornamos o funcionamento social disfuncional quando legislamos sobre nossas diversas realidades de maneira centralizada em Brasília. Esse esforço de controle encarece o sistema jurídico, traz lentidão às resoluções, e a população, por sua vez, convive com uma constante morosidade no encaminhamento de suas demandas mais urgentes. Evidentemente o critério estabelecido gerador desse contexto não atende à realidade nacional como ela é. Poderíamos adotar outros critérios para lidar com essa situação. Mesmo assim, é importante ressaltar que, como um critério em si, usado para regrar o sistema jurídico, ele não está errado, mas vale a pena refletirmos sobre caminhos alternativos, até porque, ao fazermos essa discussão como sociedade, consideramos o conjunto de nossas atitudes e abrimos espaço para aprimorarmos nosso convívio. Entretanto, enquanto não discutirmos objetivamente os motivos que nos levam a adotar tal ou qual critério, em qualquer aspecto de nossa organização social, ficamos estagnados, deixamos passar oportunidades para estabelecer novos paradigmas.

Além do exemplo do sistema judiciário, é fácil constatar os efeitos dessa falta de diálogo na adoção dos critérios ao observarmos simples características do universo do trabalho. As empresas, apesar de tanta governança corporativa, estão perdidas em questões absolutamente corriqueiras, como a definição de qual traje de trabalho é o mais adequado para os seus funcionários. Principalmente, as empresas mais antigas e tradicionais em setores produtivos mais conservadores.

Há uma demanda da nova geração para a flexibilização do vestuário recomendado como adequado ao trabalho. Alguns jovens inseridos nos setores mais tradicionais querem conquistar maior informalidade, como já ocorre em gigantes empresariais da área de tecnologia, como Google, Apple e Facebook. Resumo da ópera, eles querem a possibilidade de trabalhar de bermuda e até calçar sandálias de tiras, se for o caso. Algumas empresas conservadoras estão ouvindo esse apelo e determinando que, sim, é possível ser mais autêntico na forma de se vestir para encarar uma jornada de trabalho. Resultado, tendo essa condição como tônica de comportamento, as pessoas podem usar as mais variadas peças de vestuário dos seus guarda-roupas. Afinal, a criatividade na hora de se vestir é incentivada pelo Departamento de Gestão de Pessoas.

Esse critério que fomenta a liberdade para se expressar como melhor lhe convier no modo de se vestir é visto com bons olhos por muitos, principalmente pelas gerações mais novas, mas, como toda história tem sempre outros lados, esse novo comportamento encontra resistência entre uma série de profissionais, sobretudo os mais antigos, que seguem a sua rotina de trabalho de terno e gravata. Alguns integrantes dessa turma dos maiores de 50 anos de idade estão chocados com alguém ao seu lado, em um ambiente corporativo, de bermuda e sandália de dedo. Para eles, é o fim dos tempos.

Não uso esse exemplo para discriminar a ação de qualquer empresa que tenha adotado essa flexibilidade para o vestuário de seus funcionários, ou para taxar essa determinação como uma condição boa ou ruim, reprovável ou aceitável. Essa não é a questão que quero trazer aqui. Quero, sim, indicar que se o uso do critério estabelecido por qualquer empresa para seus funcionários em como se vestir é o de ser autêntico, cada um deles vai entender esse comando a partir de seu critério particular, individual, portanto, vai se vestir em acordo com a sua vontade e, logicamente, o código até então vigente sobre como se vestir e se portar em ambientes profissionais passa a ser extremamente elástico, revelando um fato mais significativo ainda.

Do ponto de vista da governança corporativa, estamos em um definitivo embate geracional de comportamento, muitas vezes extremamente silencioso na superfície, mas completamente ruidoso em suas entranhas.

Será que o critério da organização deve privilegiar os millennials e a maneira mais informal que essa geração tem de interagir com o mundo? Ou não, pelo contrário, a empresa deve fortalecer a sua cultura estabelecida há muitos anos e que a fez evoluir e a trouxe até aqui? Não se apresse em chegar a uma conclusão. Lembre-se, "todos os caminhos levam à Roma".

Não se trata somente de definir se é bermuda ou terno e gravata. Esses itens são apenas símbolos singelos de uma revisão conceitual muito mais profunda da convivência profissional e que alteram os critérios de subordinação e autoridade, hierarquia e comando, cultura corporativa e muito mais.

## UM ONIPRESENTE "NÃO SABER"

Ao fim e ao cabo, as empresas têm de definir com objetividade os critérios de suas ações, e, após defini-los, fazer uma comunicação transparente sobre eles junto aos seus públicos de relacionamento e implementar suas decisões com margem para revisão de suas condutas, caso isso seja necessário. Essa mesma lógica é válida para ser adotada em âmbito pessoal, resguardadas as diferenças, claro. Essas são questões que tanto o mundo corporativo quanto todos nós em nossos ciclos de relacionamento social íntimos temos de refletir.

Quem atua na governança corporativa tem de agir e antever as situações até para diminuir o eterno conflito de suas ações com a área de auditoria que, a partir de seus critérios de fiscalização e supervisão, emite seus pareceres de conduta e, por tal razão, geralmente entra em persistentes embates com o pessoal da governança, acusando-os de não saber o que fazem. A recíproca de acusações segue o mesmo tom por parte dos funcionários da governança, quando eles se sentem injustiçados ou preteridos nas decisões.

É importante reforçar que, ao confrontar com um critério, você pode torná-lo muito rígido ou abrandá-lo, nós decidimos a maneira pela qual vamos lidar com ele. É como quando queremos torrar um pão no café da manhã. Às vezes, você coloca a fatia na torradeira, controla a intensidade da máquina e ela salta, em nossa vista, levemente torrada, mas muito branca ainda. Em outras ocasiões, você quer um pão completamente torrado e, para obter o seu desejo, intensifica a tostagem para que o pão saia bem escuro, quase queimado. O ponto em comum dessas duas decisões está em quem tem o controle sobre a torradeira. Quem vai comer a torrada é quem determina como ela será.

A sociedade é a guardiã dos critérios, afinal, coletivamente é ela quem define o seu comportamento. Porém, a revolução tecnológica pela qual estamos passando implodiu todos os paradigmas de convívio e produção enquanto nós, aos poucos, percebemos que a liberdade conquistada dificulta o entendimento e o uso dos critérios. Daí, evidencia-se mais frequentemente o quanto nos tornamos vítimas do critério. Uma situação no mínimo inusitada, pois sempre ansiamos por liberdade, desejamos autonomia, ter total controle sobre nossas decisões e viver a vida que considerarmos mais adequada. Mas quando temos, de fato, a possibilidade de estarmos nessa realidade, nos perdemos, ficamos desnorteados e dando cabeçadas uns nos outros porque temos dificuldade para estabelecer, nessa nova relação, quais são as referências.

É aquela velha história, é mais simples decidir sobre o que fazer quando temos poucas, ou limitadas, opções. Ao nos depararmos com infinitas possibilidades, hesitamos, ficamos incertos sobre qual delas será melhor, mais adequada para nossos interesses. É como se agora um de nossos mais cruciais dilemas estivesse ligado *ao saber o que fazer*, mas de forma negativa, expressando-se por um *onipresente não saber*.

Não temos mais certeza de como nos vestir nas situações de trabalho. Não sabemos o uso correto dos pronomes de tratamento. Somos reticentes em se devemos ser corteses no tratamento para com os nossos superiores hierárquicos. Nos confundimos em regras de etiqueta social e temos dificuldade com a emissão de um simples bom-dia ao entrarmos em ambientes mais formais. Nem mesmo sabemos se os crachás, uma verdadeira instituição do século XX, são necessários ou como devemos usá-lo e em quais ocasiões.

Esse onipresente *não saber* acontece porque as antigas referências, os critérios do passado, caíram em desuso, se perderam. Pior, em alguns casos, são completamente malvistos. Saímos de um tempo em que, de certa maneira, tudo era previamente definido, as pessoas tinham mais referência em como se comportar nas situações de relacionamento social e entendiam os códigos de vestimenta com mais clareza para as circunstâncias em que se viam envolvidas, sobretudo, para os momentos mais formais, profissionais. Desse ambiente de previsibilidade e segurança, giramos o pêndulo de nossa existência em uma volta de 180º, fomos para o espaço oposto dessas relações, onde é *cada um por si e Deus por todos*. E, talvez, para alguns essa realidade seja extremamente complicada de se viver em âmbito pessoal, quando temos de entender sem a ajuda de ninguém, apenas escutando nossa verdade mais íntima, o que queremos de nós mesmos. O que pretendemos de nossas vidas. E não só. Também colocamos nessa balança questões relacionadas sobre como eu quero ser visto pelos outros. Será que o meu desejo é o de ser visto com respeito, admiração, carinho, simpatia ou, por outro lado, eu prefiro que as pessoas tenham medo, sintam-se acuadas e fiquem na defensiva em minha presença?

Em uma alusão ao que ainda vemos muito por aí, em salas de reuniões, é muito fácil preenchermos os quadros de aviso com incontáveis post-its em que se lê palavras de incentivo, conforto, cobrança, entre outros textos, sejam de advertência ou afirmativos. Podemos usar os mais variados tamanhos e cores e superlotarmos o ambiente da reunião com esses marcadores, mas o difícil é saber, entre todos eles, quais são os relevantes.

Saber o que eu quero de mim e qual a expectativa que tenho sobre a projeção de minha imagem sempre foram questões fundamentais em nossas vidas. Essas condições, contudo, ganharam mais relevância com a dinâmica social e a tecnologia deste século. Quais critérios devo utilizar para me comportar? A resposta para essa questão pode ser encontrada se considerarmos a existência de quatro formas de avaliar alguém:

### Respeito — Admiração — Carinho — Simpatia

Ao nos relacionarmos com as outras pessoas, nutrimos esses quatro sentimentos em gradações distintas. Em determinadas ocasiões, alguns deles serão mais intensos do que os outros. Esse quarteto de predicados, é bom ressaltar, são pilares que funcionam em conjunto, como uma dupla, dois a dois. Quando eu tenho por alguém uma boa dose de respeito e admiração, consequentemente, o meu carinho e simpatia por essa pessoa no geral será menor. A razão disso é que sua percepção naturalmente será de mais distância e menos empatia. Essa é uma condição inerente à expressão desses atributos. E por qual motivo essa dinâmica ocorre? Porque, de certa maneira, não conseguimos conviver com todos esses sentimentos ao mesmo tempo. Sempre damos ênfase a dois deles em detrimento dos outros dois.

Ao demonstrarmos mais respeito e admiração por alguém, nos colocamos em uma situação de reverência para quem olhamos. Estabelecemos uma relação mais verticalizada em que entendemos que o outro está acima. É um jeito de estar mais solene, mas, apesar de essa pessoa ser distante, a sua imagem é uma inspiração. Já quando nutrimos mais carinho e simpatia que os outros dois atributos a situação é diferente. Nos sentimos iguais, nos relacionamos com o outro de forma horizontal, construindo situações as quais estamos em pé de igualdade e a pessoa é próxima, portanto, em minha relação com ela, fico absolutamente à vontade, sem nenhum tipo de liturgia. Por isso, dependendo de como quero que as pessoas me vejam, seja na empresa, na família, ou entre amigos, tenho de escolher uma maneira para me comportar. Vou encontrar um critério em que as premissas serão uma dessas duas duplas de atributos.

Sendo assim, ao termos mais simpatia e carinho, olhamos a pessoa na mesma altura, e, quando temos respeito e admiração com peso maior, olhamos de baixo para cima. Esse ângulo de visão é fator determinante para as nossas relações. Seu aspecto mais vertical ou horizontal da relação é que vai determinar os predicados mais tônicos. E, essencialmente, essa condição é um critério, porque conceitualmente baseamos nossos critérios em algo que pretendemos e, em cima desse interesse, tomamos nossas decisões.

Então, se quero que as pessoas tenham admiração e respeito por mim, não vou trabalhar de bermuda e sandália havaianas em um ambiente mais tradicional de negócios. Ao decidir me portar dessa maneira, fatalmente serei visto com desdém, como alguém fora do contexto e numa cultura corporativa de ênfase em sinais exteriores. Portanto, não conseguirei atingir meus objetivos, porque estarei me distanciando dos demais e, em sociedade, uma de nossas vontades primordiais é o sentimento de pertencimento, sermos parte do grupo. Num ambiente mais informal, porém, pode ocorrer exatamente o contrário e é isso que exige uma avaliação mais profunda e menos caricata.

Os critérios de ser percebido pelos outros com mais simpatia e carinho vs. admiração e respeito vão muito além do código de vestimenta. Passa por uma linguagem mais formal ou informal, pelo conteúdo de suas participações em reunião, pelo convívio social dentro e fora do ambiente de trabalho, livros que lê e recomenda, conteúdo dos posts que publica nas redes sociais, causas ou propósitos que defende e muito mais.

A maneira como você se comporta está intrinsecamente relacionada com o critério que você decidiu adotar. Tenha clareza na definição de seus critérios e compromisso com essa resolução e você estabelecerá seu comportamento, suas atitudes, sua forma de falar e assim por diante. E não esqueça que, no fundo, vale o ditado: eu sou eu e as minhas circunstâncias.

Não adianta nada você querer ser quem você não é ou tentar adotar um critério que não ressoe de fato em consonância com as suas expectativas ou possibilidades. O critério é seu e você o aplica em acordo com as circunstâncias que lhe rodeiam. Esse mesmo conceito também é válido para as marcas, entretanto, elas têm processos mais rebuscados para estabelecer essa relação vertical e horizontal com as pessoas.

Esse rebuscamento acontece, primeiro, porque para as marcas as pessoas também são consumidores. Há um convívio que envolve a compra e a venda de algum produto, portanto, parte da interação entre elas é mediada pelo dinheiro e isso gera tensão, valor material. Nesse caso, é preciso apelo e convencimento para conquistar o cliente, assim como a entrega de um produto de qualidade, a um preço justo. Dessa forma, à primeira vista todos podem achar que é mais produtivo e eficaz para as empresas se manter em uma relação horizontalizada de incentivo ao carinho e à simpatia. E notamos hoje grandes esforços da maioria das marcas nessa aproximação com o mercado por meio das redes sociais e de uma linguagem mais coloquial e empática. Contudo, trabalhar o respeito e a admiração em algumas circunstâncias pode ser uma excelente estratégia de marketing para as empresas. Vide o mercado de luxo, por exemplo.

Para muitas pessoas, desejar algo inalcançável, caro e exclusivo é uma meta. As marcas, sabendo disso, reforçam a credibilidade de seus produtos, destacando a sua exclusividade, o seu alto valor e o retorno que oferecem aos seus clientes por ser algo feito para poucos, distantes. Mais uma vez, nos deparamos com o fato de não haver uma circunstância certa e outra errada. O que há são critérios formais e adequação de atos para realizar as atividades. Por isso, sempre cabe perguntar a alguém o que queremos ser e em quem devemos nos espelhar:

> Você quer ser um Steve Jobs que mudou o mundo ou um Bill Gates que melhorou o mundo?

Avalie bem esses dois empresários, ambos relevantes e bem-sucedidos, mas de características pessoais e atitudinais bastante distintas. Um, Jobs, buscava a revolução enquanto Gates prioriza a evolução. O fundador da Apple tinha sua personalidade irascível e truculenta mais conectada com respeito e admiração. O criador da Microsoft, mais afável e integrador, sempre nutriu características que levam naturalmente à simpatia e ao carinho. Ou seja, as relações de Jobs se desenvolviam mais de forma vertical e as de Gates horizontalmente.

Ambos são profissionais que definitivamente não passaram por essa vida em branco, tiveram impacto nos destinos de todos nós e geraram uma revolução de costumes por meio de seus inventos, impactando de maneira indelével a história corporativa do mundo. Ou seja, as relações de Jobs se desenvolviam numa atitude de Deus Pai, severo e distante, e as de Gates similar a Deus Filho, próximo e acolhedor, mas isso não impediu ambos de chegarem lá, independentemente do que isso signifique.

Você pode até não se identificar com nenhuma dessas duas personalidades e querer ser outra pessoa completamente diferente. No entanto, mais uma vez, é evidente que todos os caminhos levam à Roma. Quando você decide ser alguém e essa decisão é algo honesto com os seus propósitos e integrado à sua personalidade, as ações e atitudes serão meramente decorrentes dessa coerência. E, por isso, os critérios de comportamento que definirão sua persona precisam estar em consonância com aquilo que você é e acredita. Mas, afinal, o que compõe os critérios? Quais são os seus ingredientes? Eu diria que são três! Poderiam ser vinte ou mais, mas selecionei três características básicas de sua composição:

### Referências — Crenças — Expectativas

A equação de nossos critérios está ancorada nessas três incógnitas.

A referência (ou conhecimento) é o que nos leva até o alto da escada. De alguma maneira, eu tenho de conhecer profundamente um assunto para ter algum critério sobre ele. A ignorância, ainda que parcial, inviabiliza um bom critério. Se não tiver o pleno conhecimento daquele assunto, eu não sou capaz de formular um critério ou juízo de valor pertinente sobre ele. As referências ampliam nosso discernimento. E de nada adianta usar uma escada que não te leva ao topo, entendendo essa escada como ir tão alto ou fundo na informação quanto possível. Temos de ter plena visão dos assuntos sobre os quais vamos decidir, nos quais temos de nos envolver. Nesse sentido, o estudo aprofundado e o conhecimento pleno são fundamentais, um aprendizado permanente e consistente para me instrumentalizar na formação de meus critérios. Atente-se para o fato de que, no supermercado do conhecimento, tem muita gente com o carrinho vazio e tomando decisões. Muita gente!

O segundo elemento básico da formação do critério é a crença, o grande filtro pelo qual passam nossos critérios. Nossa crença interfere demais na formação de nossos critérios e pode melhorá-los ou prejudicá-los. Por exemplo, se tenho a crença de que uma pessoa tem que se vestir de um determinado jeito e essa pessoa, um belo dia, me aparece de outro modo completamente antagônico à minha expectativa, imediatamente eu contamino o meu critério e o meu julgamento sobre ela. Ou, ainda, se tenho uma crença de que horário rígido é fundamental nas relações de trabalho e, durante uma entrevista de emprego, o postulante à vaga fala que adora horário flexível, devido à minha crença já olharei esse candidato com desconfiança, de maneira distinta.

O mesmo é válido quando tenho a crença exacerbada de que um determinado político tem um bom trabalho e, subitamente, um conhecido se aproxima e passa a criticá-lo de maneira persistente. Imediatamente, as minhas firmes crenças sobre esse conhecido vão entrar em jogo e aquele interlocutor será desacreditado. Tudo que ele falar vai me soar como provocação ou um argumento inválido. A crença contamina o critério e nos conforta, enquanto o senso crítico nos desconforta e é um incômodo. Por isso, nos apegamos tanto às nossas crenças.

Quanto mais a situação em que me vejo envolvido vai ao encontro da minha crença, mais gero um critério positivo, uma atitude favorável para com o contexto. Da mesma forma, quanto mais eu tenho uma visão crítica sobre um determinado assunto, alguma pessoa ou situação, mais aquela condição me desconforta. Tem muita gente queimada pelo excesso de crença e ignorância presunçosa.

De forma geral, partimos do princípio de que as pessoas são como a gente, pensam de modo semelhante, agem em acordo às nossas expectativas. Essa tendência em nosso comportamento é um viés importante de ser considerado, porque julgamos os outros por meio do nosso comportamento. Portanto, é importante compreender que crença não é argumento e opinião não surge ao acaso. Em uma era na qual a crença e a opinião são supervalorizadas, facilmente nos tornamos vítimas inocentes dessa armadilha montada pela crença na formação de nossos critérios. Ao conversar com alguém, ler um artigo, ou tomar uma decisão, precisamos reduzir a influência de nossas crenças ao mínimo para podermos genuinamente criar nosso juízo de valor.

Por fim, chegamos à expectativa, o terceiro elemento de formação do critério e a condição que mais o distorce de maneira profunda. Se eu digo para você que uma série na Netflix é espetacular, imperdível, a melhor série que já vi na vida, muito provavelmente você não vai gostar tanto dela assim ao assisti-la, porque você criou uma alta expectativa a partir de seus critérios, e o que você verá não vai superar o que você imaginou que veria. A efusiva recomendação agudiza a formação de nossos critérios, aumentando as chances para a decepção se instalar, porque nossas expectativas estavam altíssimas.

Por outro lado, se o estímulo for o contrário, quando como comentam conosco sobre restaurantes ressaltando seus pontos negativos, "o atendimento lá é meio displicente, a comida demora a chegar e não é lá muito boa", fazendo com que o nível de nossa expectativa seja bem pequeno, a partir daí, qualquer aspecto positivo do restaurante, por menor que seja, será potencializado pelo seu critério de análise. Vamos achar ótimo se o atendimento for regular e não demorar, se os pratos chegarem bem montados e, então, o gosto da comida será bem melhor. A expectativa contamina positiva ou negativamente nossas análises e o índice de expectativa é o responsável por criamos nossas surpresas e decepções.

Dessa forma, se pudéssemos criar um comando para a formação de um critério adequado diríamos que:

> O conhecimento daquele assunto tem de ser alto, a crença baixa e a expectativa mediana.

- Tendo **conhecimento pleno,** você vai ter mais capacidade de decisão.
- Tendo uma **crença baixa,** você diminui a possibilidade de contaminação dessa decisão.
- Já uma **expectativa mediana** lhe coloca num equilíbrio ideal em relação às suas percepções. Suas experiências nunca serão tão efusivas e nem suas decepções tão dramáticas.

É a partir da ampliação do conhecimento e dos dados pertinentes ao fato, da redução na influência de nossas crenças e do equilíbrio sereno de nossas expectativas que se faz uma decisão baseada em critérios adequados.

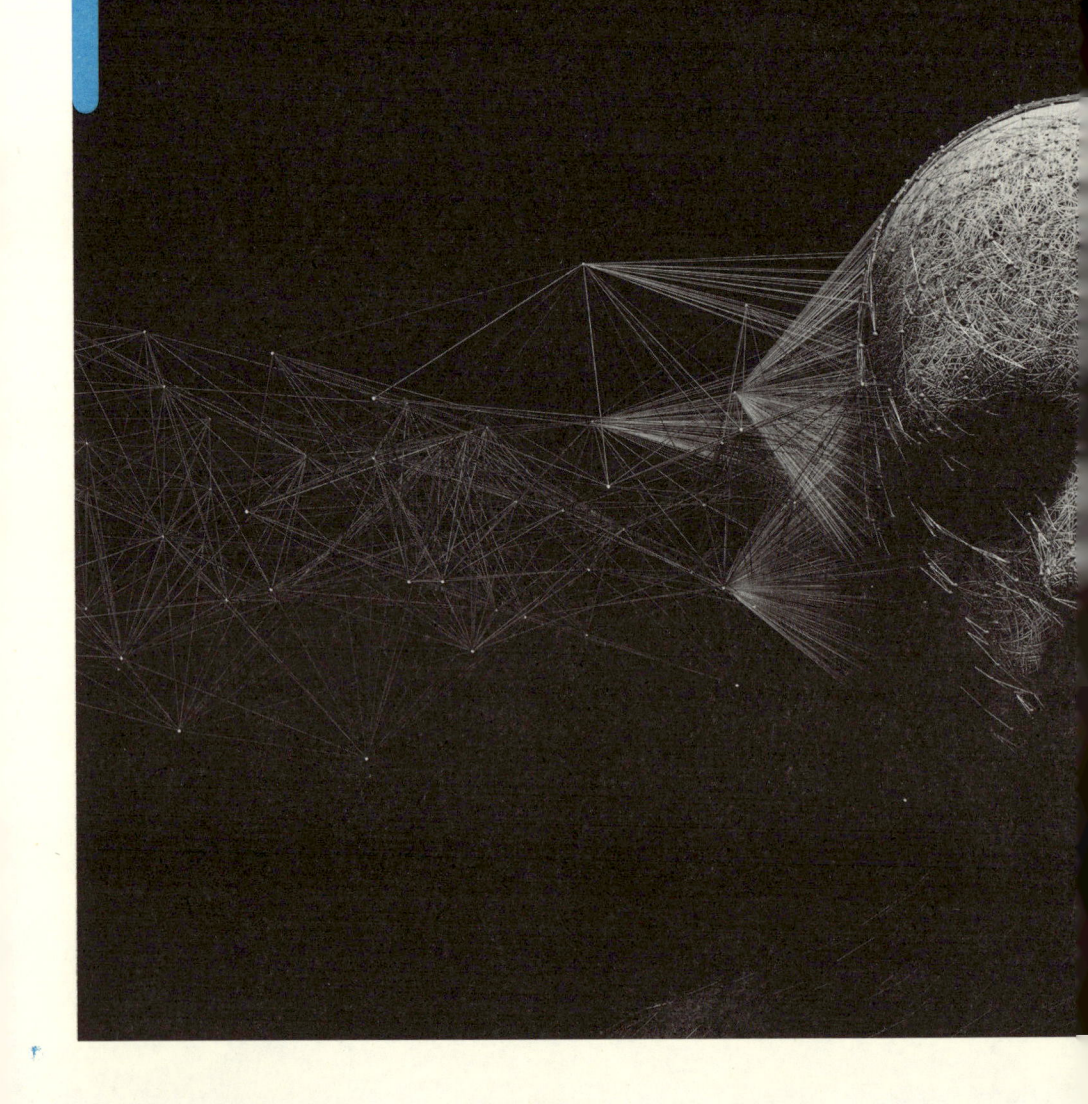

# CAPÍTULO NOVE

# O DNA DO CRITÉRIO

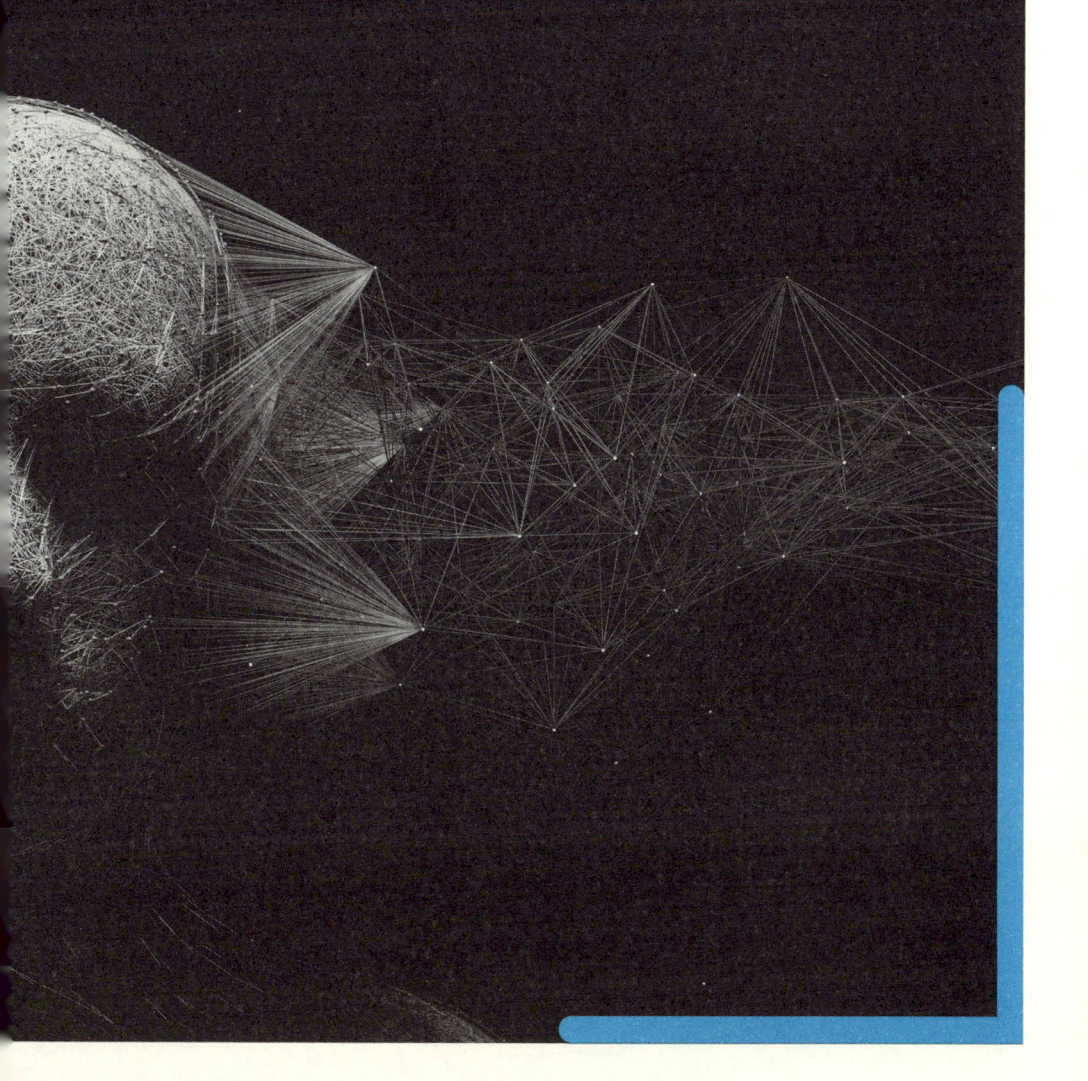

" O cérebro humano é a chave de nosso futuro."

DAVID SUZUKI, *cientista*

# O DNA DO CRITÉRIO

Em 1991, o cineasta polonês de nome quase impronunciável pelos padrões de nossa língua portuguesa, Krzysztof Kieślowski, praticamente uma sequência aleatória de consoantes, foi convidado para um importante projeto de filmagem na França. Ofereceram a ele a missão de fazer, em audiovisual, uma homenagem ao bicentenário da Revolução Francesa, um fato derradeiro para a cultura daquele país e um dos momentos históricos de maior repercussão política e social para o Ocidente.

A partir desse levante revolucionário feito pelos franceses contra os seus monarcas, as repúblicas floresceram com mais rapidez mundo afora. Ali, ganhávamos uma das mais significativas referências para a estrutura de um sistema político que tinha como conceito e foco de ação a liberdade, a fraternidade e a igualdade. Portanto, 200 anos depois daquele período efervescente, iniciado em maio de 1789, tendo se estendido por 10 anos, até novembro de 1799, havia-se muito a comemorar, e não só pela França. De alguma maneira, quase todas as demais nações deste planeta foram influenciadas e beneficiadas pelos ecos da Revolução Francesa.

Então, a tarefa de produzir filmes em homenagem à essa data tão cercada de mitologias grandiosas não seria fácil. As cobranças eram altas, havia inclusive a aposta e o desejo de alguns de ver naufragar tal projeto, entendido como nacionalista e, portanto, menor para os críticos de plantão.

Kieślowski, por sua vez, não se intimidou com a pressão. Pelo contrário, sem medo de dar a cara a tapa, ele não faria só um filme, mas três, um para cada cor da bandeira francesa, que é composta pelo azul, branco e vermelho. Voilà, surgia naquela sua iniciativa uma das trilogias mais bem-conceituadas da história do cinema (Trilogia das Cores: *A liberdade é azul*, *A igualdade é branca* e *A fraternidade é vermelha*).

Cultuado por círculos intelectuais e pela crítica cinematográfica europeia, e considerado um dos diretores mais irreverentes e influentes da década de 1990, Kieślowski sempre foi visto com um dos profissionais mais importantes do cinema europeu e sua cinematografia abordava o cotidiano das pessoas, os meandros da política, os detalhes que compõem o nosso dia a dia, que, com o seu olhar atento, revelam a sofisticação e a complexidade dessas situações por vezes tão desvalorizadas na corrida diária de nossas atribuladas agendas.

Kieślowski fez uma escolha ousada e inteligente e a adoção do seu critério para rodar seus filmes partiu de questionamentos: qual seria a importância da liberdade, da igualdade e da fraternidade para a sociedade na década de 1990? E qual era a relação das pessoas com as cores da bandeira francesa?

Havia uma expectativa para que a produção dessa trilogia se desse por meio de filmes monumentalistas, com roteiros grandiloquentes, imponentes, dada a temática do conteúdo. Ele trouxe, porém, uma proposta existencial, minimalista, focando a individualidade das pessoas e a sua complexidade, sem maniqueísmos. Externou uma realidade repleta de incertezas, uma abordagem surpreendente como a vida é de fato. A aposta se provou acertada. Sua trilogia tornou-se uma obra maior, atemporal, exatamente por trazer a essência dos pilares da Revolução Francesa, ressignificados por sua visão, sua individualidade e seus critérios.

Ao realizar as filmagens, Kieślowski usou com maestria os sensos de **proporção**, **urgência** e **responsabilidade**, tópicos deste capítulo e elementos garantidores da formação de nossos critérios. São eles a resposta para um dilema cada vez mais desafiador em nossa sociedade.

Nas relações sociais que se apresentam tão transitórias e incertas diante de uma avalanche de inovação tecnológica e informação, como conseguir manter o nosso equilíbrio mental? Como conseguir fazer o uso equilibrado dos nossos critérios? Como agir para não nos deprimirmos ou enlouquecermos de uma vez por todas? A resposta está no desenvolvimento de nossos sensos de proporção, urgência e responsabilidade:

- Senso de proporção garante **o esforço** certo à dimensão dos processos.
- Senso de urgência define **o timing** e as circunstâncias da decisão.
- Senso de responsabilidade **assegura** as nossas ações.

Kieślowski dimensionou muito bem o tamanho do projeto em que estava envolvido e se dedicou na mesma medida para a sua realização. Entendeu a necessidade de finalização de suas produções dentro da expectativa para o período de comemoração e agiu com responsabilidade e assertividade para fazer tudo acontecer como deveria.

O nosso esforço tem de ser proporcional aos processos em que estamos envolvidos. Quando há desequilíbrio nessa dinâmica, abrimos espaço para a ansiedade, para a estafa, para a irritação, entre outros sentimentos negativos e contraproducentes. O desbalanço entre a nossa dedicação, que pode ser a mais ou a menos, para com a realização de nossas tarefas e turva a definição do uso de nossos critérios, porque há uma frustração de expectativa ou uma cobrança desmedida por alguma de nossas habilidades que não temos condições de entregar.

O senso de proporção trabalha nossa capacidade de análise e preparo, assim como define os critérios relacionados com a nossa postura e comprometimento para que as situações aconteçam. Esse é um dos motivos pelo qual temos de ter esse tipo de senso para aplicarmos o esforço compatível às nossas atividades. É inadequado, e o resultado das situações fica a desejar, quando dedicamos um grande esforço por uma coisa menor ou pouco nos empenhamos para algo que seja grande.

Já o senso de urgência define o *timing* e as circunstâncias da decisão. O cálculo é: quanto tempo eu preciso para tomar determinada decisão? Preciso ser rápido? Posso retardar minhas ações? Qual é o *timing* dessa decisão? Por fim, o senso de responsabilidade controla a situação, nos freia, estabelece limites e facilita a projeção das atividades.

Se tenho uma empresa, por exemplo, e preciso contratar um auxiliar para a contabilidade, posso fazer esse processo de forma mais direta e rápida, porque o impacto que essa contratação vai gerar é limitado. Porém, se preciso definir um nome para ser diretor financeiro, tenho de ser mais cauteloso e dedicar mais do meu tempo para a escolha desse executivo. Quem sabe até solicitar o trabalho de uma agência de *head hunter* para me auxiliar nessa contratação, porque um erro na admissão de um profissional desse nível compromete seriamente a gestão de minha empresa. Como gestor, preciso agir com responsabilidade para qualquer contratação funcional, mas tenho de medir a intensidade do uso dessa responsabilidade de acordo com cada situação.

O uso desses três sensos — proporção, urgência e responsabilidade — evidencia como é fundamental que, diante das situações, possamos agir com cautela, analisando as circunstâncias, sendo racional e não nos deixando levar pelas emoções. É como se quiséssemos fazer amor com um porco-espinho. Se você tiver qualquer descuido, por menor que seja, pode acabar todo espetado, e você não vai querer ficar ferido se puder evitar.

A mistura desses sensos constitui nossos critérios, funciona como uma espécie de DNA decisorial. Estar atento a eles é importante, principalmente no universo corporativo, porque nosso maior adversário é a mente; e a mente, por sua vez, pode ser uma refinada armadilha, como bem pontua o ditado popular de que diz: a mente mente.

O mau uso de nossos critérios decorre, em grande parte, de não conseguirmos utilizar adequadamente esses três sensos. Principalmente, quando nos encontramos sob pressão emocional e cobranças de trabalho por bons desempenhos.

Aqui, por uma mera questão de didática, para facilitar a explicação conceitual desses sensos e favorecer a sua compreensão, eu os abordo de forma separada, enfatizando cada uma de suas características. Mas a presença deles em nossas vidas acontece de maneira mais caótica, sem seguir padrões de distinção entre si. Eles se manifestam a todo momento e se misturam em intensidades diferentes.

## A EFERVESCÊNCIA DOS CRITÉRIOS

De alguns anos para cá, a presença dos critérios é cada vez mais caótica e desordenada em nossas vidas. Em um mundo em transição, como o nosso, as pessoas estão confundindo o uso dos seus critérios e essa condição tem gerado uma grande balbúrdia social. Se não usarmos o conceito dos critérios para analisar as situações que nos cercam, entendendo, portanto, que não há certo ou errado, um observador mais desatento das circunstâncias pode facilmente afirmar que parte da sociedade enlouqueceu, está se comportando de uma forma irascível e virulenta, irracional e banal, prejudicial para ela mesma. Os exemplos desse "comportamento louco" são vistos por todos os lados, seja na maneira como algumas mulheres fazem de tudo para não envelhecer, exagerando de forma caricata no botox e no preenchimento, seja no modo como nos relacionamos de maneira obsessiva com a tecnologia, ou até na extravagância de nos vestir com calças rasgadas para estar na moda ou tatuar e encher de piercings nossos corpos dos pés à cabeça.

A revolução de costumes e seu consequente impacto socioeconômico nesta era não tem limites. De forma simplista, todo esse comportamento divergente pode ser entendido como loucura, mas no fundo ele faz parte da efervescência de nossos critérios, porque qualquer uma dessa atitudes mencionadas está baseada em alguma vontade de expressão, seguiu um caminho racional para ser tomada, mesmo desagradando a muitos. Quando perdemos a capacidade de usar nossos sensos de proporção, urgência e responsabilidade, nos baseamos em nossas crenças e expectativas para decidirmos nossas atitudes, comprometendo assim a aplicação de nossos critérios, desde os aspectos mais triviais de nosso cotidiano, como na decisão de qual filme veremos em algum serviço de *streaming*, até situações mais complexas e com repercussão mais ampla em nossas vidas, como qual a forma mais adequada para conduzir nossas carreiras profissionais.

Essa adoção conturbada dos critérios acaba nos cobrando um preço muito alto, e que será sentido a médio e longo prazos. Imediatamente, os reflexos dessas ações têm menos repercussão, mas no período de um ano começamos a colher os frutos dessas atitudes. É como, por exemplo, quando avaliamos a contratação de um profissional um ano após a sua admissão. Por mais que nos cerquemos de cuidado, o desempenho dos novos funcionários é sempre uma caixinha de surpresas.

A pessoa pode entrar na função e sair "metralhando" todo mundo ao seu redor, se revelando alguém incapaz de trabalhar coletivamente. Ou, ainda, se mostrar um verdadeiro vagabundo e só procrastinar as suas entregas, tendo um baixíssimo desempenho. Por outro lado, a contratação pode ter sido superacertada e o colaborador trouxe um grande faturamento e excelentes resultados para a empresa. Todas essas situações, entre muitas outras, só podem ser verificadas depois de um tempo em que o trabalho tenha transcorrido. Por mais que os processos seletivos tenham se aperfeiçoado com técnicas sofisticadas de entrevistas, o *curriculum* do candidato tenha sido absolutamente escrutinado, seu conhecimento tenha sido colocado à prova, as referências checadas e, sobretudo, se durante o processo de interação com os selecionadores houve empatia, aproximação e sentimento de sinceridade, a verdade é que só a prática do trabalho revelará por completo as habilidades profissionais daquele contratado.

Quando você tem a oportunidade de analisar *a posteriori* o critério adotado, você terá dados objetivos para mensurar a sua decisão e, portanto, verificar se os critérios utilizados no passado foram pertinentes. Não foque apenas se os critérios usados foram corretos ou errados, mas se entregaram o resultado pretendido e se a situação evoluiu positivamente. O que é uma situação radicalmente diferente de quando alguém não consegue usar os sensos de proporção, urgência e responsabilidade e decide fazer processos de contratação com os seus critérios completamente comprometidos por crenças equivocadas. Exemplos nos sobram.

Infelizmente, ainda há quem decida contratar alguém tendo o peso corporal, gênero ou região de origem dos candidatos como condição de qualificação. Usando o bom e velho português, alguns ainda acreditam, por exemplo, que gente gorda é preguiçosa, logo, improdutiva, relaxada e incapaz de entregar um serviço de qualidade. Esse pensamento é uma estultice sem tamanho.

A pessoa pode ter sobrepeso por causa de uma disfunção hormonal, por não gostar de fazer exercício ou simplesmente por adorar comer e tudo bem, o seu peso não é condição *sine qua non* para decidir a sua capacidade profissional. De repente essa pessoa, preterida em um processo admissional por uma crença preconceituosa como essa, pode ser um excepcional trabalhador. A mesma lógica de uso de crença preconceituosa é válida para a questão de gênero, idade, cor da pele, nacionalidade, orientação sexual, entre outros. Em situações de contratação não podemos permitir que nossas crenças sejam as protagonistas de nossas decisões. Elas são péssimos guias e têm de ser anuladas pela utilização adequada dos sensos de urgência, proporção e responsabilidade. Não podemos deixar que nossas crenças e concepções subjetivas interfiram no processo. É inadmissível agirmos preconceituosamente contra uma pessoa porque ela é preta ou branca, gorda ou magra, nordestina ou sulista, mais nova ou mais velha, tenha ela a característica que tiver. Essa discussão é simplesmente inaceitável e improdutiva. Mas vale o alerta que, mesmo nos cercando da aplicação dos critérios mais adequados para as situações, o desfecho a longo prazo pode não sair a contento.

O uso dos critérios mais adequados, eliminando crenças preconcebidas, amplia as chances de as situações serem promissoras. Mesmo assim, temos de contar que elas podem não ser, e isso não se trata de uma perspectiva pessimista. Tal circunstância é possível, porque vivemos em contextos multifatoriais tanto objetivos quanto subjetivos em que algum "elemento inusitado" pode sempre aparecer. Entra aí novamente os sensos de proporção, urgência e responsabilidade no ato de nos livrarmos desse colaborador. Nesse sentido, tudo é percentual, por isso, temos de ter um constante processo de revisão de nossas atitudes e, consequentemente, da aplicação de nossos critérios, sempre tendo em perspectiva o fato de que as coisas podem não ter o desfecho esperado, mesmo quando se tomam todas as decisões de forma consciente e absolutamente balizada por informações adequadas. Até porque, nesta era de transição, estamos com crenças enormes, altas expectativas e baixíssimo nível de conhecimento. Deixamos de nos aprofundar nas questões. Daí, vale lembrar, gestão nada mais é que dividir o tempo com sabedoria entre pendência e tendência e, com essa perspectiva, definir os critérios a serem usados em cada uma dessas questões para o seu encaminhamento mais apropriado.

## EIS QUE SURGEM OS VIESES COGNITIVOS

Como seres humanos, recebemos milhares de estímulos o tempo todo e, a cada segundo, nosso cérebro é desafiado pelas mais diferentes fontes de informação. Particularmente agora, vivemos um momento no qual o volume de informação é brutal. Para lidarmos com esse desafio, a nossa mente aciona, automaticamente, o *caminho mais curto* para a tomada de decisão. Essa atitude é como se fosse um "defeito de nascença" de nosso cérebro, um de seus vieses que busca um *atalho* para solucionar as questões em que se vê envolvido de maneira a se proteger.

Esse mecanismo de preservação foi desenvolvido há milhares de anos, quando nossos ancestrais não tinham muito tempo para analisar as situações antes de agir, formando assim nossos vieses cognitivos.

Quando nossa espécie ainda vivia nas cavernas, sobreviver era uma luta diária e extremamente feroz. A natureza era muito inóspita e cobrava uma demanda assertiva de nossos ancestrais. Eles não dispunham de uma condição social com tanto conforto material como a nossa. Nossos antepassados não tinham nem muito tempo, tampouco as ferramentas sofisticadas para a reflexão e análise de cenário a fim de tomar as suas decisões. Eles eram obrigados a agir por experiência e instinto. Precisavam dar uma resposta rápida às situações em que estavam envolvidos. Diante do perigo, presente por todos os lados, o que deveria ser feito? Atacar? Fugir? Se esconder e deixar as tormentas passarem?

Nos momentos de enfrentamento com animais bem mais fortes e ágeis do que a nossa espécie, o que eles poderiam fazer ao se deparar com as mais diversas feras que os rondavam? As opções eram limitadas! Ou eles atacavam o animal em questão, se protegendo, quem sabe até matando-o para se alimentar, se fosse esse o caso, ou fugiam porque corriam risco de morte por serem presas fáceis. Nessa intensa relação com o meio ambiente, desenvolvemos os nossos vieses cognitivos.

No ato da caça, da defesa, da proteção dos nossos agrupamentos, criamos nossa maneira mais primitiva de interagir com tudo o que nos cerca. Nessa trajetória, é sempre conveniente recordar o papel do fogo em nossa evolução e como ele foi fundamental para o surgimento de nossos vieses cognitivos.

Antes de nos alimentarmos com comida cozida, gastávamos um volume brutal de energia para digestão do que consumíamos. Essa condição impedia o pleno desenvolvimento cerebral como o conhecemos. Afinal, o cérebro exige uma grande quantidade de energia para funcionar. Consequentemente, não tínhamos uma evolução neural adequada, porque grande parte da energia ao nosso dispor era destinada ao processo digestivo. Uma vez que introduzimos em nossa dieta alimentos cozidos, facilitamos nossa digestão e o cérebro passou a consumir mais energia, tendo aí liberdade para evoluir.

Enquanto a descoberta do fogo diminuiu a nossa necessidade de gastar muita energia digerindo alimentos, por consequência nos sobrou mais energia para a nossa evolução neural. Em contrapartida, nesse processo formaram-se os vieses cognitivos. Apesar disso, é fundamental reafirmar o quão fascinante e fantástico é o cérebro, que é composto por 85 bilhões de neurônios, uma quantidade absurdamente impressionante. Dada essa complexidade de ligações neurais, ainda falta muito para a ciência desvendar toda a sua potencialidade e funcionamento, uma situação extrapolada ainda mais pelo fato de cada um de nossos neurônios ter a capacidade de formar milhares de outras conexões. Todo esse sofisticado funcionamento ainda está longe de ser reproduzido até pela inteligência artificial e nenhum computador tem a capacidade de processamento apresentada pelo cérebro. Isso porque, do universo total de neurônios disponíveis, nós utilizamos apenas 16 bilhões. É essa a quantidade concentrada no córtex cerebral que responde por nossas funções de linguagem, consciência, raciocínios abstrato e lógico e memória.

Apesar disso, temos grandes limitações de funcionamento decisorial, originadas pelos vieses cognitivos que nos transformam em vítimas do critério. São eles os responsáveis pelos nossos maiores desafios de gestão e relação e eles ocorrem em maior quantidade ou intensidade a partir de certas condições, tais como:

- Quando **há muita informação** a ser processada num curto espaço de tempo.
- Quando **há conflito de informação** sobre o mesmo assunto.
- Quando **o tempo** para decidir **é limitado** e agimos sob pressão.

Pois esse é exatamente o ambiente onde nos encontramos nos tempos atuais. O volume de informação que chega até nós nunca foi tão grande, a dicotomia ou ambiguidade dos fatos cresce a olhos vistos e o tempo está se transformando na matéria-prima mais escassa de nosso cotidiano. Nunca foi tão difícil, como é agora, processar toda essa carga de dados e informações, navegar por entre as diferentes narrativas e versões da realidade, e num tempo cada vez mais exíguo.

No próximo capítulo, vamos entrar nos detalhes da ocorrência dos vieses cognitivos e no impacto deles em nossos critérios de ação e julgamento.

# CAPÍTULO DEZ

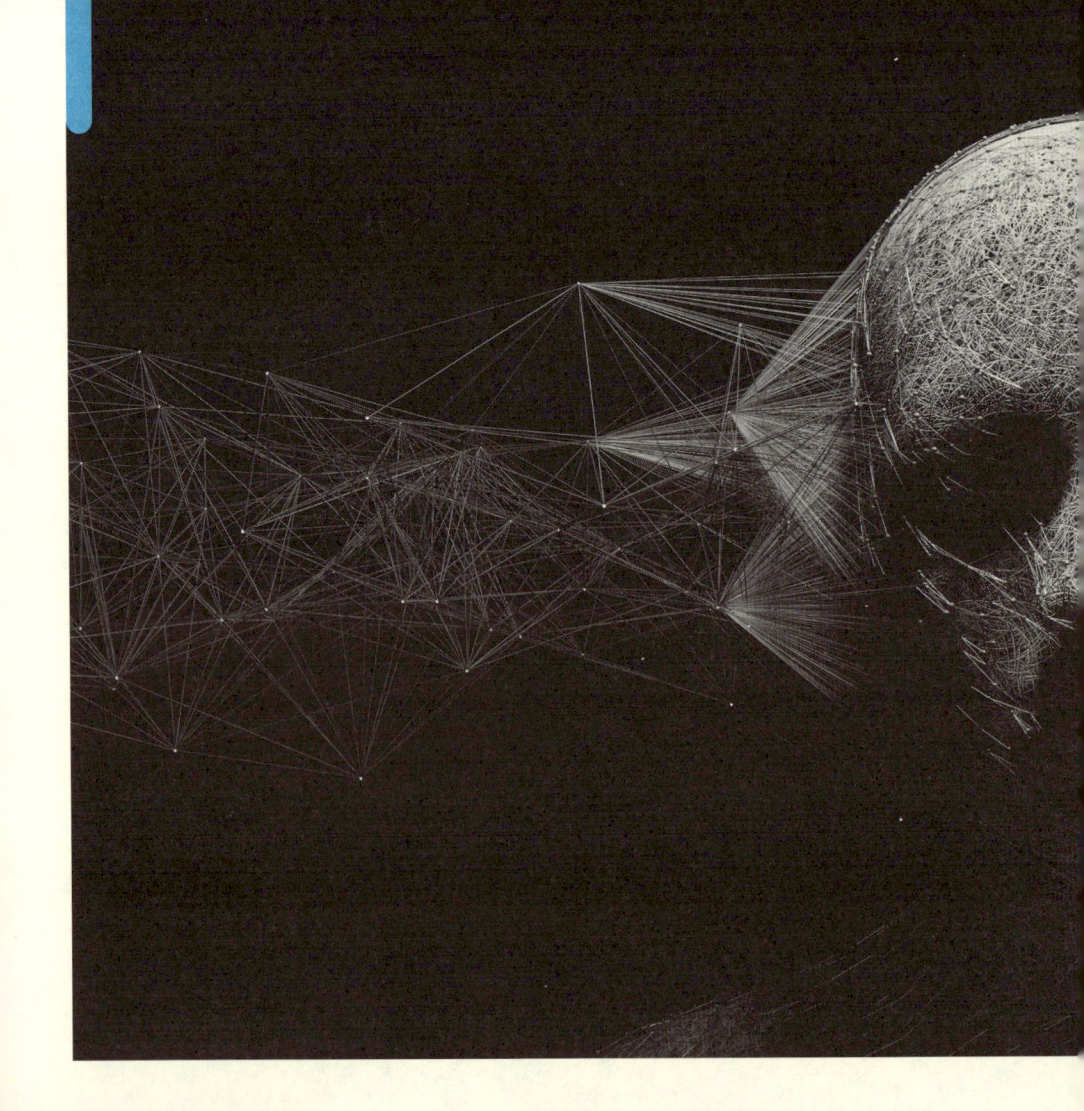

# NOSSOS VIESES COGNITIVOS DE CADA DIA

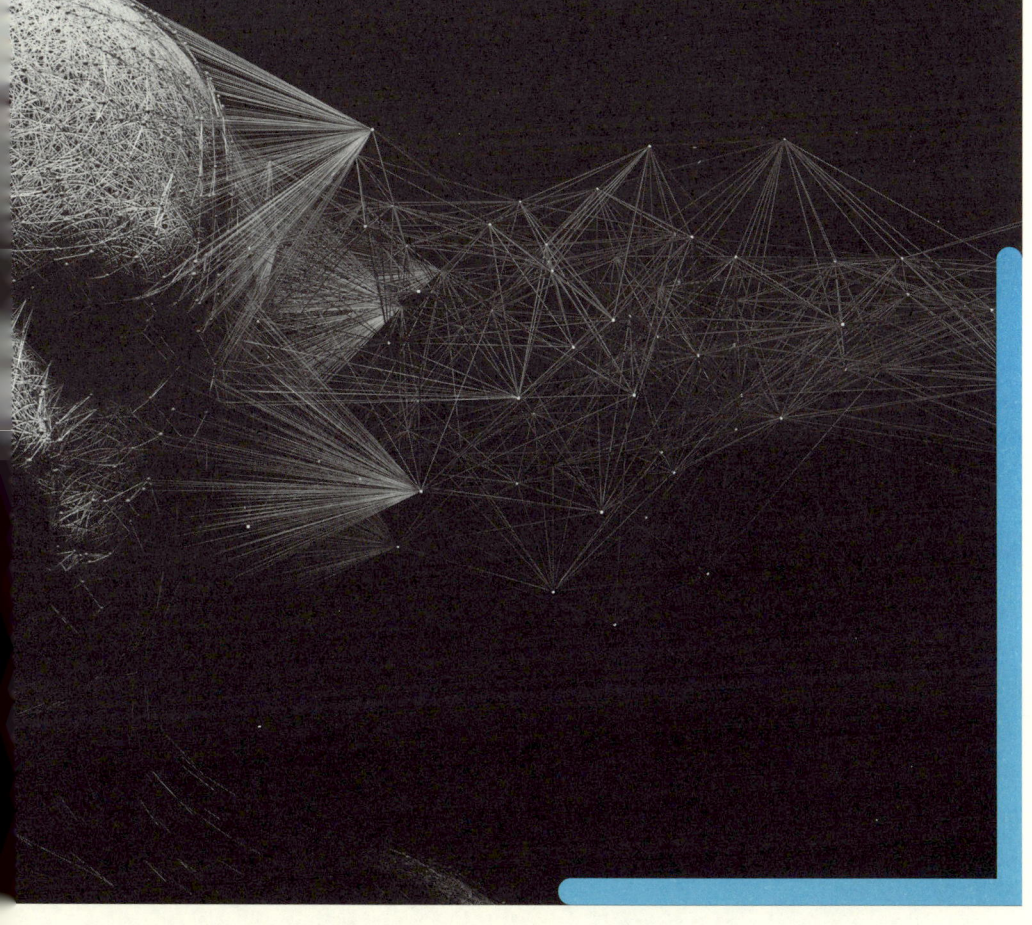

"Existe uma maneira de estar errado que às vezes também é necessariamente certa."

**EDWARD ABBEY**, *escritor*

# NOSSOS VIESES COGNITIVOS DE CADA DIA

A atual efervescência do crescimento econômico e da mobilidade social chinesa como a conhecemos começou a ser forjada lá nos anos 1950, quando o então comandante supremo do país, Mao Tsé-Tung, idealizou um programa governamental batizado de o "Grande Salto Adiante".

Aquela era a década imediatamente seguinte ao fim da Segunda Guerra Mundial e o mundo acompanhava o surgimento de uma nova ordem geopolítica. Na China, os ares de mudança tinham uma intensidade revolucionária. Aqueles anos representaram a consolidação do regime político comunista no país, quando, em 1º de outubro de 1949, Mao fundou a República Popular da China, que surgiu como consequência de um intenso processo interno de lutas sociais. Naquele período, a produção econômica do país era iminentemente rural e a sua população, de forma geral, tinha uma condição financeira extremamente limitada.

Mao Tsé-Tung, um dos governantes mais míticos da história recente da humanidade, por sua vez, tinha em mente um destino de pujança econômica para o seu país e ele estava disposto a torná-lo realidade indiferentemente ao aparecimento de qualquer obstáculo. Um de seus planos para atingir o seu objetivo era o de acelerar a industrialização chinesa. Ele tinha o firme propósito de transformar a China em uma sociedade urbana, industrializada, ampliando assim o poder econômico da população e fazendo uma das mais abrangentes modificações sociais do século XX, sobretudo, pelo gigantismo da população.

Para realizar esse desejo ele não mediu esforços. Lançou mão de toda a sorte de estratégias e campanhas governamentais para o engajamento das pessoas. Como vimos no Capítulo 7, foi ele o idealizador dos planos para a construção da Barragem das Três Gargantas. Apesar de Mao não ter acompanhado o começo das obras (que só foram iniciadas 40 anos depois dos seus primeiros esboços), o seu aval para a construção dessa megausina teve uma importância extraordinária, dado o seu controle governamental e se considerarmos a influência simbólica de sua imagem, relevante até hoje.

Pois bem, a construção das Três Gargantas foi apenas uma entre várias iniciativas para o estímulo econômico e a dinamização social da China. Neste momento, contudo, quero lembrar de uma ação daquele período absolutamente particular, para dizer o mínimo. Um absoluto desastre que aconteceu no país, perpetrado pelas ordens de Mao quando ele ainda estava bem vivo e era senhor de suas decisões. O fato ocorreu em 1958, ano de lançamento da "Campanha das Quatro Pragas", um desastre ambiental, social e econômico singular. Esse é um exemplo quase caricato da ação do viés cognitivo, pelo imenso erro de julgamento e ação que acarretaram decisões extremamente prejudiciais a todos os envolvidos.

## MATE UM PARDAL

Para se ter uma ideia da colossal estupidez política cometida com aqueles planos, relatos históricos indicam a extinção de aproximadamente 1 bilhão de pássaros, a morte de até 45 milhões de pessoas e a instalação de um dos períodos de mais grave crise de abastecimento alimentar registrada por um país. A falta de alimentos era irrestrita e a fome se transformou na tônica da China daqueles anos. Esse cenário de devastação surgiu quando Mao acreditou na pertinência da tese de que moscas, mosquitos, pardais e ratos eram agentes transmissores de inúmeras mazelas sanitárias, portanto, em prol da saúde pública de seus compatriotas, esses animais deveriam ser extintos, custasse o que custasse. Daí, surgiu o nome da "Campanha das Quatro Pragas", também conhecida como "A Grande Campanha dos Pardais" ou a "Campanha Mate um Pardal".

Com o incentivo e a anuência do governo, os pardais tornaram-se presas fáceis para a população que, completamente ensandecida pelas ordens do extermínio dessa espécie de ave, saiu à sua caça. E foi um verdadeiro vale-tudo para acabar com eles. Uma das táticas mais populares consistiu em deixá-los sem repouso, portanto, completamente exaustos. Literalmente, eles morreriam de cansaço.

Ao menor sinal de algum desavisado pardal pela área, as pessoas corriam até às suas cozinhas, pegavam a panela mais a mão e se dedicavam a incontáveis horas de um estrondoso panelaço! Elas faziam um barulho ensurdecedor com esses utensílios domésticos para que os pardais não conseguissem pousar e não descansassem. Ao assustá-los, os pardais se mantinham voando, consequentemente, em algum momento, desfaleciam exaustos.

Algumas pessoas mais preparadas usavam instrumentos musicais como tambores para o ataque sonoro, mas se nenhuma dessas estratégias obtivesse o efeito pretendido, eles não se intimidavam, recorriam a táticas mais violentas e assertivas. Atiravam com qualquer tipo de arma nas aves e caçavam seus ninhos para destruí-los e estraçalhar seus ovos. Afinal, eles não podiam falhar e deixar as ordens governamentais no vácuo.

Em contrapartida a tanta dedicação, o governo reconhecia com pompa e glória os cidadãos que conseguissem comprovar seus feitos extraordinários em prol do desenvolvimento econômico do país, ao matar os pardais. Esse reconhecimento trazia uma série de vantagens para quem os alcançava. Por isso, não faltavam interessados em conseguir tal deferência, voluntários na guerra contra os pardais. Mas toda aquela ação foi um retumbante e sonoro tiro pela culatra.

Com o extermínio dos pardais, eles provocaram um desequilíbrio ambiental gravíssimo e sem precedentes. Essas aves são predadores naturais de insetos como o gafanhoto e as lagartas, que são altamente prejudiciais às plantações. Portanto, esses bichos, sem ter quem os atacasse na natureza, fizeram a festa. Partiram para cima das lavouras e destruíram tudo o que viram pela frente. Foi uma verdadeira ação de terra arrasada. Não sobrou nada. E a situação tornava-se ainda mais grave com o incentivo dado pelo governo ao desmatamento de grandes áreas florestais e o uso de perigosos pesticidas na agricultura.

Resultado, os agricultores não conseguiram mais produzir uma quantidade suficiente de comida, causando espanto nas hostes governamentais. De acordo com estudos prévios para a execução da ordem de eliminar os pardais, os assessores de Mao levaram até ele a informação de que, em um ano, somente um pardal consumiria por volta de quatro quilos de alimentos das lavouras existentes no país. Como essas aves davam tamanho prejuízo à agricultura, nada mais justo do que o governo dar uma mãozinha para socorrer os agricultores e reverter essa situação. E eles, de fato, reverteram a situação, mas para uma pior, infinitamente pior!

A baixíssima produção alimentar no país, entre os anos de 1959 e 1961, ocasionou a morte, por fome, de até 45 milhões de pessoas. Por simplesmente não ter o que comer, essas pessoas sofriam de inanição. Esse número de vítimas, além de ser assustador e absolutamente significativo, se assemelha à quantidade de mortos dos piores conflitos bélicos da humanidade.

Foi preciso décadas para que os chineses conseguissem reverter essa situação, inclusive, uma das maneiras de restabelecer o equilíbrio ambiental, ironicamente, foi a necessidade da reintrodução de pardais, importados de outros países, para que a natureza fosse capaz de colocar ordem na situação.

## UMA QUESTÃO DE SOBREVIVÊNCIA

Erros sistemáticos do pensamento acarretam decisões e julgamentos infundados e atrapalhados como a "Campanha das Quatro Pragas". Esse é um exemplo extremo de momentos em que as pessoas se tornam vítimas do critério. Quando estamos sob a influência dos vieses cognitivos, a tendência é cometermos erros de atitudes. Contudo, é importante lembrar que o viés cognitivo nos ajuda a processar as informações com mais eficiência, especialmente quando estamos em situações de perigo. Eles são uma referência e nos balizam a agir de maneira mais imediata, garantindo uma saída menos traumática de situações desfavoráveis.

A grande questão dessa situação é que eles foram incorporados à nossa espécie quando estávamos submetidos a constantes situações que colocavam nossas vidas em risco. Tudo era perigoso para a nossa existência e tínhamos limitados meios materiais, tecnológicos e subjetivos para a nossa proteção. Ainda faltavam muitos anos para evoluirmos à nossa condição atual de existência e essa é uma informação significativa para assimilarmos.

Hoje, os perigos são outros e, de certa forma, menos nocivos à nossa existência porque temos mais meios de nos defender. Mas esse é um detalhe de contexto para a nossa natureza. Continuamos agindo a partir dos vieses cognitivos formados em tempos primitivos de nossa interação com o mundo, quando ainda chamávamos as cavernas de *lar doce lar*. Essa condição pode nos levar a notáveis atitudes desconexas, desalinhadas com um movimento mais amplo que nos cerca. Daí, constantemente, lutamos contra nossos cérebros.

Nossas atividades cognitivas buscam encurtar o caminho de decisão, encontrar uma ação mais rápida para agirmos de forma mais assertiva, ao mesmo tempo em que tentamos ser mais reflexivos, ponderados para encontrar equilíbrio em nossas decisões. Esse desencontro interno acaba resultando em conflitos, até porque o nosso cérebro é mestre em nos colocar em armadilhas e nos oferecer grandes tentações como resposta às nossas questões cotidianas. Do ponto de vista comportamental, temos um vício extremamente nocivo às nossas relações. Segundo o escritor estadunidense Stephen Covey, "julgamos a nós mesmos por nossas intenções e aos outros por suas ações". Em outras palavras, avaliamos os outros pelas ações efetivamente realizadas por eles, por aquilo que vemos acontecer, enquanto nosso autojulgamento baseia-se na observação de nossas intenções, naquilo que pretendíamos fazer antes de sua efetiva realização. Isso é um tremendo desequilíbrio de análise e é o fato gerador de inúmeros preconceitos nas relações, porque somos rígidos ao julgarmos as outras pessoas pelos seus atos e condescendentes conosco em nosso julgamento. "Mas não era essa a minha intenção. Não era isso o que queria fazer. Como é que você está me acusando de algo que foi sem querer?" Para contornarmos esparrelas conclusivas desse tipo precisamos nos atentar aos vieses cognitivos e à influência deles na tomada de nossas decisões.

Nesse momento em que você me lê, há identificados 180 vieses cognitivos. Essa quantidade, entretanto, pode ser bem maior. Esses 180 vieses cognitivos são "atalhos" de julgamento de nosso cérebro constituídos em nossas experiências primitivas que, no intuito de nos ajudar a tomar as melhores decisões, complicam o nosso meio de campo, dificultando a formulação de nossos critérios.

Dentre todo esse enorme universo de vieses cognitivos, destaquei dez para detalhar. Eu os considero fundamentais, ou talvez os mais importantes. Ao ter consciência de cada um deles, e da consequente implicação de sua ação para nossas vidas, temos a chance de formular mais objetivamente nossos critérios.

## O VIÉS DA CONFIRMAÇÃO

Eis o primeiro dentre eles, o viés da confirmação. Ele acontece quando nosso foco de atenção recai apenas nas informações que confirmam nossas crenças, nosso pensamento preconcebido, nossas ideias consolidadas. Ele reforça nossa tendência de nos lembrar, interpretar ou buscar informações que ratifiquem nossas hipóteses iniciais sobre os assuntos em discussão. Entre fatos objetivos e aquilo que só confirma o que acreditamos, às favas com os fatos. Nossa atenção é mais dirigida aos argumentos e elementos que vão ao encontro do nosso repertório de crenças ou concepções.

Esse é o nosso viés cognitivo básico, entretanto, ele é um grave erro de raciocínio. É um comportamento de indução e um dos elementos fomentadores do processo de tribalização de nossas sociedades. O exemplo do copo com líquido numa quantidade parcial de seu interior é uma imagem clássica do viés da confirmação. O que você vê nessa situação, um copo meio cheio ou meio vazio?

> Toda informação ambígua se torna confirmatória.
>
> Aquilo que se apresenta em termos de dúvida por si torna-se uma certeza em razão das minhas ideias preconcebidas.

A pandemia da Covid-19 foi um bom exemplo da dinâmica social desse viés. A incerteza envolvida com o surgimento do vírus, basicamente, dividiu as pessoas entre *alarmistas* e *negacionistas*. Cada notícia veiculada, por mais ambígua que fosse, confirmava a tese de algum desses grupos.

Alarmistas trombeteavam a sua crença de que, sem medidas de proteção sanitárias rígidas como a adoção do isolamento obrigatório, a quantidade de mortos teria sido muito maior. Os negacionistas, por sua vez, gritaram a plenos pulmões a sua convicção de que se tivéssemos mantido a circulação nada seria diferente e a quantidade de vítimas fatais teria sido semelhante. Aliás, a discussão sobre a curva de mortos entre esses dois pensamentos foi sem fim. Os dois lados reafirmam a sua convicção ao analisar as estatísticas apresentadas, sobretudo, pelo fato de no Brasil ela ter sido abaixo das expectativas iniciais e ter subido apenas numa segunda fase.

Os alarmistas insistem que, se a sociedade não tivesse limitado o deslocamento das pessoas como fez, o tamanho dessa curva teria sido infinitamente maior. Já os negacionistas utilizam os mesmos resultados apresentados para reafirmar que não deveríamos ter parado a economia e colocado todo mundo em casa em nome de uma quantidade de mortes inferior, já que isso causará muito mais problemas e transtornos futuros para a sociedade e a economia.

> A ambiguidade na informação confirma o pensamento que está em acordo com as suas crenças.

Até hoje, os negacionistas da Covid-19 se dizem corretos ao acreditar que nada aconteceria de pior se tivéssemos nos mantido no normal conhecido. Os alarmistas seguem convictos do novo normal e de que o isolamento social impediu o Apocalipse. Com esse comportamento, os dois lados da discussão reafirmam a sua posição e continuam cada vez mais sectários.

O viés de confirmação funciona como um reforço dos nossos preconceitos, atrapalha muito nossas decisões e também é responsável por grandes distorções dos fatos.

A razão de sua existência se baseia no princípio de que o cérebro precisa gastar muito menos energia ao confirmar suas teses do que ao questionar suas convicções. Sendo assim, há uma tendência à otimização energética e um verdadeiro sentimento de prazer ocorre quando lemos ou sabemos de algo que confirma nossas crenças e não nos obriga a rever posições.

Quando Marco Polo esteve no Oriente, ele escreveu em seu diário de viagem que havia visto um unicórnio. Será? Só mesmo um desbravador da importância de Marco Polo poderia entrar em contato com uma criatura mágica de tal envergadura. Por isso, o seu alegado encontro lhe soava tão pertinente. Contudo, o animal de fato que ele teria avistado, ao longe, era um rinoceronte. Sem dúvida, um bicho extremamente interessante, mas bem distante da magia do unicórnio.

Porém, esse pequeno detalhe de realidade foi irrelevante diante da imensa vontade que Marco Polo tinha de ver um unicórnio. A sua crença tão desmedida nessa lenda lhe foi suficiente para criar a realidade dessa descoberta. Ao menor sinal de semelhança entre o chifre do rinoceronte e o do unicórnio, ele não duvidou. Naquele momento, ele estava diante da mítica figura do animal que tanto desejava encontrar em terras longínquas e exóticas. Quem haveria de discordar, não é mesmo?! Afinal, "para quem tem um martelo todo problema é um prego". Essa expressão é típica da influência do viés de confirmação e, fique atento, esse viés encontra campo fértil ao nosso redor. O horóscopo está aí para confirmar essa afirmação. Ele é um exemplo singelo do viés de confirmação, pelo fato de a interpretação do zodíaco ser baseada em certezas preestabelecidas.

Nós buscamos a confirmação e rejeitamos a dúvida, porque ao nos expormos a uma situação em que tenhamos de refletir, que nos desafie, ficamos incertos e inseguros. Sendo assim, somos obrigados usar mais de nossa energia para assimilarmos as informações. Aquilo que contraria nossas crenças nos faz sofrer e requer mais de nossa atenção. É muito mais agradável receber notícias ou fatos que confirmem nossas crenças, e já nascemos com esse comportamento, ele é parte do ser humano. Adoramos viver em uma câmara de eco ou em uma sala de espelhos que apenas reflete aquilo que já sabemos ou conhecemos.

> Os vieses, além de muitos, são integrados e se retroalimentam.

Por isso, o viés de confirmação nos leva ao *viés do falso consenso*, momento quando acreditamos que todo mundo está em acordo com nosso ponto de vista. "Todo mundo sabe, nosso presidente é um genocida e um imbecil!", dizem. Mas espera um pouquinho. É todo mundo mesmo? Há pelo menos uns 30% ou 40% da população que não acham.

O viés do falso consenso é uma pretensão arrogante em acreditar que a nossa realidade se aplica ao mundo inteiro. Aquilo que eu e meu grupo acreditamos é como o mundo todo se comporta. Esse viés, por sua vez, nos leva também ao *viés do avestruz*, traduzido pelo comportamento "ah, eu não quero saber". Prefiro não ver algo que me incomoda para não me contrariar, e essa condição é paralisante, porque como bem disse o multi-instrumentista Frank Zappa: "A mente é como um paraquedas. Não funciona se não se abrir!".

## O VIÉS DO FAVORITISMO INTRAGRUPAL

Aqui estamos no segundo viés, selecionado entre os 180 definidos e catalogados. Ele é usado para favorecer quem está ao nosso lado, quem é de nossa relação, os membros de uma mesma tribo de pensamento em detrimento aos demais. As pessoas que são da minha tribo, grupo ou turma são melhores, mais bonitas, mais produtivas e mais inteligentes do que as pessoas da outra tribo. Por meio desse viés, favorecemos nosso grupo tanto na distribuição de recompensas quanto na atribuição de traços ou na avaliação do seu desempenho. No setor de vendas vemos muito a manifestação desse viés, principalmente quando há diversas equipes de vendedores. Nesses casos, a melhor, de longe, é sempre a que estou.

Percebemos os que estão fora de nosso grupo como mais hostis, como pessoas piores, de forma geral. Por isso, os tratamos com indiferença, os depreciamos, desvalorizamos as suas qualidades. Aliás, nem as vemos. Somos mais impiedosos e menos generosos com os erros cometidos por eles.

Mais uma vez, usando os chineses como exemplo, a palavra China significa a terra do meio, portanto, na visão deles o seu país é o centro do mundo. Todos os demais são bárbaros. Esse mesmo pensamento era o dos romanos quando eles, politicamente, eram o mais influente império existente. Assim como os ianomâmis que viam indígenas de outras tribos como não homens. Esse comportamento da valorização dos meus e desmerecimento dos outros é algo que acontece desde que o mundo é mundo, atingindo todas as civilizações.

O viés do favoritismo intragrupal é ancestral e no universo corporativo ele se exacerba nos processos de fusão e aquisição. Quando duas empresas se juntam, a ideia do "nós contra eles" floresce de maneira brutal. Nesse momento, o tribalismo expõe a sua face mais perniciosa e a cultura daquela corporação sofre em função dessa dificuldade de aceitar o outro em função do viés do favoritismo intragrupal.

Segundo Freud, por inspiração do amigo Romain Rolland, o viés do favoritismo intragrupal tem seu princípio no sentimento oceânico, do eu diluído no todo. É a necessidade de termos de encontrar nossa turma, uma religião, algum partido político ou time de futebol para sentirmos um vínculo de comunhão com o mundo. Não se trata, portanto, de fé religiosa ou amor ao próximo. Busca-se senso de pertencimento a algo maior que nós mesmos. É o que nos eternizaria. Essa busca por pertencer e se eternizar é o fator da expansão do tribalismo.

Na biologia, o tribalismo exagerado degenera a espécie. E isso é cientificamente comprovado. Muitas tribos que se casavam entre si desapareceram em função de sua degeneração genética.

O mesmo fato, sem dúvida, acontece também com o tribalismo mental ou ideológico. Há uma perda de senso crítico, da capacidade de julgamento e até de discernimento decisorial quanto mais permitirmos que o viés do favoritismo intragrupal interfira em nossos critérios.

- Quanto mais somos fechados na nossa tribo, **no plano físico e sexual,** mais degeneramos a espécie.

- Quanto mais somos fechados no plano mental, **mais degeneramos nossa cognição**.

## O VIÉS DA FALÁCIA DO APOSTADOR

Chegamos ao terceiro, o chamado *viés da falácia do apostador*. Quem gosta muito de jogar roleta sofre bastante desse viés. Essas pessoas acreditam que as probabilidades futuras são alteradas por eventos do passado. Esse é um dos vieses mais fortes que existem e um dos mais prejudiciais às nossas decisões. O exemplo do jogo da roleta é didático para explicá-lo.

Após uma sequência de cinco ou seis rodadas dando vermelho, o apostador sempre acha que há mais chances de dar preto na rodada seguinte. A partir dessa crença, racionalmente infundada, ele começa a jogar no preto até a sorte o premiar com essa cor. E, quanto mais a rodada seguinte dá novamente um número vermelho, sua convicção que a próxima será preto só aumenta e, com isso, aumenta também o valor de sua aposta. Graças a esse viés, denominado falácia do apostador fica quase impossível aceitar que a sequência de rodadas pretas ou vermelhas é absolutamente aleatória. Mas ela é. Ou seja, temos 50% de chance de sair uma das duas cores a cada giro da roleta, independentemente do que saiu na rodada anterior. Uma das razões para esse comportamento de jogo é a descrença de que uma mesma cor saia em uma longa sequência. "Não é possível que a mesma cor saia dez vezes seguidas", pondera. No entanto, em 1953, em um cassino houve uma sequência de 53 vezes em que a cor preta foi a única que saía. Nessa ocasião, diversos jogadores perderam milhões no cassino. E fenômenos parecidos aconteceram muitas vezes nas mesas de roleta pelo mundo.

Racionalmente, uma sequência da mesma cor pode acontecer, mas, na prática, a cada rodada da roleta, as chances de sair vermelho ou preto são literalmente iguais. Ou seja, se você começou a jogar agora, tanto faz o resultado das rodadas anteriores, pode sair qualquer uma das cores. Duas horas depois a probabilidade continua a mesma. Quatro horas mais tarde, idem. Após seis horas de jogo, a mesma coisa. A roleta poderá parar no preto ou no vermelho, indiferentemente.

Um evento passado não altera a probabilidade de um evento futuro. "A bolsa já caiu cinco vezes?! Então, está na hora de reagir!" Bobagem. Esse é só o nosso desejo, a bolsa pode continuar caindo por dias a fio.

Temos uma tendência em achar que a situação vai melhorar após uma sucessão de tragédias ou que algo de ruim acontecerá depois que muita coisa boa aconteceu. Quando algum fato se repete por várias vezes, acreditamos em uma misteriosa probabilidade de que algo contrário vai acontecer.

Se ontem caiu um avião, acreditamos que hoje a chance de acontecer outro acidente aéreo é bem menor, principalmente, se formos viajar nesse dia. Temos a sensação de que um raio não cai no mesmo lugar duas vezes, mas, sim, ele cai. Ou pelo menos tem a mesma probabilidade, independentemente se já caiu um dia antes no mesmo local. Ao acreditarmos probabilisticamente que um fato tem menos chance de acontecer porque no dia anterior ele já ocorreu, entramos no campo do *viés contraintuitivo*, no qual a nossa intuição nos leva para um lado e a razão para o outro.

# O VIÉS DA RACIONALIZAÇÃO

Esse quarto viés, o *da racionalização*, último a ser detalhado neste capítulo, é um viés no qual tentamos retroativamente encontrar argumentos para confirmar nossas decisões. Ele acontece com muita frequência em situações de pós-compra, pós-aquisição ou pós-negociação. Depois de fazermos algo, procuramos justificativas para provar que tomamos a melhor decisão, a mais acertada. É uma maneira de encontrarmos conforto para nos sentirmos bem diante das nossas escolhas e atitudes. Eu mesmo tenho uma lembrança de criança em relação a esse viés.

Quando eu era pequeno, havia uma importante loja de departamentos chamada Sears na cidade de São Paulo. Um belo dia, minha mãe chegou em casa, retornando dessa loja, feliz da vida trazendo consigo um chapéu de apicultor como presente para o meu pai. Ele, por sua vez, a olhou incrédulo e perguntou:

— Mas para que você comprou isso?!

Prontamente, a minha mãe respondeu:

— Estava em uma liquidação! Eu achei uma chance imperdível. Ele é espetacular, porque quando você for pescar os insetos não vão mais te picar.

Meu pai ainda intrigado a contestou:

— Mas eu nunca pesquei na minha vida! Por que esse chapéu de apicultor?

A verdade é que minha mãe havia comprado algo absolutamente inútil, mas que ficou tentada por estar em uma liquidação. Depois da compra, durante o caminho de volta para casa, ela tentou criar uma argumentação interessante para justificar aquela compra. Claramente, ela não foi feliz na formulação de seus argumentos, mas ela deu de ombros à lógica e, não se sentindo vencida, continuou falando para meu pai:

— Mas temos tantos amigos, vamos descobrir se eles pescam e a gente vai dar de presente. Afinal, essa foi uma compra excelente.

Minha mãe, durante esse episódio, agiu a partir do viés da racionalização pós-compra. Vendo a situação em que se envolveu, ela procurou como pôde racionalizar o motivo de sua aquisição.

No consumo, a tendência de transformar impulso em racionalidade é um viés cognitivo extremamente comum. As pessoas compram as coisas e quando você as questiona: Por que você comprou isso?, a resposta vem sempre em uma sequência de argumentos, lógicos ou ilógicos. É um tal de *senta que lá vem história* (e das boas).

> Temos uma necessidade de comprar por impulso e racionalizar *a posteriori*.

# CAPÍTULO ONZE

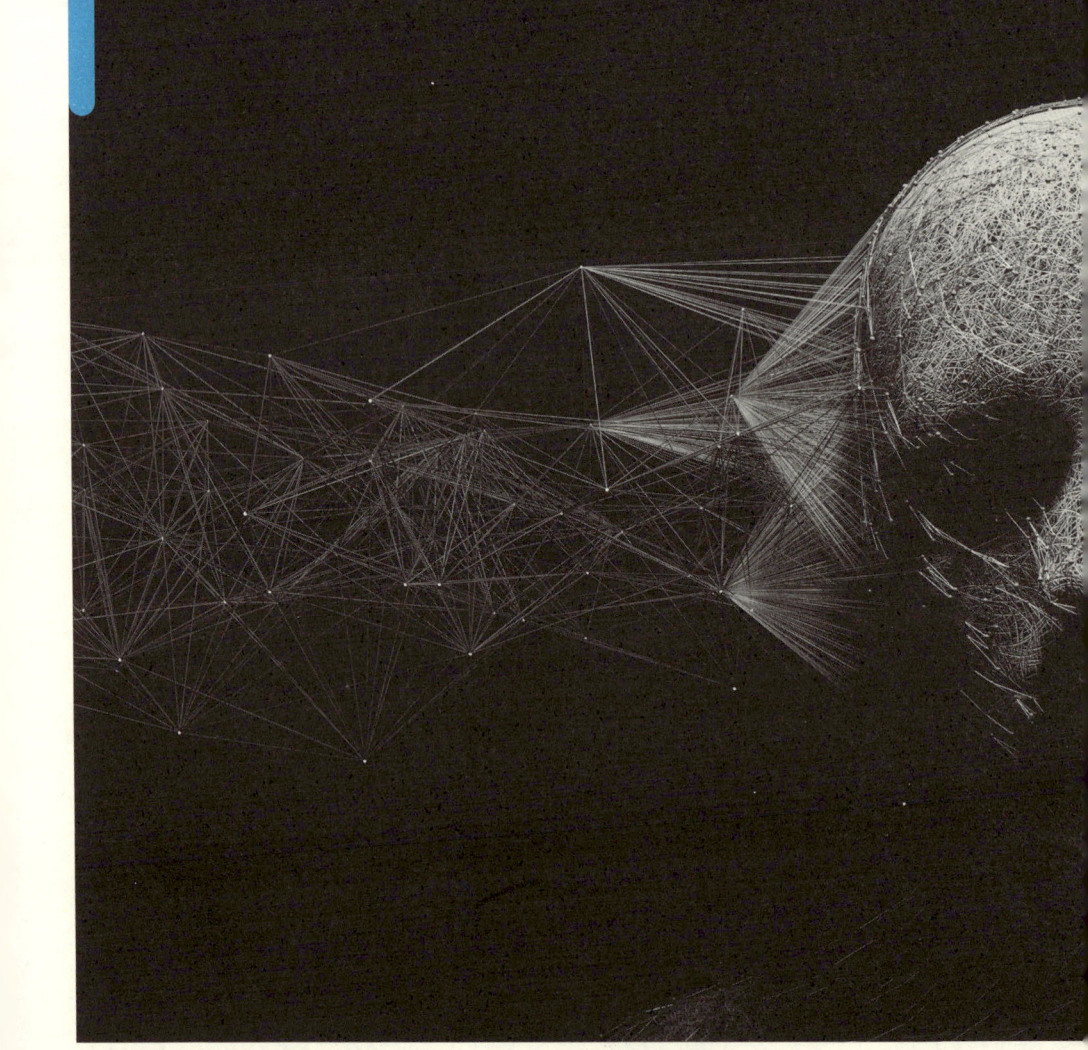

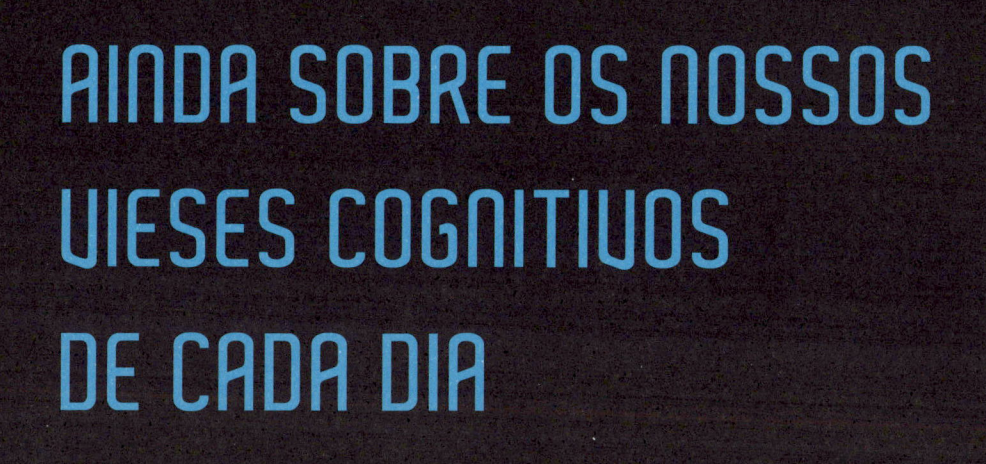

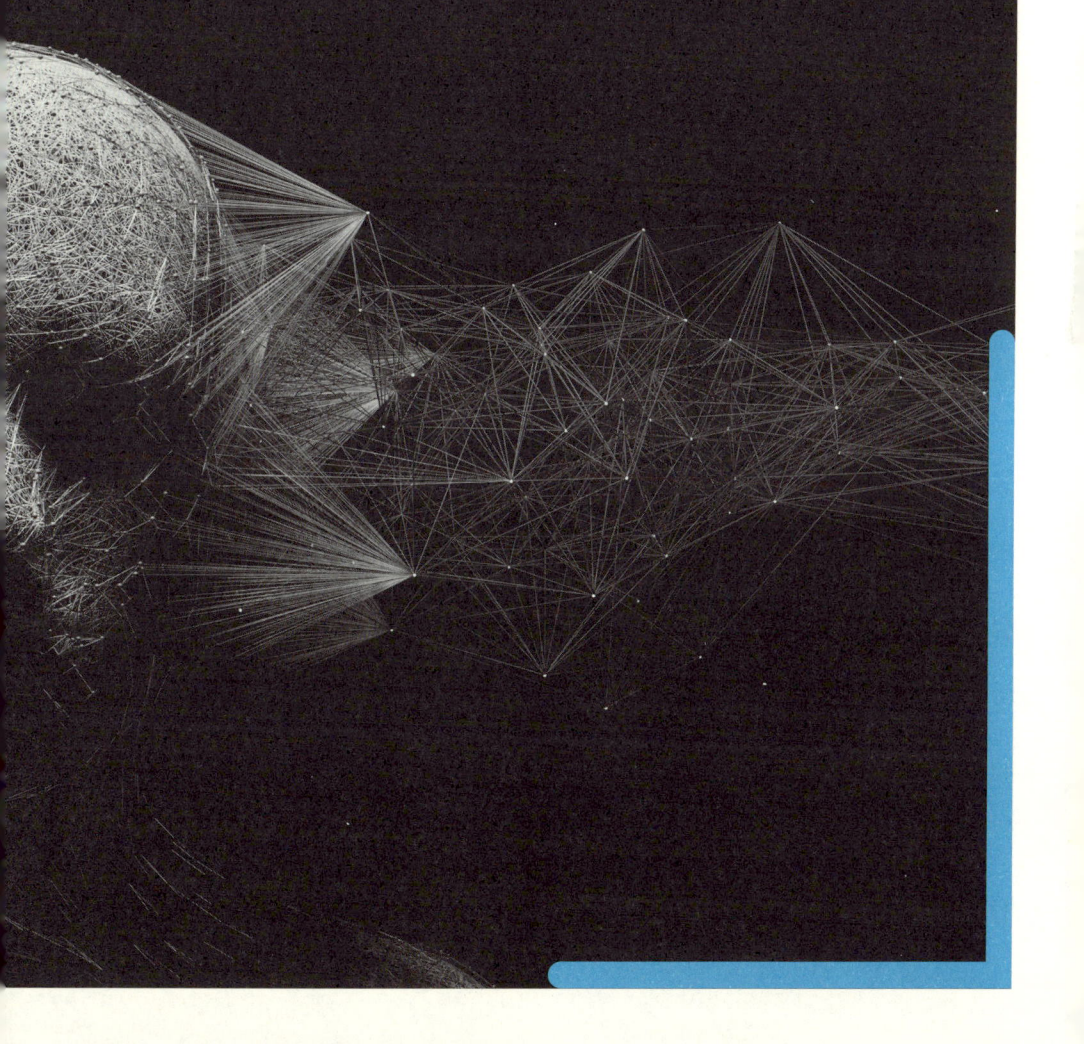

# AINDA SOBRE OS NOSSOS VIESES COGNITIVOS DE CADA DIA

" Fazemos as melhores escolhas que podemos, considerando quem somos e o que sabemos. Para fazer melhores escolhas, saiba mais!"

**RICHARD BRODIE**, *inventor*

# AINDA SOBRE OS NOSSOS VIESES COGNITIVOS DE CADA DIA

Finalizei o capítulo anterior com o viés da racionalização, momento em que buscamos encontrar uma justificativa para provar (para nós e para o mundo) que a nossa ação estava correta, assim como houve pertinência e lógica de nossa parte em realizá-la. Usei como mote para a sua exemplificação nossa necessidade de comprar por impulso e a consequente racionalização após essa compra. Esse comportamento pode ser visto, em princípio, como algo falho em que nós temos toda a culpa — *mea culpa, mea maxima culpa*. Entretanto, não precisamos ser tão rigorosos conosco e nos culparmos para além do necessário nessas circunstâncias. Digo isso porque como profissional de comunicação, da publicidade, da propaganda e do marketing sei o tamanho da persuasão das técnicas de vendas e como elas são usadas eficientemente de forma legítima, afinal as empresas e os prestadores de serviço necessitam usar desse repertório para a comercialização de seus produtos ou de sua oferta de trabalho. Essa dinâmica é parte da relação de consumo e de alguma forma explicita o quinto viés cognitivo, o da ancoragem.

## VIÉS DA ANCORAGEM

Pense na seguinte situação. Um proprietário de lojas de bolsa vai expor os seus produtos em suas vitrines. Trata-se de uma loja de esquina, com uma vitrine em cada rua. Em uma delas, ele colocará em exposição uma de suas bolsas informando apenas, por uma placa simples, o seu valor de R$200,00. Entretanto, imediatamente, na vitrine da outra rua, ele vai expor o mesmo modelo de bolsa, mas dessa vez lançando mão de uma estratégia de vendas mais elaborada.

Essa bolsa em questão vai ser exposta e acompanhada de um cartaz com a seguinte informação: "Promoção imperdível, só hoje! Bolsa de R$500,00 por R$250,00." Você suspeita qual desses dois modelos vai vender mais? Qual surtirá maior interesse? Se você pensou na bolsa da "promoção", acertou em cheio.

A bolsa de maior valor, 50 reais mais cara que a da outra vitrine, venderá mais. Isso não vai acontecer por um misterioso passe de mágica, ou por uma vontade extraordinária do dono da loja, mas simplesmente porque os compradores dessa "oferta" estarão agindo a partir do viés da ancoragem.

Esses compradores terão o sentimento de que fizeram um excelente negócio. "Nossa, que sorte! Estava precisando de uma bolsa e, por conta dessa oferta especial, consegui economizar R$250,00. De fato, fiz uma boa compra!" Esse sentimento acontece porque a referência (a ancoragem) do valor era de 500 reais. A "boa compra" se justifica pelo valor referencial mais alto. Ele indica a economia realizada.

O *viés de ancoragem* expressa a nossa dependência de um ponto inicial de inflexão para tomarmos nossas decisões, todas elas! Seja uma compra, o fim de algum relacionamento afetivo, uma mudança de emprego, ou de casa, é indiferente. Quando temos algo referencial para apoiar nossa decisão, sabemos o que estamos perdendo ou ganhando e, assim, ficamos mais seguros para tomar decisões. Essa condição nos traz estabilidade, desenvolve nosso sentimento de pertencimento e aproveitamento da situação.

Quando utilizamos o viés da ancoragem, nosso raciocínio parte de um princípio específico, de algum ponto determinado, portanto, raciocinamos com mais facilidade porque temos um lugar em que ele está ancorado. O viés de ancoragem gera segurança e facilita nossas decisões; é como se tivéssemos um aval para agir. O viés de ancoragem é fundamental em qualquer processo de negociação.

Ao entrarmos em processo de negociação com alguém, quem primeiro oferece algum lance leva vantagem. Quando as empresas, por exemplo, entram em negociação salarial com um potencial candidato e o diretor de RH diz logo de início: "Estamos prevendo uma remuneração de R$10 mil", por mais que a pessoa entrevistada esperasse receber R$20 mil, provavelmente com o andamento da negociação, o valor final que será fechado ficará em torno de R$13 mil. Mas, se por acaso, no momento da negociação o funcionário falar primeiro: "Olha, na empresa anterior eu ganhava R$20 mil", possivelmente ele acabará fechando o acordo com um salário de R$17 mil. É da natureza da negociação esse processo de ceder. Isso acontece porque as partes ancoram a sua argumentação em valores referenciais; e se ambas, de fato, estiverem propensas à negociação, elas vão ceder parte de seus interesses para conquistar os seus objetivos da maneira mais adequada.

Seres humanos quase nunca fazem escolhas em termos absolutos, somos adeptos do pensamento relativo. Se o profissional ganhava R$20 mil, e como empresa eu consegui trazê-lo para trabalhar em nossos quadros por R$17 mil, eu fiz um grande negócio. Se a empresa estava disposta a me pagar R$10 mil e eu consegui durante as negociações subir esse valor para R$ 12 mil, tenho a sensação de que eles valorizam o meu trabalho e estão prestigiando a minha entrada na companhia.

É importante assimilarmos o viés da ancoragem porque ele é parte diária de nosso cotidiano. Estamos expostos a ele a todo o momento. Principalmente, pelo fato de ele ser presente nas transações comerciais, sobretudo, em algumas muito fundamentais em nossas vidas, como o pagamento do aluguel, a compra de nossa casa, o pagamento de algum procedimento de saúde particular, a aquisição de um carro. Geralmente, por essas negociações terem valores mais elevados, sempre conseguimos negociar algum desconto. Por isso, didaticamente, o exemplo da bolsa ilustra bem esse viés:

— Você gostou desta bolsa?

— Gostei! Quanto custa?

— Custa R$1.500,00.

— Ah, é muito cara!

— Até ontem ela estava R$3 mil. Na verdade, você teve a sorte de chegar aqui hoje e ter a chance de comprá-la por R$1.500,00, porque, de fato, ela custa R$3 mil.

É muito importante assimilar essa noção de proporção em questões objetivas e subjetivas quando temos de tomar nossas decisões sobre quaisquer de nossas atividades. Ancoramos nosso pensamento em algum ponto e a partir daí construímos o nosso pensamento e ação.

A partir do entendimento desse conceito, dimensiono a importância da noção de proporção sobre as decisões que temos de tomar.

É preciso entender nosso tamanho, nossa dimensão no mundo e, para isso, o viés da ancoragem é um balizador fundamental. De alguma maneira, quando encontramos nosso tamanho real, compreendemos melhor as situações em que estamos envolvidos e o que devemos fazer, porque mensuramos nossa diferença para o contexto com o qual nos relacionamos. Porém, temos de estar muito atentos para não sermos pegos pela armadilha da falta de noção de tamanho ou proporção. Por isso, é preciso ter muita objetividade na compreensão de nossa dimensão na vida.

Nessa circunstância, é extremamente importante lembrar, *eu faço muita diferença no meu mundo, pouca no mundo dos outros e nenhuma no mundo todo.*

Sendo assim, é muito importante exercitar as técnicas de negociação utilizando o viés de ancoragem do seu interlocutor, mas com muito cuidado ao gerar o parâmetro inicial. Ter a noção exata do real valor do que será ofertado evita a perda da oportunidade. Se a ancoragem apresentada for fora da realidade do outro, a negociação se encerra ali. Pessoas trabalham seu raciocínio dentro de faixas aceitáveis e, de acordo com elas, podem dilatar ou não sua proposta inicial. Quando, porém, põe-se na mesa uma realidade fora dessa faixa, a tendência é o negócio não se concluir.

## VIÉS DA OBSERVAÇÃO SELETIVA

O nosso sexto viés é o da observação seletiva, também muito comum em nosso dia a dia. Ele é resultado de um "efeito de consciência". Eu entro em contato com algo — alguma informação, um determinado comportamento, ou um produto específico — e desse momento em diante identifico essa situação com mais frequência em meu cotidiano.

Exemplo, compro um carro de uma determinada marca e, depois dessa compra, vejo seguidamente diversos carros similares circulando pela rua. É como se meu olhar fosse treinado para encontrá-los. Esse modelo de carro sempre esteve pela rua, a diferença é que eu não o percebia. Eu não tinha nenhum vínculo com ele, portanto, não o identificava no cenário urbano e esse efeito de consciência acontece com tudo em nossas vidas.

Quando você decide praticar corrida, de repente, o mundo todo lhe parece uma grande pista de corrida. Você passa a ver um monte de gente correndo pelas ruas. Entra nas redes sociais e percebe turmas se formando para corridas noturnas, entra numa loja e vê inúmeros compradores escolhendo roupa especial para os treinos etc. Diante dos seus olhos, abre-se um variado e complexo mundo de corrida, que antes você ignorava solenemente.

Mas, desde o momento em que você decidiu se exercitar correndo, você passou a prestar atenção a essa prática e isso acontece porque você está em uso do viés da observação seletiva. Depois de um tempo, contudo, a intensidade dessa observação varia, ela tanto pode aumentar, tornando-se parte fundamental da sua vida, como pode diminuir, ficando restrita a determinadas ocasiões. Essa gradação está diretamente ligada ao espaço que você dá para o assunto em questão.

No caso da corrida, se você decide ser um maratonista e se prepara como um profissional para correr maratonas mundo afora, a sua observação seletiva ganhará contornos intensos, porque grande parte do seu tempo será dedicado à corrida. Se por outro lado, porém, com o passar dos anos você não corre mais tanto quanto um dia estava habituado a correr, a sua observação seletiva diminuíra. Você continuará a ver corredores pelas ruas, mas já com menor frequência e interesse.

O importante desse viés, que acomete a todos nós, é que ele acaba distorcendo a relevância dos fatos e acontecimentos ao nosso redor dependendo de nossa atenção seletiva. Quando atuava no universo da propaganda, tive um cliente inesquecível do ramo de higiene e limpeza, que era diretor de marketing de uma empresa líder.

Certa vez, numa discussão sobre plano de mídia e investimentos em publicidade, ouvi dele a seguinte pérola: "O plano está aprovado, a verba está OK, mas, por favor, não coloque nenhum comercial na TV aos domingos pela manhã porque nessa hora todo mundo está jogando golfe." Ainda surpreso com aquela afirmação, tentei entender melhor e percebi que, naquele momento, meu cliente estava sendo vítima do viés de observação seletiva. Ele era um fanático golfista e, provavelmente, todos os seus amigos também. Sua percepção é que o mundo todo naquela hora e dia mencionado estariam desfrutando dos gramados imaculados de um campo de golfe. Essa miopia, apesar de caricata pelo exagero desse caso, é muito mais normal e corriqueira do que possamos avaliar numa primeira análise.

## VIÉS DO STATUS QUO

O sétimo viés, o *do status quo*, tem a ver com segurança, estabilidade e zona de conforto. Ele está ligado à nossa característica de preferir as situações como elas são e estão e não como poderiam ser e estar. Algumas pessoas, a bem da verdade, são mais imunes a esse tipo de viés por terem uma personalidade com características mais instáveis, por preferirem o novo, o incerto e o desconhecido; comportamento completamente divergente de quando agimos pelo viés do status quo, que nos leva à permanência, ao prazer que obtemos por estar em nossas zonas de conforto.

Grande parte das pessoas busca desesperadamente por uma zona de conforto, porque quando estamos nela acreditamos ser mais felizes, completos e plenos. Daí, uma vez que você a encontra, é muito difícil deixá-la. Afinal, por que vamos deixar para trás situações que nos dão tanta segurança, conforto e satisfação?

Nos envolvemos em muitos sacrifícios quando tentamos sair de nossas zonas de conforto. Isso acontece porque temos de lutar arduamente contra o nosso cérebro, que sempre busca nos levar para esse lugar de segurança e conforto. Nosso cérebro se move para nos garantir essa tranquilidade, mas ao fazê-lo nos coloca em uma enrascada, porque a permanência desmedida em zonas de conforto acaba nos prejudicando e, como ele resiste em nos manter ali, a reação contrária na tentativa de buscar outros caminhos não é facilitada. É a velha disputa entre a coragem e a conformidade. O cérebro te leva para a conformidade e a tua alma te leva à coragem. O escritor Zack Magiezi tem uma boa frase ilustrativa dessa dinâmica: "Tem gente que se mata cortando os impulsos e não os pulsos." É bom lembrar ainda que felicidade e tristeza nos engordam porque ambas nos levam à zona de conforto.

Se eu estou feliz no meu emprego, não me mexo, eu estou bem, mas isso me engorda física e mentalmente. Porém, se estou triste, tenho medo de me mexer e me mantenho parado no mesmo lugar, estático, e acabo, por fim, engordando também, nas duas dimensões. Ambas as situações são exemplos de estar na zona de conforto por motivos opostos. As duas nos fazem mal, de certa maneira.

Assim como quando você está em um sábado à noite completamente largado no sofá de sua casa assistindo uma série na Netflix e, de repente, o seu celular toca e você, meio atônito, olha para o aparelho e reza para a chamada não ser para você. Se isso já aconteceu alguma vez, tenha certeza, você estava totalmente em sua zona de conforto. Claro, que descansar e relaxar em casa é muito bom e desejável, mas quando esse relaxamento nos afasta de nosso convívio social, talvez, seja a hora de olhar para essa situação e dizer: "Opa, pera lá. Será que estou descansando mesmo ou simplesmente me afastando das pessoas?!"

Vivemos em uma fase de transição social muito profunda, com o advento da tecnologia em nossas vidas. Tudo está mudando muito depressa e desafiando o viés do status quo. Por isso, cada vez mais, algumas pessoas estão se utilizando desse viés para interagir com o mundo. Isso não é nada bom, porque as mudanças não vão retroceder diante de nossos medos, ou pelo fato de desejarmos fortemente que nada se altere ou até mesmo por estarmos furiosos pela destruição completa de nossas zonas de conforto. Ironicamente, estamos mais relutantes e apegados à nossa zona de conforto justamente no momento em que a gente mais precisaria abandoná-las.

Daqui em diante, nenhuma empresa vai ter sucesso se seus colaboradores não tiverem um DNA inovador fortemente desenvolvido. As empresas não morrem somente por fazer as coisas erradas, elas também morrem por fazer a coisa certa por um tempo longo demais. As empresas que estão na zona de conforto e se recusam a sair dela estão com os seus dias contados.

## VIÉS DA NEGATIVIDADE

Eis o oitavo viés, o *da negatividade*, que bem poderia ser chamado de o viés das *Cassandras de Plantão*, em referência à figura mitológica da Grécia Antiga, Cassandra, que tinha o poder da premonição, mas fora amaldiçoada ao eterno descrédito. Suas profecias, sempre catastróficas, jamais eram tidas como verdadeiras. E pelo viés da negatividade temos esse aspecto de Cassandra, de sempre prevermos um futuro péssimo, decorrente de nossas ações. Por meio do viés da negatividade prestamos mais atenção às más notícias em vez de reforçarmos a ideia de que apesar dos pesares, de forma geral, vivemos em melhores circunstâncias.

O mundo está melhorando em quase todas as suas dimensões, mas nossa sensação é inversa e esse sentimento é responsabilidade do viés cognitivo da negatividade. Circulam memes por aí brincando que a cúpula da CNN, uma das maiores redes de notícias do mundo, de alguma maneira se reúne todas as manhãs para decidir o que vai gerar pânico na população. Antes fosse tão simples assim.

Por sua natureza, o jornalismo enfatiza o que acontece e nunca aborda o que não acontece. Os repórteres não falam: "Hoje não teve nenhum vendaval." Isso não é uma notícia porque não ter um vendaval é a situação comum. Anormal seria, portanto, um fato noticioso, a cidade ser atingida por um vendaval. Provavelmente, esse acontecimento iria destruir algumas casas, arrancar árvores, derrubar postes elétricos, causar um pânico generalizado e essas circunstâncias são dignas do noticiário. E, como hoje temos acesso global, sempre vai existir algum lugar onde um vendaval, seca extrema, furacão ou terremoto esteja ocorrendo.

Os jornalistas se encarregam de noticiar as situações de exceção, que acontecem de forma inusual; e, como esse noticiário é diário, no fim do dia a sensação que temos —por entrarmos em contato com tantos fatos graves, alarmantes e preocupantes — é que vivemos em um mundo que regride, está mais difícil e tem menos oportunidades. E, atônitos com tanta negatividade, nos perguntamos: "Mas o que está acontecendo com esse mundo? Onde vamos parar? A cada dia a situação só piora." A partir dessa condição é fácil desenvolver o viés da negatividade e sempre substituir uma "tragédia de estimação" por outra mais recente.

Um belo dia amanhecemos falando que os gafanhotos vão invadir o Brasil. No dia seguinte, o país já está na rota de uma gigantesca nuvem de areia vinda da África. Depois, nos deparamos com as fumaças das queimadas descontroladas no Centro-Oeste, fazendo o dia virar noite. Daí, estamos preocupados com o intenso calor que elevou as temperaturas da primavera para patamares nunca antes registrados. Resumo da ópera, sempre há algo de errado para nos atormentar e chamar nossa atenção. Sempre haverá alguma coisa inesperada que vai gerar pânico na população, que, por sua vez, acredita que está diante da derradeira desgraça ameaçando a nossa existência.

Em uma organização é muito bom ter um pessimista de plantão para que os otimistas se antecipem ao problema. Se não tiver ninguém com um forte viés de negatividade, se todo mundo tiver uma tendência ao otimismo, a empresa quebra sem ninguém notar. Um pessimista em uma cultura otimista serve de farol.

Já um otimista em uma cultura absolutamente pessimista é como uma andorinha sozinha, não faz verão, não sobrevive, porque ele apenas aguenta tanta negatividade. No mundo do pessimismo, inexiste espaço para o otimista. Já o contrário, um pessimista em uma cultura otimista, serve de alerta e é extremamente importante.

## VIÉS DA ADESÃO

O nono viés, o *da adesão*, é um dos mais em prática atualmente. É um viés de manada, que existe quando há um pensamento disseminado entre a maioria das pessoas em sociedade e uma minoria, se sentindo excluída, toma para si o mesmo pensamento para evitar essa exclusão.

É a plena aceitação de teses ou ideias na exata proporção que a maioria também adota.

O viés da adesão, por exemplo, foi o responsável por muitos comportamentos das autoridades públicas em relação à Covid-19. "Ah, o prefeito de tal cidade fez isso. Vou fazer também." Mas essa postura é um tiro pela culatra, porque ao adotá-la de maneira automática desconsideramos que a maioria muitas vezes vai pelo caminho errado. O viés de adesão também pode ser chamado de *viés de conformidade*. Quando inseridos em determinado grupo, agimos de acordo com as escolhas da maioria, mesmo que isso infrinja nossa crença ou juízo pessoal. Você acaba indo para um lugar que você acha errado, mas, como todo mundo estava indo, você para de se questionar e vai.

Richard Brodie, autor do livro *Vírus da Mente: A nova e revolucionária ciência dos memes e como ela pode ajudá-lo a resolver padrões automáticos de comportamento e reprogramá-los,* nos mostra como a memética comprova o poder insuperável da criação de barreiras à contestação da maioria.

A memética (no fundo, o meme) é uma unidade de informação na mente de qualquer indivíduo que, ao influenciar as suas convicções e comportamentos, acaba gerando crenças e atitudes análogas, buscando replicar-se na mente de cada vez mais pessoas como se fosse um vírus. O vírus da mente. A recente pandemia nos deu um bom exemplo dessa circunstância. Sim, foi um fato importante sem sombra de dúvida. Uma doença que matou uma quantidade significativa de pessoas e, portanto, foi algo grave. Mas, para colocar essa questão em perspectiva, temos de compará-la.

A cada quatro segundos uma pessoa morre de fome no mundo, de acordo com o Fundo das Nações Unidas para a Infância (Unicef). Baseado nessa perspectiva, a cada hora do dia morreriam 900 pessoas por não terem o que comer. Ao longo de 24 horas, ou seja, em apenas um dia, essas mortes chegariam a 21.600. Por sua vez, em um ano (365 dias), morrem de fome no mundo 7 milhões e 884 mil pessoas. E, mais, pelos dados da Organização Mundial da Saúde (OMS) e do Centro de Controle e Prevenção de Doenças dos Estados Unidos (CDC), a gripe comum mata mais de 650 mil pessoas ao redor do planeta anualmente. Essas são estatísticas preocupantes, mas que nunca foram capazes de paralisar a economia global como a Covid-19 fez. E muito dessa capacidade de paralisação se deve ao viés da adesão. É muito difícil escapar dele.

Todas as vezes que estou falando sobre o viés da adesão, recordo de uma antiga história, o paradoxo de Abilene.

Em uma tarde quente de sábado, uma família conversava tranquilamente no alpendre da casa onde morava. Lá, estavam sentados o marido, a mulher, o genro e a filha do casal. Ali, conversavam animadamente, jogavam cartas e tomavam limonada bem gelada para aplacar o calor. De repente, o marido falou: "Já que estamos todos aqui reunidos sem fazer nada, bem que podíamos ir até Abilene fazer alguma coisa." Surpreso com a sugestão, o genro complementa: "Esse é o meu sogro. Que maravilha. Finalmente alguém teve uma ideia legal. Estamos aqui perdendo tempo, vamos fazer algo divertido, diferente, útil." Logo, a sua esposa faz coro a ele: "Estão vendo por que me casei com ele?! Ele sempre se anima com as coisas que a gente tem de fazer." Por fim, a sogra se manifestou: "Nossa Senhora, que delícia! Eu não estava querendo falar, mas vamos sim. Vamos passear!" Os quatro, então, param de jogar, se arrumam e saem. Vão para Abilene, que fica a 67 quilômetros de distância de onde estavam. Mas o que era para ser um divertido passeio reservou para eles surpresas desagradáveis.

No meio da estrada, o motor do carro esquentou, a gasolina acabou e eles tiveram de empurrá-lo por mais de um quilômetro para conseguir repará-lo. Ainda por cima, tiveram de comer uma comida ruim, em um restaurante desconfortável. O calor estava infernal e, devido aos problemas da viagem, não conseguiram aproveitar o passeio pela cidade e voltaram para casa mortos de cansados.

À noite, quando já estavam de banho tomado, resolveram se sentar mais uma vez no alpendre para tomar a mesma limonada gelada. O sogro, que teve a brilhante sugestão do passeio pela cidade, fala: "Que ideia mais imbecil a minha de querer passear, não foi?!" O genro rapidamente se coloca: "Olha, eu também achei. Estava tão feliz aqui, jogando e bebendo, mas como você queria ir eu tentei dar uma força." A sua esposa não deixou por menos: "Eu também achei. Trabalho a semana inteira e queria muito ter um minuto de sossego. Pegamos o carro, morremos de calor. Não foi nada divertido." E a sogra finalizou: "Não quis contrariar a vontade de todos vocês, mas por mim teria ficado no sossego de minha casa onde sempre me sinto melhor." Moral da história, ninguém ali, naquele alpendre, queria ir para Abilene, mas os quatro foram porque cada um achou que os outros gostariam de ir.

Hoje em dia, esse paradoxo de Abilene tem muito mais presença nas sedes acarpetadas das grandes corporações do que se imagina. E o mesmo ocorre cotidianamente em nossas famílias e entre amigos. Existe uma tendência comportamental, motivada pelo viés de adesão, na qual ninguém naquele grupo desejaria ir naquela direção ou decidir aquilo, mas, como cada um acha que os demais querem, acabam concordando e reforçando aquela ideia.

Com isso, podemos estar indo todos juntos e irmanados para o precipício, sem que alguém questione aquela direção. Daí, no fim do dia, a empresa toma uma decisão medíocre a partir de uma ideia que ninguém queria de fato ver posta em prática. Todo mundo dá uma força ao outro e tomam uma decisão achando que chegaram a um consenso unânime. Na verdade, porém, todos tinham terríveis críticas àquela decisão. Esse é um exemplo clássico do viés de adesão. Eu estou tão preocupado com o que o outro quer ou pensa que me projeto no outro. A coisa mais fácil do mundo é "seguir a galera", porque ao seguir a galera o objetivo é se manter seguro no emprego por muito tempo.

## VIÉS DE PROJEÇÃO

Por fim, chegamos ao décimo viés, o *de projeção*, também chamado de "a crença ingênua", porque ele se estrutura a partir da ideia de que podemos projetar o futuro com base na suposição do que acreditamos saber hoje. Nossa tendência é superestimar o que a gente pode fazer em um ano e subestimar o que pode acontecer em dez. É por isso que normalmente erramos na mosca quando pensamos em projeções muito longas. Por outro lado, sempre achamos que vamos vender mais neste ano em comparação com o ano passado.

Superestimamos nossa capacidade de realização num futuro próximo e subestimamos o que vai mudar o mundo em uma década. Por que isso acontece? Porque o cérebro funciona em progressão aritmética e não geométrica. Se eu der para você os números 2 e 4 e pedir a sequência desses números, sua resposta será 6. É improvável que você diga 8, porque não raciocinamos por progressão geométrica, mas aritmética. Nesse sentido, a tendência de subestimarmos o que acontecerá em dez anos é enorme, pois a cada ano a função é logarítmica. O primeiro ano é "X", o segundo é "10X", o terceiro é "100X". Com isso, a nossa capacidade de previsão do que acontecerá em dez anos é sempre equivocada.

# CAPÍTULO DOZE

# O AJUSTE FINO DOS NOSSOS CRITÉRIOS

> "A cultura pressupõe um ambiente no qual uma atenção profunda é possível. Cada vez mais, essa reflexão imersiva está sendo substituída por uma forma totalmente diferente de atenção: a hiperatenção."
>
> **BYUNG-CHUL HAN**, *filósofo*

# O AJUSTE FINO DOS NOSSOS CRITÉRIOS

Sem sombra de dúvida, a nossa capacidade de estabelecer critérios é completamente comprometida por algum dos 180 vieses cognitivos que estão à nossa espreita, prontos para nos "atacar" e tomar o comando de nossas decisões, ou pelo menos influenciá-las. Afinal, quando somos vítimas do critério, comprometemos todos os aspectos de nossas relações, principalmente porque, ao julgarmos os outros por suas ações, e a nós por nossas intenções, estabelecemos uma relação de análise desequilibrada, originando um mau julgamento, um olhar obtuso daquilo que nos cerca, trazendo como consequência os mais diversos problemas sociais, econômicos, políticos, relacionais etc.

Nos dois capítulos anteriores a este, você pôde perceber a extensão da atuação de ao menos dez importantes vieses cognitivos que afetam o critério cotidiano em nossas vidas. Porém, como existimos em contextos objetivos e subjetivos extremamente complexos, esses vieses convivem lado a lado com outras situações que tanto potencializam a manifestação deles quanto os neutralizam, se for o caso. Por isso, não bastasse sermos "presas fáceis" para armadilhas que afetam os nossos critérios, temos ainda de estar preparados para conviver com eventos aleatórios que surgem inesperadamente, nos pegando de surpresa e revirando a nossa existência, como foi o caso do aparecimento da pandemia da Covid-19, que trouxe consigo o medo, um fator explosivo quando colocado junto aos nossos vieses cognitivos.

Os vieses cognitivos se fortalecem pela insegurança, pelo medo e pela dificuldade de ação que temos diante de situações que nos amedrontam. Foi o medo do desconhecido e do perigo iminente que os criou lá atrás e que os faz ressurgir com toda força quando nos transformamos em seres frágeis e amedrontados no presente. Por sua vez, esse mesmo medo tem um duplo efeito contraditório sobre nossas decisões. Ele tanto pode nos paralisar quanto nos acelerar. Ironicamente, essas duas circunstâncias diametralmente opostas podem se manifestar alternadamente ao mesmo tempo.

Aprendemos que os heróis vão para frente e os covardes ficam para trás. Com isso, acabamos traduzindo medo pela função estática e a coragem pela atividade dinâmica das pessoas e organizações. Pode ser uma surpresa, mas na verdade o medo é também o elemento que move as empresas e executivos, transformando-se numa grande força propulsora de decisões organizacionais normalmente equivocadas. E se isso era verdade antigamente, agora é mais do que nunca.

Quando Pedro Álvares Cabral descobriu o Brasil, foi financiado por Portugal com medo do domínio marítimo dos espanhóis. E a história está cheia de exemplos de povos que se atiraram numa guerra suicida por medo de serem atacados. Afinal, o que foi a Guerra Fria se não o medo mútuo de duas nações, quase levando o planeta à extinção?

> O medo é o motor que move o mundo, que breca e acelera, que faz as pessoas e empresas agirem, e, algumas vezes, se imobilizarem.

É muito comum, por exemplo, vermos a manifestação desses sentimentos no ambiente corporativo. Às vezes, por medo da concorrência, as organizações lançam produtos a toque de caixa para sair na frente e conquistar mais espaço no mercado. Já em outras ocasiões, a prática é exatamente a oposta. Por receio de um mercado instável e imprevisível, as empresas deixam de apresentar algum produto pela incerteza dos resultados. Se paralisam diante dos eventuais riscos projetados. Nos dois casos, o medo é a ligação, a mola propulsora dessas situações, brecando ou acelerando decisões.

Os gestores de uma organização devem ter em mente que qualquer decisão empresarial precisa ser baseada em coragem e não em medo. Porque, todas as vezes que decidimos por medo, os riscos dessa decisão acabam sendo exponenciais. A decisão baseada na coragem, seja ela de avançar ou parar, acaba sendo um processo equilibrado, sereno e consciente. Leva em conta fatores reais de avaliação e permite o controle do processo nas mãos da organização. Já a decisão pelo medo é exógena, repleta de variáveis incontroláveis e sujeita ao ataque impiedoso dos vieses cognitivos.

Por isso, o medo é um complicado conselheiro para a nossa capacidade de decisão. Ele simplesmente compromete nossas ações, como vimos com o surgimento da Covid-19.

## DOIS PESOS, DUAS MEDIDAS

A pandemia do coronavírus foi um dos maiores testes de critério pelo qual a humanidade passou recentemente. Bastaram poucos meses para todas as sociedades terem constituído um "novo normal". Do Oriente ao Ocidente, a Covid-19 varreu o mundo. Nenhum país escapou imune a ela e nunca antes em nossa história recente houve tantas decisões polêmicas, de uma tentacular abrangência social, sendo tomadas ao mesmo tempo. Situação essa em que é pertinente se questionar: com o objetivo de implementar medidas sanitárias adequadas, será que os governantes não jogaram fora o bebê junto com a água do banho? Explico, será que, pela possibilidade de contaminação do vírus, não desperdiçamos os ganhos socioeconômicos das últimas décadas?

Antes que você me atire a primeira pedra e me chame de inconsciente, não estou defendendo nenhum ponto de vista contrário aos cuidados médicos e sanitários em relação à pandemia. Estou apenas me dando o direito do privilégio da dúvida, questionando o que parece ser um consenso generalizado. Por isso, quero refletir sobre o que vivemos de maneira tão inesperada e tentar entender a utilização dos critérios adotados para esse assunto. Será que reagimos desmesuradamente como em um processo de *overreact*? Ou, pelo contrário, a dose de ações aplicadas para combater o vírus foi adequada ou até aquém do que devia?

De acordo com previsões estatísticas do Conselho Nacional de Pesquisa de Israel apresentadas por seu *Chairman*, o Dr. Isaac Ben-Israel, para cada pessoa salva pelo lockdown, outros dez indivíduos morrerão nos próximos anos fruto de redução de investimentos em saúde, miséria generalizada, desemprego crescente, aumento da taxa de suicídios, falta de exames preventivos ou até interrupção de tratamentos. Correta, ou não, exagerada ou irrealista, fatalmente essa previsão nos traz de volta uma antiga questão de comportamento frente a uma guerra, cunhada pela famosa frase do inglês William Beveridge: "O propósito da vitória é viver em um mundo melhor do que o antigo."

- Em relação às medidas adotadas para combater a Covid-19, será que teremos um **mundo melhor** do que o antigo ao termos ficado completamente isolados em nossas casas?

- Qual o **impacto no médio e longo** prazos à educação, sobretudo, nos ensinos fundamental e médio?

- Qual teria sido a solução **se as vacinas demorassem** de sete a dez anos como seria previsível?

- Será que **o desemprego** decorrente do fechamento das economias vai gerar mais violência social?

- O **isolamento seletivo** seria melhor do que a paralisação generalizada?

- Faz sentido **fecharem as praias** e continuarmos apinhando gente no transporte público?

- Prevendo uma **segunda onda**, deveríamos ter desmontado todos os hospitais de campanha?

- **A ciência** deveria **ditar as normas** e liderar as ações sem uma visão ponderada dos efeitos econômicos e sociais?

- Deveríamos ter uma **gestão centralizada** no Governo Federal ou foi melhor cada estado e prefeitura adotar as normas locais?

Não tenho respostas para esses questionamentos. Por acaso, você as teria? Você já parou para refletir sobre essas questões ao menos? Indiferentemente às respostas, essas são perguntas válidas e urgentes até para que possamos transformar todos os acontecimentos dessa pandemia em referência para usarmos em futuras situações semelhantes que vão acontecer (sim, porque elas vão acontecer e com probabilidade de serem mais frequentes) e, assim, diminuirmos o sentimento de medo coletivo, nos instrumentalizando mais adequadamente e evitando a manifestação tão expressiva de nossos vieses cognitivos, como presenciamos desde o surgimento da Covid-19.

Agora, mesmo sem respostas para questões tão essenciais ou sem previsão para o futuro a médio prazo, uma certeza é irrefutável: de nada adianta vencermos o vírus para depois descobrirmos que estamos vivendo em uma terra arrasada.

Enquanto procuramos aplacar nossas dúvidas, temos de conviver com uma recessão mundial galopante, com o fechamento de milhares de negócios, níveis alarmantes de desemprego, atraso generalizado e definitivo na educação, o desaparecimento das verbas para investimentos em infraestrutura, entre outros reveses econômicos e de desenvolvimento.

Basta imaginar grandes centros urbanos com miséria se alastrando, hordas de desempregados, jovens sem atividade de lazer e entretenimento, estudantes sem aula e, para piorar, todos de máscara. Parece ser o cenário perfeito para uma deterioração rápida dos índices de violência futura. Devemos dar graças a Deus que isso, até agora, é apenas uma possibilidade eventual. A verdade é que queremos controlar o vírus e sairmos vitoriosos desse embate, mas precisamos, de fato, ser vencedores em todos os aspectos de nossa vida, não só em termos epidemiológicos e sanitários.

Incontestavelmente, essas são algumas das grandes questões que se colocam à nossa frente e que vão determinar a elaboração de nossos critérios futuros em eventos de saúde de grande abrangência.

Se houver novas ondas dessa pandemia, ou quem sabe até o surgimento de alguma outra tão ou mais grave, vamos fechar tudo de novo? Dá para fechar? Será que aguentamos passar por mais uma decisão de gestão pública tão radical dessas em que temos de permanecer indistintamente aquartelados em nossas casas? E mais, como devemos agir quando, durante o período de quarentena, surge uma revolta social? Como foi o caso dos protestos pela morte de George Floyd, um homem negro assassinado na cidade de Minneapolis, em 25 de maio de 2020, por policiais brancos, após ter sido rendido, jogado ao chão e violentamente imobilizado com um joelho em seu pescoço. Esse ato despertou a ira das pessoas por todo o mundo. Revoltadas pela cena, milhares e milhares de protestantes saíram às ruas para pedir justiça para Floyd pela violência cometida contra ele. Nos Estados Unidos, país onde o assassinato aconteceu, os protestos foram extremamente violentos e verdadeiras multidões de pessoas fizeram questão de demonstrar a sua indignação indo às ruas das cidades norte-americanas diuturnamente. O detalhe desses protestos, contudo, é que toda essa demonstração de indignação social aconteceu bem no meio das orientações dos governos para que as pessoas ficassem em casa, mantendo isolamento e distanciamento social. E aí vimos a utilização de critérios distintos para situações em que as pessoas estavam se aglomerando publicamente.

Criticamos sem parar quem saia às ruas sem máscaras, por outro lado, apoiamos os protestos pela morte de Floyd em que as pessoas gritavam a plenos pulmões palavras de ordem contra os policiais perpetradores do fato; e quase a totalidade dos participantes dessas manifestações demonstrava a sua revolta sem nenhuma máscara de proteção facial. Como sociedade, por que permitimos e até incentivamos esses atos de solidariedade em um momento no qual todas as cidades estavam fechadas?

Esse é apenas um exemplo pontual da complexidade que temos de viver para tomar decisões e definir nossos critérios. Até porque, no fim do dia, nós vamos tomar alguma decisão, desagradando quem for. Então, como sociedade, diante de casos em que nos vemos envolvidos em emergência de saúde de significativa extensão, por qual decisão devemos nos guiar: a econômica ou a científica? Seguimos a ciência ou seguimos nossas crenças e narrativas de direita ou esquerda? Essa é mais uma questão que vai determinar a formação de nossos futuros critérios.

## O AVANÇO DA IA

Se como seres humanos e racionais não melhorarmos nossos critérios, fatalmente seremos substituídos pela inteligência artificial (IA) e essa substituição não tardará muito a acontecer. Isso não é uma afirmação de ficção científica, pelo contrário. Já começamos a vivenciar esse fato em diversas áreas sociais, das questões mais triviais de nosso cotidiano até complexas situações do relacionamento humano. No Japão, por exemplo, há alguns anos, ao não encontrarem mulheres para selarem um enlace matrimonial, homens passaram a viver com uma espécie de "esposa virtual", um aparelho equipado com inteligência artificial que projeta a imagem de uma mulher capaz de interagir com o seu "companheiro". Ela, inclusive, manda mensagens de carinho e sobre a rotina do "casal" para o seu "marido". Um mundo *fake* que parece gerar sentimentos reais.

Apesar de todos os avanços, a inteligência artificial ainda não demonstra qualquer resquício de equiparação com a capacidade humana de sonhar e imaginar, habilidades que nos diferem e nos colocam anos-luz à frente das mais avançadas tecnologias. A IA ainda desconhece esses dois aspectos vitais de nossa existência e não dá sinais de que esteja próxima a descobri-los. Toda tese contrária a esse respeito é um exercício de futurologia sem evidências.

Nosso sonho e imaginação nos levou até a Lua e às viagens para desbravarmos o espaço sideral. Pelo sonho e imaginação, inventamos cidades, nos organizamos socialmente, formamos nossas famílias, criamos nossos filhos, cuidamos de nossos pais; e também demos vida à tecnologia em si, desenvolvemos a própria inteligência artificial e os robôs. Estamos construindo esse novo mundo por vir. Se essa é a nossa responsabilidade, cabe a todos nós sermos protagonistas desse futuro em vez de ficarmos como espectadores dos acontecimentos, esperando pelo próximo ato ou deixando alguém ou alguma coisa roubar a cena, nos dizendo o que devemos fazer. Essa condição reforça a importância da consciência e do critério isento em nossas vidas.

Porém, apesar de ainda termos essa natural vantagem, a cada dia as máquinas sem a influência dos vieses cognitivos em suas decisões tornam-se mais eficientes. E começamos a ver essa eficiência entrando em ação em algumas áreas de nosso conhecimento que, até bem pouco tempo, acreditávamos ser um campo exclusivamente humano, como a nossa capacidade de julgamento. Atente-se para o fato de que a decisão emitida pela inteligência artificial pode ter mais eficácia do que a nossa, caso ela não esteja impregnada por um viés cognitivo inadequado. Essa característica é determinante para ela ganhar espaço. Mundo afora, sistemas judiciários automatizam parte de suas decisões.

No país precursor das redes sociais, os Estados Unidos, alguns de seus estados já implementaram um conjunto de algoritmos preditivos a fim de reduzir a carga de trabalho dos operadores de seu sistema judicial. A ideia da adoção da tecnologia por essas cortes é a de facilitar o trabalho dos juízes, valendo-se desse auxílio para diminuir a grande pressão à qual o sistema está submetido pela quantidade de casos registrados.

Entre outras de suas funções, as atividades automatizadas pelas ferramentas tecnológicas implementadas distribuem os réus de maneira eficiente e segura, leia-se, imparcial, para serem encaminhados aos julgamentos. Esses sistemas tecnológicos também trabalham interligados com as forças policiais e de investigação dos casos. Ao utilizar análises estatísticas, entre outros dispositivos para verificação da incidência de criminalidade em determinadas regiões, os algoritmos consolidam estratégias de ação. Há 20 anos, era quase impensável que em tão pouco tempo nos depararíamos com o dia em que as máquinas seriam parte substancial na decisão do destino de um ser humano. E os Estados Unidos não estão sós nessa caminhada. A segunda maior economia do planeta, a China, também aposta pesado na inteligência artificial para automação de seus julgamentos. O país de Mao Tsé-Tung, aliás, investe significativamente para se transformar em uma das sociedades pioneiras em termos de digitalização e automação dos serviços públicos e do cotidiano de sua população. Por lá, eles já se encontram em um estágio diferenciado de evolução das ferramentas tecnológicas em seus tribunais judiciários. Desde 2013, a tecnologia ocupa um espaço de centralidade nas cortes de justiça chinesas.

Naquele ano, eles apresentaram ao mundo o que chamam de "Cortes Inteligentes", ambientes judiciais completamente estruturados pela tecnologia. Em alguns, inclusive, os seus juízes são totalmente virtuais. Com essa iniciativa, as autoridades governamentais, em Pequim, afirmam seu firme propósito em consolidar um sistema judicial "aberto, dinâmico e transparente".

Ainda é muito prematuro demonizar ou idolatrar o uso da inteligência artificial nesse setor tão fundamental à nossa vida em sociedade. Afinal, a segurança jurídica é um dos pilares para a constituição das nações. Por meio dela, garantimos todos os tipos de relacionamentos nos quais estamos envolvidos. Mas o fato inconteste por trás desse exemplo é o persistente avanço da IA em nossas vidas. É mais um indicativo de que para ela não há fronteiras e sua presença exige maior demonstração de competência das pessoas.

No sistema judicial, a figura da inteligência artificial confere celeridade aos julgamentos, bem como estabelece sentenças com maior distanciamento emocional. Por mais isento e competente que seja, um juiz pode acabar tendo vieses cognitivos que influenciam suas decisões e acabam enfatizando a xenofobia, o racismo e preconceitos de toda ordem. Afinal, essas são características humanas e, por isso, os juízes estão passíveis de serem influenciados por critérios correlatos ao processo que acabam contaminando a análise estritamente técnica. Isso só evidencia o fato de que os vieses de critério podem fazer qualquer um quebrar a cara. Não importa quem. Em nosso cotidiano, é o critério que nos leva de um ponto a outro de maneira segura e sem acidente, ou então nos desvia completamente do caminho. O critério nos faz acertar ou errar na mosca. Por sua vez, os vieses cognitivos atrapalham a nossa mente e afetam a todos. Ninguém, nenhuma instituição, governo ou organismo privado está imune a eles.

## UM MUNDO DIVERTIDO, SÓ QUE NÃO

Por exemplo, qual seria o critério de dosimetria utilizado pela direção do Google, e muitas outras corporações do Vale do Silício, para estabelecer a política de *friendly benefits* oferecida aos colaboradores dessas empresas? Será que eles ofertaram demais e erraram a mão? Será que, por algum momento, eles podem pensar que tenham exagerado na dose dos mimos concedidos?

Para ilustrar esse fato, o Google disponibiliza em suas dependências em Mountain View uns 20 tipos diferentes de restaurantes ou lanchonetes para as refeições dos seus funcionários. Outro diferencial deles nesse benefício é que o tradicional horário de almoço, por volta do meio-dia, foi abolido. Por lá, todo mundo come na hora em que o estômago falar mais alto e nem precisa se preocupar em levar no bolso algum vale-refeição. É tudo de graça!

Ah, e não há por que se fazer de rogado, se esse mesmo funcionário estiver em casa com a sua cesta de roupas sujas cheia. Ele pode fazer a sua trouxa e, como se estivesse indo para a casa de sua mãe, levar toda ela para lavar na empresa. O Google lava para eles em alguma das lavanderias instaladas no local.

E mais, quer cortar o cabelo, aparar a barba ou fazer as unhas?! Todo esse providencial asseio estético pode ser feito lá mesmo, mais uma oferta dessas empresas de tecnologia. Semanalmente, é possível cuidar do visual sem perder o timing da próxima reunião. Tudo isso, claro, em meio ao já tão conhecido ambiente de descompressão das equipes de trabalho em mesas de pingue-pongue, sinuca ou em algum dos espaços dedicados aos jogos eletrônicos. Para que deixar para jogar uma partidinha de *Free Fire* ou de *Fortnite* em casa? Besteira! No Google, e nas demais empresas da região, é só se sentar em um dos seus coloridos pufes e mandar ver.

Além de todo esse ambiente lúdico e de prestação de serviço, se os funcionários deles se sentirem sozinhos, esse sentimento de solidão vai ser resolvido rapidinho e de uma forma carinhosa. Quem estiver solitário, não precisa pensar duas vezes. Se esse for o caso, os seus funcionários podem ir trabalhar acompanhados por seus animais de estimação. O ambiente corporativo do Vale do Silício é *pet friendly* e tem estrutura adequada para recepcionar os melhores amigos de seus funcionários com muita segurança.

Todo esse ambiente organizacional divertido de benefícios e reconhecimento de necessidades pessoais de quem trabalha nessas empresas, criadas e desenvolvidas sob inspiração dos millennials, foi muito festejado, tornou-se referência no mercado e passou a ser imitado em todo o mundo. Mas errou quem acreditou que ele seria suficiente para acabar de uma vez por todas com possíveis reclamações ou insatisfações do quadro de colaboradores. Maslow nos ensinou que, uma vez alcançado um novo patamar em sua famosa pirâmide da hierarquia de necessidades, passamos sempre a almejar mais. Como bons seres humanos que somos, nós reclamamos independentemente do contexto de conforto e benefícios que tenhamos disponíveis. Uma vez que foi criada uma referência para um espaço de trabalho, estamos agora observando nessas empresas a revolta e novas demandas de profissionais cada vez mais mimados.

No início, os funcionários ficaram maravilhados pelas dezenas de restaurantes gratuitos espalhados no ambiente do trabalho. Seis meses depois, contudo, começam a aparecer as primeiras reclamações de como era pouca a quantidade de molho de tomate no filé à parmegiana servido.

Ao exagerarmos nos *friendly benefits* com a esperança de agradar a todos, geramos um efeito rebote contrário, exatamente porque o critério utilizado para implementá-los foi absorvido e todos passaram a querer mais. Essa mesma situação acontece de forma reversa também. Se os benefícios são escassos, é possível termos uma revolta pela escassez ou até mesmo uma acomodação paralisante. O pulo do gato nessas situações é encontrar o equilíbrio, a medida adequada da oferta dos benefícios, entendendo que, uma vez alcançado aquele patamar, as exigências adicionais virão.

## UM NOVO HABITANTE NO MUNDO

O universo digital nos apresentou ao veneno das *fake news*, da manipulação massiva da opinião pública e, consequentemente, influenciou a alteração de nossos critérios que foram afetados frontalmente pelo incremento dos vieses cognitivos. Por outro lado, ele nos trouxe o antídoto do *big data*, dos insights gerados por análises preditivas, da maior possibilidade de embasar nossas decisões. Diante dessas possibilidades, o que fazer para não nos tornarmos constantemente vítimas de nossos critérios?

De um lado, algumas características do mundo digital são elementos comprometedores da elaboração e execução de nossos critérios. Porém, esse mesmo ambiente digital nos oferece a inteligência artificial e os algoritmos, potencializando a obtenção de nossa informação em um prazo exíguo, portanto, ajudando o aperfeiçoamento desses mesmos critérios.

Além de termos 180 vieses cognitivos à espreita para prejudicar as nossas decisões, a evolução e a complexidade crescente do mundo ampliaram significativamente nossa necessidade de decisões cotidianas. Do ponto de vista estatístico e quantitativo, temos hoje 25 vezes mais decisões a tomar durante um dia que na década de 1980. Que filme assistir, que aplicativo usar, que tipo de café tomar, qual shampoo comprar, que tecnologia adotar, que aplicativo baixar; o volume de opções cresce e o de decisões se torna exponencial. A esse cenário, acrescente o sentimento do medo natural resultante, algo inevitável de controlar, com as decisões se tornando mais frequentes, complexas e difíceis. Formamos, assim, a "tempestade perfeita". É um ciclo para o qual devemos nos manter constantemente alertas para evitar que ele paralise as nossas ações, porque a evolução da tecnologia é inevitável e a IA estará cada vez mais presente e será mais significativa em nosso cotidiano. Ela já é fundamental para as nossas relações e vai ser ainda mais importante.

Nesse sentido, é como se estivéssemos acompanhando o nascimento de uma nova espécie em nosso mundo, um novo habitante no planeta: os algoritmos. Esse novo "ser", porém, é desprovido de medo, está imune à influência dos vieses cognitivos para atrapalhar as suas ações e tem uma capacidade gigantesca para tomar infinitas decisões. E o melhor, sem correr o menor risco de um belo dia, por conta dessas habilidades, ter de conviver com a estafa, com processos de *burnout*.

Nesse enredo, contudo, temos de lembrar que somos nós os criadores desse novo habitante em nosso planeta. Nós, os humanos, fornecemos as informações fundamentais para a sua existência e definição de seu funcionamento. Daí, a importância de nos atentarmos às questões de correlação inerentes ao seu funcionamento, porque esse emaranhado técnico estrutural precisa considerar questões subjetivas e objetivas de nossa existência. Esse fator evidencia o quanto ainda temos de evoluir até chegarmos em um cenário em que conviveremos com uma inteligência artificial plenamente autônoma. Apesar disso, vale lembrar, ao longo de nossa história e resguardada as devidas circunstâncias, já provamos inúmeras vezes que, diante da fatalidade iminente ou do caos coletivo, reagimos e revertemos os nossos mais sombrios prognósticos. Sempre encontramos os meios para sairmos do destino fatalista que nos preveem. É preciso tempo, mas achamos a porta de saída. Precisamos, sim, e o quanto antes, aprimorar o uso dos nossos critérios para garantir que não seremos substituídos pela inteligência artificial.

Ainda estamos, milhas e milhas, à frente da mais avançada IA disponível, por mais que o avanço dela seja exponencial. Mas esse fato não é garantia de que o jogo está ganho. Não se trata disso. Ele serve de alerta para nos lembrar de que o jogo está transcorrendo, de que estamos próximos de uma virada e novas regras e distintas dinâmicas entrarão em campo. Temos de estar preparados e aptos a nos lançar na partida com toda a nossa força. E essa "força" vem do ajuste fino de nossos critérios.

# CAPÍTULO TREZE

# VOCÊ É SEM QUERER OU DE PROPÓSITO?

> "O sonhador é aquele que só consegue encontrar o caminho ao luar, e seu castigo é ver o amanhecer antes do resto do mundo."
>
> **OSCAR WILDE**, *escritor*

# VOCÊ É SEM QUERER OU DE PROPÓSITO?

No dia 2 de outubro de 1959, a rede norte-americana CBS lançou uma série idealizada por Rod Serling, que se tornaria um sucesso mundial naqueles anos: *The Twilight Zone*. A sua primeira temporada nos Estados Unidos ficou no ar até o dia 19 de junho de 1964 e os seus roteiros baseavam-se em histórias de ficção científica, suspense, fantasia e terror, tudo recheado de situações sobrenaturais e fatos inexplicáveis. Seu conteúdo estava repleto de situações inverossímeis e inesperadas que levavam o telespectador a imaginar como seria o mundo se o impossível acontecesse. Essa fórmula narrativa foi um sucesso de audiência por onde foi transmitida.

Aqui, no Brasil, a série ganhou o nome de *Além da Imaginação* e, quando eu a assisti pela primeira vez, ainda adolescente, por volta dos meus 12 anos de idade, fiquei fascinado. As viagens pelo tempo, a existência de mundos alternativos e paralelos, a profusão de alienígenas, as incontáveis viagens espaciais, as inúmeras criaturas fantasmagóricas, os vampiros e outros sem-número de aparições misteriosas que aconteciam na Zona do Crepúsculo [*The Twilight Zone*, em inglês] capturavam a minha imaginação, me hipnotizavam.

Aquelas histórias me tiravam de minha zona de conforto e me faziam refletir, considerar outras possibilidades de vida, de interação social, de comunicação, de dimensão do tempo e, sobretudo, me instigavam a pensar sobre como a vida seria caso os fatos que tivessem acontecido até ali, nos colocando em nossa realidade, não tivessem acontecido. Passava horas me questionando sobre o que aconteceria com o mundo se a lógica e o cotidiano não dominassem a nossa existência. Desde então, esses pensamentos ganharam uma significativa dimensão em minhas reflexões e foram atualizados com o meu amadurecimento. De lá para cá, cotidianamente, passei a imaginar situações diversas à nossa realidade, procurando escapar do real e intuir como nos comportaríamos em contextos absolutamente fora daqueles que entendemos como comuns. Hoje, percebo que esse comportamento me capacitou para interagir melhor com as transformações sociais em andamento, com as infinitas possibilidades e novidades trazidas pela tecnologia às nossas vidas.

Estamos em curso com uma das mais fascinantes revoluções humanas de todos os tempos. Quanto mais avançarmos ao longo do século XXI, mais distinta será nossa realidade e a maneira como convivemos em sociedade. Nesse sentido, é importante exercitarmos nossa imaginação para construirmos cenários e entendermos caminhos para seguir em meio às transformações. Por isso, faço aqui um convite a todos os leitores, se disponibilize a fazer o seguinte exercício: imagine um mundo em que além de produtos e serviços, cada um de nós pudesse comprar e vender o tempo. Sim, o tempo em si seria objeto de troca entre os seres humanos e, mediante pagamento pecuniário, poderíamos vender parte do tempo de nossas vidas por um determinado valor.

Pense, por exemplo, em vender 12 meses. Ao fazer isso, se eu tivesse 20 anos de idade, ao fechar o negócio e receber a transferência financeira, passaria a ter 21 anos de idade, afinal, eu teria vendido um ano de minha vida. Já quem comprou, se tivesse 70 anos, estenderia a sua vida por mais um ano, pois passaria a ter 69 anos de idade. Ou seja, teria a garantia de prolongar a sua existência por mais 12 meses, no mínimo.

A pergunta que surge dessa possibilidade é: qual seria o valor desse ano de vida a mais ou a menos para cada um de nós? Quanto alguém estaria disposto a pagar por esse tempo extra? E quanto alguém aceitaria receber em dinheiro por esse período a menos de existência? Caso você goste de cinema, algumas dessas respostas já foram dadas no filme *O Preço do Amanhã*, em que a estrutura de seu roteiro tangencia essa situação. Vale a pena assisti-lo.

Para alguém com uma idade mais avançada, o tempo é um bem imprescindível e extremamente valioso; vale muito mais do que para uma pessoa no início de sua jornada, porque os jovens têm abundância de tempo. Há um futuro cronológico à sua frente, portanto, uma semana, um mês ou um ano tem um significado completamente diferente do que para alguém com mais idade.

Para uma pessoa mais nova, o tempo disponível acaba por reduzir o valor unitário desse "produto". Por isso, por que não vender, em uma relação transparente, alguns anos de vida para alguém que precise e possa pagar?

- Vender **tempo de vida** seria ético?
- Como as **sociedades enfrentariam** uma situação assim?
- Você **estaria disposto** a comprar ou vender alguns anos de vida?

Outro fator fundamental atrelado ao valor do tempo é a qualidade de vida de cada um. Alguém que tivesse uma existência rica em experiências, gozando de plena saúde e situação financeira estável, provavelmente pagaria muito mais para prolongar a sua existência do que alguém que vivesse o inverso dessa realidade. Por outro lado, uma pessoa infeliz, pessimista, disporia mais facilmente do tempo de vida que lhe resta do que alguém feliz e otimista.

Ah, outro fato a ser considerado nessa relação é que poderíamos vender frações de tempo, não apenas o ano inteiro. Sendo assim, alguém poderia ficar interessado em vender 15 dias para pagar uma viagem internacional, reformar o apartamento ou comprar algum bem mais valioso. Para alguém jovem, e de orçamento restrito, vender 15 dias parece um bom acordo. Afinal, o que são duas semanas em relação a toda uma existência à sua frente?

Já para alguém cujo neto está para nascer e, infelizmente, padece de uma doença terminal, esse período extra de tempo teria um valor imensurável. O importante aqui, com esses exemplos, é dimensionar como espaço e tempo influenciam nosso critério de valor. Como você responde a esses questionamentos:

- No marasmo de uma existência nos altiplanos andinos, **o tempo de vida** tem o mesmo valor pecuniário quando comparado ao tempo das pessoas em metrópoles internacionais como Nova York ou Paris?

- Os dias para uma pessoa aos **80 anos de idade** têm um valor mais alto do que para alguém na casa dos 20 e poucos anos?

O fascinante desses questionamentos é entender que os valores atribuídos a essas relações é relativo, individual, e sofre influências temporais e de localização, assim como de qualidade de vida, aspirações, objetivos, saúde, estabilidade financeira, entre outras infinidades de incógnitas que afetam essa situação.

Esses exemplos, além de serem entendidos como um exercício à nossa imaginação, devem nos servir como guia mental para nos orientar em direção à realidade empática da vida.

O critério é algo único, individual, fruto da soma de nossa essência com a nossa existência. É dessa dualidade inclusiva que surge o juízo de valor sobre qualquer coisa. Respeitar essa individualidade é condição básica para liderar pessoas e se relacionar em comunidade.

Sempre que estiver numa reunião de condomínio, por exemplo, preste atenção em quantos critérios distintos surgem sobre qualquer fato ou decisão que se busque tomar. A frase "cada cabeça, uma sentença" nada mais é do que um ditado popular que nos leva a entender a individualidade dos critérios.

## ATENTO ÀS TRANSFORMAÇÕES

Os critérios, além de mudarem no espaço e no tempo, são múltiplos, porque em sociedade, dada a nossa individualidade, vivemos de maneira diferente os mesmos critérios em um mesmo espaço temporal. Esse é um dos motivos, por exemplo, do porquê um critério usado no passado perde a sua funcionalidade no aqui e agora. A passagem do tempo influencia a aplicação do critério e a todo momento esbarramos em exemplos dessa afirmação, a começar por nossa história em família.

Quando se tem criança pequena em casa, a viagem familiar para o sítio é uma festa, um momento aguardado por todos, especialmente pelas crianças que esperam para brincar livremente, andar a cavalo e subir em árvores. Troque o sítio pela casa de praia, e o resultado será equivalente para a criançada, que vai se divertir a valer nadando, correndo na areia e tomando banho de sol. Agora, acrescente a essa experiência prazerosa alguns anos de vida.

Se eles tinham tanto prazer em estar com os pais nesses passeios aos 5, 8 e 10 anos de idade, tudo muda aos 14, 15 e 16 anos de idade, quando chegam à puberdade e passam a ter outros interesses. Subitamente, os amigos tornam-se mais interessantes do que a companhia dos velhos pais. Aquela casa de praia ou aquele sítio perdem muito de seu encanto e a viagem em família torna-se um "mico" para os jovens. Afinal, para que ir para o interior ou ao litoral se na cidade acontece tanta coisa mais legal?

Espaço e tempo alteram os critérios e a nossa capacidade de decisão. Uma resolução tomada no passado não é necessariamente a melhor a se tomar hoje, porque as circunstâncias se modificaram e essa modificação é constante e se expressa em tudo a nossa volta.

Observe o jeito de se vestir, uma das situações mais básicas para a nossa existência. Essa é uma jornada de permanente transformação ao longo dos séculos e não estou me referindo aqui sobre questões de moda ou qual a cor predominante da estação. Nosso vestuário se adapta aos mais diversos costumes sociais, à tecnologia empregada à sua produção, há uma determinada funcionalidade para o seu uso, ele nos protege contra as adversidades do meio ambiente e, ao mesmo tempo, a roupa é sinônimo de status social, de identificação de grupos, de celebração, de demonstração de fé. Seu uso conceitual e prático é amplo e variado e se transforma ao longo dos séculos.

Hoje, já temos tecidos ditos inteligentes que absorvem nosso suor com mais facilidade, preservando a nossa temperatura corporal; há 80 anos, algo assim seria impensável. Mas essa evolução ainda é ínfima diante das possibilidades de inserirmos no tecido tecnologias que possam esquentar nossa roupa quando estivermos em climas frios ou esfriá-la em ambientes tropicais. Nosso vestuário será radicalmente transformado quando pudermos colocar complexos sistemas de tecnologia da informação como elementos dos tecidos. Nossas roupas vão nos contar histórias, não só pelo tempo de seu uso, mas como itens capazes de acompanhar ativamente a construção das nossas narrativas de vida.

Ao constatarmos as possíveis mudanças em nosso vestuário, podemos dimensionar a importância de nos mantermos atentos às transformações sociais ao nosso redor. Comportamento esse fundamental para compreendermos as maneiras mais adequadas de usar nossos critérios.

No fim dos anos 1990, pessoas transgênero eram condenadas na sociedade. Já nos anos de 2020, elas passaram a ser mais aceitas. Apesar de ainda serem vistas com desconfiança por muitos, a presença delas é cada vez mais assimilada socialmente. Dentro em breve, serão efusivamente celebradas. O passado de discriminação vivido por essas pessoas, por anos, será algo remoto. Essas modificações de aceitação são naturais e estão inseridas no conceito de círculo de latência, que também pode ser considerado um critério.

## CÍRCULO DE LATÊNCIA

O círculo de latência é uma informação, um comportamento, que está a ponto de se manifestar em algo ou alguém e essa manifestação vai ao encontro das nossas expectativas. Explico, se em um safári eu avistar um grupo de leões, sei que ao me aproximar deles eles podem: solenemente me ignorar, olhar com interesse e rugir, se aproximar e até tentar atacar o carro em que eu estiver os observando. Todas essas são possibilidades, de fato. Seriam atitudes previsíveis, e, de alguma forma, eu as espero. Porém, os leões jamais vão se aproximar voando ou simplesmente nos olhar e dizer: "Bom dia, Walter." Esses seriam comportamentos completamente inesperados, inusitados; e, se por acaso eles os fizessem, me surpreenderiam, quebrariam o meu círculo de latência, a minha expectativa em relação ao seu comportamento.

> Sempre que algo ultrapassa as nossas expectativas, há uma ruptura em nosso círculo de latência.

Ao ver uma vaca, eu sei o que esperar dela. Ao ver um prego, eu também sei o que esperar dele. Mas se, de repente, aquela vaca em vez de mugir passa a miar, ou o prego repentinamente começa se contorcer deliberadamente, eles destruirão o meu círculo de latência, o arcabouço de minhas expectativas que tenho tanto em relação à vaca quanto ao prego; e essa situação quebra paradigmas.

O círculo de latência é construído por nossas percepções a partir da forma essencial que observamos no outro, seja ele o que for. Por isso, todas as vezes que o círculo se rompe, temos uma dissonância cognitiva.

Em um momento de tantas revoluções nas interações sociais e no surgimento de soluções tecnológicas para uma gama quase infinita de situações, nossos círculos de latência precisam ser cada vez mais flexíveis para suportarmos e administrarmos bem tudo o que está mudando no plano do conhecimento e da moral, porque as mudanças são inúmeras e constantes.

As novas gerações, como os millennials por exemplo, têm um círculo de latência bem mais flexível, elástico, quando comparado às gerações passadas. O conjunto de valores deles comporta menos preconceitos. Eles estão mais abertos à experimentação do diferente, do novo, e isso é uma característica que os beneficia, porque, quando as pessoas se colocam muito rígidas em seus valores e ideias, acabam por se frustrar ao ver suas expectativas naufragarem e, no momento em que isso acontece, o preço emocional que se paga é muito alto.

Quando o iPhone, por exemplo, foi lançado em 29 de junho de 2007, Steve Jobs quebrou o círculo de latência da humanidade em relação ao que estávamos habituados e esperávamos de um telefone. Antigamente, telefones eram aparelhos que funcionavam única e exclusivamente para realizar chamadas. Durante anos, eles foram itens reservados às elites em nosso país. Até porque só quem tinha dinheiro conseguia adquirir uma linha telefônica, elas eram muito caras até a década de 1970. Ainda nos anos 1980, muitas pessoas tinham como principal fonte de renda o aluguel de linhas telefônicas. Nada como o tempo para revolucionar toda essa estrutura. E, no meio das modificações, veio Jobs e a sua invenção, que além de fazer chamadas, como um telefone convencional, tirava fotos como uma máquina, reproduzia música e ainda dava acesso à internet. As pessoas se apaixonaram pelos smartphones e não foram precisos muitos anos para todo o setor de telefonia ser reinventado. Hoje, os iPhones e seus concorrentes são praticamente vistos como extensão de nossos corpos. Estão sempre à mão para as mais diversas funcionalidades.

Essa mesma quebra de paradigma, de rompimento de nosso círculo de latência, ocorre em relação a uma pessoa transgênero, que modifica a expectativa e a compreensão existentes, até então, sobre um homem ou uma mulher, em que a definição de gênero acontecia, de forma definitiva, no nascimento das pessoas.

Agora, não é mais assim. As pessoas podem nascer fisicamente com um determinado sexo e, no transcorrer de sua vida adulta, auxiliados pela medicina, fazer as devidas modificações que lhes sejam pertinentes para que se sintam em acordo com o seu gênero. Como reflete Nassim Taleb em seu fascinante livro, *A Lógica do Cisne Negro,* "estamos constantemente à mercê do inesperado".

Para Taleb, quase tudo no mundo surge em decorrência dos acontecimentos imprevistos, os quais ele classificou como Cisnes Negros, em alusão ao fato de que esse animal era desconhecido até o século XVII e, ao ser visto pela primeira vez, gerou grande espanto e comoção, exatamente por ele ter quebrado o círculo de latência em relação à cor do animal. Até aquela época, o cisne era comumente associado apenas à cor branca.

Cada vez mais, temos de aceitar coisas inesperadas. O mundo agora é um *mundo de mil mágicas* em que não conseguimos imaginar tudo o que acontece, ou que é possível acontecer. Dessa forma, nosso círculo de latência não pode se romper a cada minuto do dia, nos gerando dissonância cognitiva a todo instante. Para que isso não aconteça, ele precisa ser flexível, complacente.

## MUDANÇAS AO LONGO DO TEMPO

Para não sermos constantemente vítimas do critério, temos de nos manter atentos às nossas ações e aos nossos contextos. É preciso começar compreendendo que, um mesmo fato, seja ele qual for, tem várias óticas de interpretação. As pessoas olham para um determinado acontecimento a partir de suas experiências, de suas expectativas, de seus conceitos morais. Dessa maneira, por sermos múltiplos, é necessário respeitarmos o divergente. Ninguém é obrigado a pensar como eu. Todos temos o direito de ter opiniões distintas sobre o que nos cerca. Nesse sentido, é interessante que possamos, inclusive, amar o divergente e aceitar o contraditório que faça nexo. Lembre-se, quem pensa diferente, faz a diferença.

### O que fazer para não ser vítima do critério?

1. Perceber que há várias óticas sobre um mesmo fato.
2. Observar que *timing* e *location* são fundamentais para o uso dos critérios.
3. Entender que um mesmo problema tem várias soluções.
4. Almejar o suficientemente bom em vez de perseguir o ótimo ou aceitar o ruim como fato consumado.
5. Entender que a lógica formal nem sempre é a melhor resposta para as decisões.
6. Estarmos abertos para superar nossas crenças.
7. Ter certeza de que não vale a pena entrar em todas as "guerras".
8. Estar atento para, quando se vir em dúvida sobre duas opções, entender que a melhor escolha é nenhuma delas.
9. Aceitar que a restrição nos coloca no caminho da liberdade.
10. Compreender que ter critério é saber o valor das coisas, não apenas o preço delas.

O quadro anterior, de forma simplificada, resume algumas atitudes necessárias para nortear nossas ações e, assim, evitarmos cair na armadilha dos critérios.

Os critérios se alteram em função do tempo e do espaço. Assimilar essa premissa é outra condição fundamental para se estabelecer uma relação saudável com a formulação de seus critérios. A pandemia da Covid-19, mais uma vez, nos demonstrou a pertinência desse pensamento.

No Brasil, em janeiro de 2020, era comum ouvir, inclusive de autoridades sanitárias e médicas, que o vírus não seria tão grave. Algumas personalidades políticas, naquela época, não tardaram para afirmar que "nada de mais grave aconteceria", as pessoas não pegariam a doença. Aliás, "qual doença?", muitos questionaram. Mas os fatos deram de ombros para os descrentes e se avolumaram. Daí, começaram a aparecer os primeiros alertas para o uso de máscaras, mas as reações contrárias às orientações foram várias. Muitas, inclusive, baseadas em depoimentos médicos de que usar tal proteção "seria um exagero". Contudo, os meses avançaram e os discursos, aos poucos, foram se modificando; mudavam aí os critérios de análise da situação.

Como em uma relação viva e de troca, o contexto alterou a aplicação dos critérios e os critérios alteraram o contexto. Nesse sentido, é importante a observação do *timing* e da *location* das situações para a aplicação dos critérios. Afinal, há várias soluções para o mesmo problema. Quando alijamos esse entendimento de nossas ações, nos limitamos. Perdemos a possibilidade de usar uma gama de soluções que está a nossa disposição para resolver nossas questões. Daí, nos fixamos em uma única forma de agir e reagimos de maneira negativa a quem contraria nossas certezas. Adotamos um estado de defesa em que nos agarramos com unhas e dentes à nossa opinião, à nossa "verdade", e esse comportamento é uma grande bobagem, uma imaturidade, porque temos sempre mais de um jeito para lidar com as situações nas quais estamos envolvidos.

Outra maneira adolescente de enfrentar as situações é quando buscamos perfeição em todas as nossas atitudes ou aceitamos de bom grado circunstâncias precárias e negativas como se fossem imutáveis. Como em um preceito budista, o "caminho do meio" entre essas situações (ótimas e péssimas) é o que devemos almejar, aquilo que é suficientemente bom, *good enough*.

Em um momento no qual as mudanças acontecem a todo instante e tudo se transforma tão rapidamente, a adoção desse "bom o suficiente" potencializa o uso dos critérios em nossas vidas. Do contrário, ao nos fixarmos em encontrar um caminho exclusivamente de excelência ou nos confortarmos com muito pouco, perdemos oportunidades.

É preciso ainda entender que a lógica formal nem sempre é a melhor resposta às nossas decisões. Sem dúvida, é importante tê-la como perspectiva, mas devemos lançar mão de outras formas de lógica como, por exemplo, a dialética, que é um método de relacionamento baseado no diálogo, que em sua origem conceitual refere-se a um "caminho entre as ideias".

A dialética é uma das estruturas centrais tanto da filosofia Ocidental quanto da Oriental e é um modelo baseado na contraposição das ideias, no uso de argumentos contraditórios para se chegar a conclusões sobre os assuntos em questão. De forma resumida, é como diz o ditado: "É conversando que a gente se entende." Essa dinâmica nos leva a outro antídoto contra as armadilhas do critério que é o fato de estarmos abertos para superar nossas crenças.

Geralmente, os dogmas (de qualquer natureza) atrapalham o uso dos nossos critérios. Pessoas muito ortodoxas têm extrema dificuldade para a aceitação das características do outro, abrindo, dessa maneira, caminho para o preconceito e para a presunção, e consequentemente dando margem à criação de atritos desnecessários.

Precisamos selecionar as guerras que queremos travar. Nem todas elas são dignas de nossa participação. Podemos muito bem passar à margem de diversos embates. Os "inimigos" a serem combatidos precisam ser cautelosamente escolhidos.

Evite criar a todo o momento uma tempestade em um copo d'água. Por mais contraditório que lhe possa soar, muitas vezes é parte do critério não defender o seu critério. É preferível ser feliz do que ter razão a todo custo, a todo o tempo. Com a maturidade, dei mais espaço em minha vida para essa percepção. Ter razão não é necessariamente sinônimo de ganho e felicidade.

Ao se ver diante de uma dúvida sobre duas opções específicas, aja sabiamente e, se for possível, opte por não escolher nenhuma delas. Hoje, o mundo está tão cheio de oportunidades e desafios que temos de ser cada vez mais seletivos nas escolhas dos critérios daquilo que desejamos realizar.

Ao ocuparmos os cargos de chefia, de liderança em nosso trabalho, temos de analisar os objetivos que arrebatam nossa equipe. Aquilo que de alguma forma altera a respiração desse time. E qual o sentido dessa análise? Porque, se você não sentir uma imensa vontade de fazer, se os seus olhos não brilharem, bem como os olhos de cada integrante de seu time, esqueça o seu plano de trabalho, a meta traçada. Aquele objetivo a ser conquistado não era verdadeiro. Toda a situação em que você estava envolvido era apenas uma desculpa barata para continuar pagando as contas do mês.

Daqui pra frente, quando você estiver diante de uma decisão, seja ela qual for, evite decidir entre um "sim" ou "não". Faça a sua escolha entre um "uau!" ou "não". As suas escolhas devem mexer com você, elas devem ser excitantes, entusiasmantes. Se não for esse o caso, sua resposta deve ser uma negativa para a situação, um belo e sonoro "não!". Precisamos ser seletivos e assertivos com nossas escolhas.

Essa seletividade, inclusive, ganha mais força nessa era. Ela é inerente a como estamos nos relacionando a partir da expansão da tecnologia em nossas vidas. A multiplicidade de projetos e opções disponíveis nos obriga a sermos cada vez mais seletivos. Mais importante do que a *to-do list* é a *not to-do list*. No plano corporativo, infelizmente, temos feito pouco esse exercício. Assim como também, em certa medida, ignoramos o fato de que a restrição é a verdadeira forma de sermos livres.

Vivemos em um momento de excesso de liberdade e de autonomia e essas condições, por mais atraentes que sejam à primeira vista, nos colocam em uma arapuca, em uma paralisia. Faça um teste. Se eu lhe disser: "Escreva qualquer coisa, sobre qualquer assunto, em qualquer época." O que você faria? Com certeza, a sua primeira reação a esse comando seria de dúvida. "Como assim, qualquer coisa?" Não obtendo uma resposta complementar, talvez, com muito esforço, você conseguisse se lembrar de algo de seu interesse para redigir. Entretanto, ao receber essa orientação, a maioria das pessoas trava. Elas ficam inseguras, incertas sobre o que escrever e, sobretudo, como escrever. Chamamos essa condição de *Síndrome da Liberdade Excessiva*.

Quando recebemos parâmetros, delimitações e referências, aumentamos as nossas chances criativas, porque agimos a partir de indicações e, assim, fica mais fácil para estabelecermos uma intenção explícita. Sim, é preciso pensar fora da caixa, mas como dizem os estadunidenses: "*think outside the box, but inside the strategy*" [pense fora da caixa, mas dentro da estratégia]. Essa é uma delicada relação, porque há que se mostrar a direção às pessoas, orientá-las, mas sem determinar um caminho único e exclusivo a ser seguido.

Ter critério é saber o valor das coisas, mas não apenas o seu valor monetário. A maioria das pessoas sabe o preço de tudo e o valor de nada, como dizia o Oscar Wilde. Nós temos que entender que nenhum CNPJ vale um AVC para ninguém, independentemente do cargo que se ocupe em uma empresa. Há um limite para tudo e a luta desenfreada pelo sucesso pode facilmente não te levar a nada.

Recentemente, críticos desse consumismo amplo e desenfreado estabeleceram o termo *affluenza* para definir a perseguição obstinada "demais". Mais de tudo! Em sua origem, como neologismo, *affluenza* é um misto de *influenza* (palavra relacionada aos vírus) com a*fluência,* que é o jeito de alguém ser uma pessoa afluente. Trocando em miúdos, esse termo refere-se à busca desenfreada por ter cada vez mais dinheiro, mais poder, mais status, mais relacionamentos sexuais, mais viagens; essa vontade de mais, sempre mais, que de alguma maneira intoxica o indivíduo que está nessa perseguição desenfreada e não percebe.

O seu cérebro pode ser uma máquina ou uma geringonça. São os critérios utilizados por cada um de nós que definirão esse destino.

Por isso, nosso grande questionamento diário deve ser: "Você é sem querer ou de propósito?" Ou seja:

- Para que **você existe**?
- Por que **você está aqui**?
- Qual é o **seu papel** no mundo?
- O que **você pretende**?

Ao responder essas perguntas, dá-se início à elaboração dos melhores critérios para você. Essas respostas são o insumo para o estabelecimento dos critérios em sua vida.

# CAPÍTULO QUATORZE

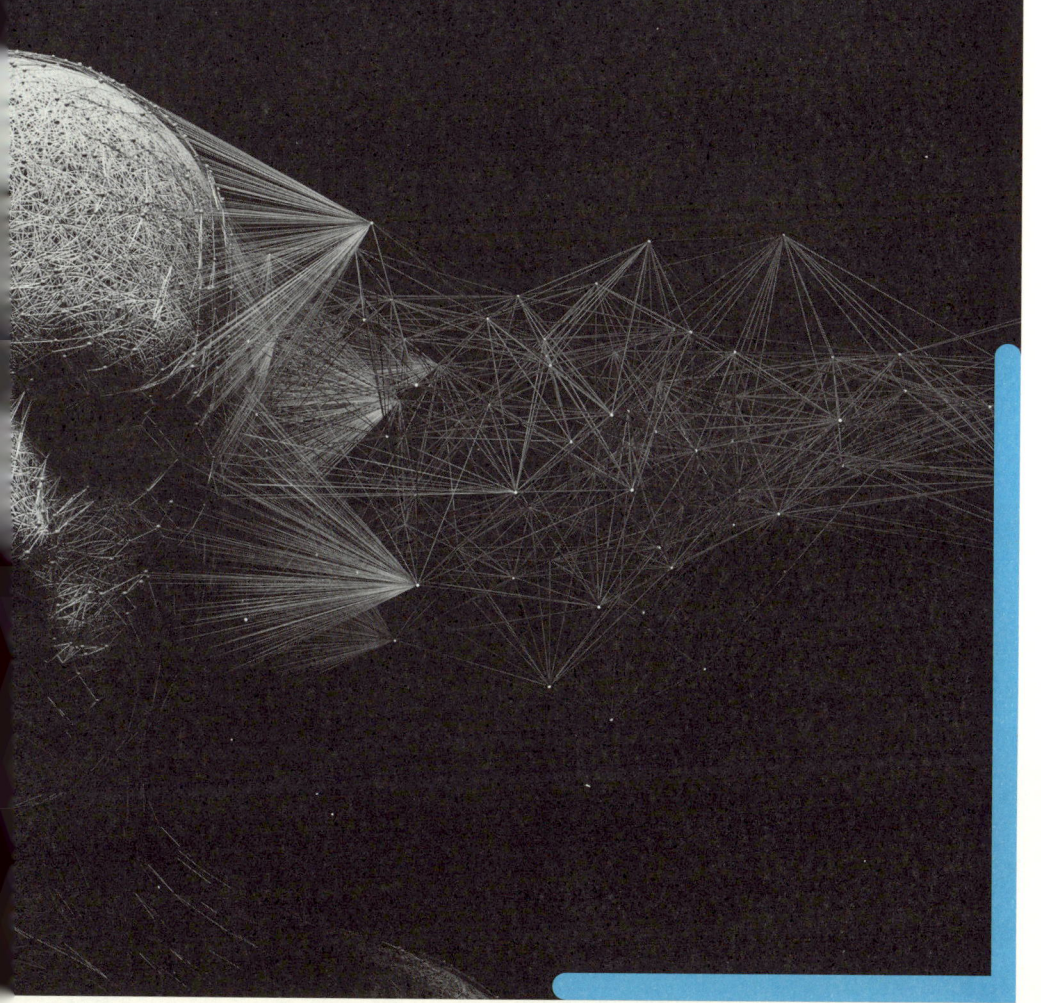

# A RELAÇÃO CULTURAL E OS VIESES COGNITIVOS

" Foram os livros que me ensinaram que as coisas que mais me atormentavam eram as mesmas que me conectavam com todas as pessoas que estavam vivas, que já viveram."

JAMES BALDWIN, *romancista*

# A RELAÇÃO CULTURAL E OS VIESES COGNITIVOS

A Europa e a Ásia, literalmente, se encontram em Istambul. Dada a sua estratégica posição geográfica na Turquia, a cidade une os dois continentes e essa localização foi fundamental para movimentar a economia de impérios ao longo dos séculos e a transformou em capital tanto do Império Romano do Oriente quanto do Império Otomano.

Até o ano de 330 d.C., ela era chamada de Bizâncio. Depois, foi rebatizada como Constantinopla e só mais recentemente passou a ser conhecida por Istambul, tornando-se uma das cidades mais populosas do mundo e tendo encontrado no comércio uma vital fonte de riqueza para os seus moradores assim como para toda a região ao seu redor. E como um ponto de encontro, uma referência para a dinâmica de relações que se estabelecem por ali, há um lugar que dá sentido à vocação comercial dessa efervescente cidade e ele atende pelo nome de Grande Bazar [Kapalıçarşı, em turco].

A cultura de diversas civilizações, ao longo de séculos, passa por ali, em sua área de mais de 45 mil metros quadrados. A suntuosa edificação é um dos maiores e mais antigos bazares cobertos da história da humanidade. São mais de 45 mil metros quadrados de área coberta, abrigando 4 mil lojas, localizadas em 66 ruas e gerando emprego para mais de 25 mil pessoas. Toda essa estrutura se assemelha à dimensão de uma pequena cidade.

O espaço é tão procurado, que, em alguns dias, meio milhão de pessoas circulam por seus corredores. Ao longo de um ano, são 100 milhões de visitantes, o que o torna um dos pontos turísticos mais visitados do planeta. E o seu poder de atração remonta ao dia em que foi erguido. Assim que os otomanos tomaram Constantinopla, o Sultão Mehmed II, o Conquistador, se apressou por iniciar a sua construção em 1455, tendo sido inaugurada em 1461; a partir daí, a sua expansão foi um ato consequente e contínuo.

Naquele período, o Império Otomano era uma das civilizações mais importantes do mundo e que transformou Constantinopla em um espaço central no que se convencionou chamar de comércio do Mediterrâneo. Sendo assim, os seus imperadores controlaram as rotas comerciais entre a Ásia e a Europa. A cidade funcionava como uma porta de entrada e saída para ambos os continentes e o Grande Bazar era o lugar de compra e venda das mercadorias circulantes.

A economia do império passava por seus corredores. Toda riqueza e evolução urbanística da cidade surgiu das divisas financeiras geradas pelos comerciantes ali estabelecidos. E nele se vende de tudo, joias preciosas, especiarias gastronômicas, vestuário, tapeçaria, mobiliário, ervas medicinais; a lista de produtos é diversificada. Mas nem só de lojas vive o Grande Bazar. Ao longo dos anos, ele também abrigou 5 mesquitas, 1 escola e 17 pousadas em suas ruas cobertas por uma alvenaria desenhada em forma de cúpulas como abóbadas.

Sua grandiosidade povoa a mente de escritores, tendo sido descrito em diversas obras literárias, como a do escritor italiano Edmondo de Amicis (1846-1908), que o apresentava da seguinte maneira:

"Você não pode antecipar a mobilidade que acontece em seus corredores ao observá-lo de fora; e, depois de entrar, não poderá ouvir os sons lá de fora. Ao passar por sua porta de entrada, encontrará uma verdadeira cidade, rodeada de cúpulas e colunas talhadas, com ruas cobertas de arcos, pequenas mesquitas, fontes, quatro estradas, pequenas praças e uma grande multidão iluminada por uma luz fraca. Cada rua é um bazar, e há uma rua principal, decorada com arabescos, como uma cena de mesquita coberta por uma cúpula, tudo com arcos de pedras pretas e brancas. Os clientes são convidados às lojas com palavras e sinais de todos os lados. Por dentro, a multidão de coisas e pessoas irá surpreendê-lo. Mas não se deixe enganar por essa turbulência, o Grande Bazar é tão regular quanto um quartel e, depois de algumas horas, você poderá encontrar tudo o que procura sem um guia. Todos os tipos de mercadorias têm um pequeno bairro, uma pequena rua, um pequeno corredor e uma pequena praça. A variedade de produtos dentro é tão rica e atraente que, se você não tomar cuidado, gastará muito mais dinheiro do que poderia esperar e poderá passar metade do dia despercebido."

Dessa descrição, que remonta ao final do século XIX, quero destacar o trecho em que Amicis diz: "Os clientes são convidados às lojas com palavras e sinais de todos os lados." É impossível passar pelos corredores do Grande Bazar e não ser abordado por vendedores incisivos, que se aproximam cobrando, em um primeiro momento, preços exorbitantes por qualquer item à disposição para venda nas lojas.

Com certeza, ter entrado em contato com esse comportamento foi uma das experiências mais incríveis que tive em viagens fora do Brasil. A partir dela, inclusive, revi alguns dos meus critérios como homem ocidental ao assimilar o funcionamento das vendas pela ótica cultural dos muçulmanos. Entendi, sobretudo, a importância e a extensão da pechincha para a sociedade deles.

Em um primeiro contato com essa abordagem, é muito difícil entender o que está acontecendo, principalmente, quando você diz "não" às tentativas de venda de um persistente comerciante e fala que você não tem interesse porque o produto "está muito caro!". Prontamente, ele rebaterá: "Mas o senhor gostaria de pagar quanto?"

A partir daí, é como se uma chave tivesse sido acionada. Inicia-se um diálogo em que o vendedor pode reduzir o valor inicial do produto em 70% ou mais, o que para qualquer comprador, não acostumado com essa relação, é algo incompreensível. "Como assim, ele queria me vender a mercadoria por ₺200,00 liras turcas (moeda corrente em Istambul) e, no fim das contas, eu a comprei por ₺60,00?"

As reações a essa situação podem ser várias. De indignação: "Estava sendo roubado." De surpresa: "Que bom negócio eu fiz." De curiosidade: "Quanto será que ele lucrou com a venda desse item por esse valor?!" Ah, e ainda no decorrer dessas negociações, eles podem parar e convidar o comprador para tomar um chá ou fumar um narguilé, se for de seu agrado. Ali, o ato de comprar é parte de uma relação social mais ampla, sobretudo, uma maneira de distribuição de renda. Sim, distribuição de renda!

Nos países muçulmanos, a barganha é parte de uma regra cultural estabelecida para se distribuir com mais equanimidade a renda circulante, dando chance para que todo mundo possa adquirir bens de seu interesse e necessidade.

A lógica por trás da pechincha, basicamente, é a seguinte: se eu sou uma pessoa com mais dinheiro, eu posso pagar mais pela mercadoria. Por outro lado, se tenho pouco dinheiro, eu consigo pagar menos e tudo bem. O comerciante, como uma espécie de elo social entre os ricos e os pobres, barganha a mercadoria para equilibrar o seu valor, para dar chance de compra a todo mundo e, ainda assim, garantir o seu lucro.

Ora, se você tem pouco dinheiro, tudo bem, você vai pagar o quanto pode e vai levar o que precisa e deseja. Já se você tem mais dinheiro, a mesma mercadoria pode ser adquirida por um valor mais alto e está tudo certo também, porque esse gasto, em tese, não vai pesar no seu bolso. Ao agir dessa maneira, o comerciante, por sua vez, terá uma média com o lucro dessas vendas no fim do dia. Daí, todo mundo sai ganhando.

Vale a pena lembrar que, ao ter esse comportamento, os comerciantes no Grande Bazar estão fazendo uso dos sensos de *proporção, urgência* e *responsabilidade*, que, como detalhei no Capítulo 9, são elementos fundamentais para a estruturação dos critérios.

Quando eles lançam mão da pechincha como prática cultural, asseguram o equilíbrio econômico às pessoas, estipulando o ato de compra e venda como momento adequado para dar concretude à essa maneira de estar em sociedade. É uma ação com muita intenção e responsabilidade e, no caso de Istambul, praticada com muita maestria por quem é parte do Grande Bazar. Por ali, os exemplos são quase infinitos.

O exercício da venda, portanto, é um ato de justiça social e distribuição de renda. Na negociação, se tem muito dinheiro, o comprador acaba cedendo antes e fechando negócio por um valor mais alto. Momentos depois, se alguém tem poucos recursos e chega para comprar o mesmo bem, vai pechinchando até caber no seu bolso. Assim, tanto o rico quanto o pobre acabam tendo acesso aos mesmos produtos. Sob a ótica do vendedor, o lucro, não auferido pela venda ao menos abastado, acaba sendo compensado pela margem que ele obteve na venda para o que tinha mais dinheiro e cedeu antes. Sendo assim, todos saem satisfeitos e o processo de comercialização segue em frente.

Essa dinâmica evidencia ainda a importância da empatia na formação de nossos critérios, porque a *empatia* gera uma significativa *alteração criterial*, afinal esse substantivo feminino é uma das maneiras usadas pelos seres humanos para compreender emocionalmente os diversos aspectos de nosso contexto. Indica também nossa capacidade de projetar sentimentos em alguém, estabelecendo assim uma relação mais próxima e afetiva; em outras palavras, mais empática.

É um exercício de interação que envolve aspectos afetivos e racionais de nossa constituição como pessoas, porque reconhecemos valores e necessidades dos outros, seja esse outro quem for. Portanto, quando a empatia é acionada, nossos critérios de ação são diretamente impactados.

Neurocientistas e psicólogos costumam definir a empatia como um dos reflexos de nossa inteligência emocional, porque ao exercê-la, ao menos em parte, tanto compreendemos a perspectiva psicológica de outras pessoas quanto nos permitimos ter reações emocionais simplesmente por observarmos a experiência do outro.

Quando observamos o comportamento comercial dos muçulmanos alicerçados por esse ponto de vista, o critério de ação para com a prática da pechincha muda radicalmente, pois buscamos empaticamente assimilar o comportamento alheio, entendendo essa dinâmica de negociação comercial tanto por suas razões objetivas quanto levando em consideração questões emocionais e culturais envolvidas nessas atitudes. Daí, fica mais aceitável compreender o porquê da necessidade deles em superfaturar o valor de um produto se, no fim das contas, esse valor será drasticamente reduzido.

Quando sou empático ao outro, à sua cultura, quando me relaciono de forma aberta, evitando julgamentos precipitados ou morais, tenho mais chances de compreender os contextos que me cercam, me relacionando melhor e evoluindo.

No meu caso, especificamente, ao compreender que toda a dinâmica de barganhar o preço das mercadorias é uma maneira de garantir equilíbrio social, vi a beleza dessa prática e pude usá-la como referência para assimilar melhor nossa forma ocidental de fazer negócios. Percepções assim nos fazem crescer, dinamizam nossas vidas. Principalmente, no mundo corporativo, que com o passar dos anos tornou-se mais agressivo, desafiador, competitivo e veloz.

De certa maneira, a descrição desse mundo é contrária à dinâmica do Grande Bazar. Esse fato é quase uma ironia, tendo em vista a ancestralidade daquele lugar e os séculos e séculos de negócios e riqueza que foram gerados por ali. Mas esse contexto corporativo, por assim dizer, menos empático, também é fator de impacto à formação de nossos critérios. Ele, aliás, está bem mais presente em nossas vidas aqui no Ocidente, fazendo inclusive com que a dinâmica comercial existente no Grande Bazar seja um referencial alternativo à nossa forma de viver nas organizações que foi tão bem conceituado na língua inglesa pelo acrônimo VUCA, originado pela contração das palavras Volatilidade (*volatility*), Incerteza (*uncertainty*), Complexidade (*complexity*) e Ambiguidade (*ambiguity*).

## VIÉS COGNITIVO vs. FALÁCIA LÓGICA

O conceito de VUCA se refere ao mundo contemporâneo e às rápidas transformações por que estamos passando. É interessante perceber, contudo, que a compreensão do mundo por essa ótica foi usada pela primeira vez em âmbito militar, na década de 1990. O exército dos Estados Unidos descrevia os possíveis cenários de conflito pela junção dessas palavras, facilitando assim a estrutura de planos de contingência a depender de cada situação em que eles se vissem envolvidos. Mas aí veio o atentado de 11 de setembro às Torres Gêmeas, em Nova York, e o conceito de VUCA ultrapassou as fronteiras militares, sendo adaptado às mais diversas situações de nosso cotidiano, sobretudo, para as vividas em coletividade nas organizações de trabalho.

Rapidamente, esse conceito ganhou aderência no universo dos negócios, porque esses ambientes são altamente desafiadores. Neles, o nível de cobrança cotidiana é muito alto e as pessoas envolvidas se veem diariamente compelidas a atender à demanda existente sobre elas com eficácia. Afinal, o tempo está passando cada vez mais rápido e as circunstâncias mudam cada vez mais intensamente (*volatilidade*). Então, cresce a *incerteza*. Temos menos segurança no que está acontecendo e nos resultados que vão surgir tanto em âmbito pessoal como social. O que nos leva à *complexidade* de nossas ações.

Como tudo muda praticamente à velocidade da luz, estamos constantemente incertos. Nossas decisões são mais desafiadoras, porque estão sendo afetadas por um sem-número de outras ações às quais não temos controle algum. Por fim, seguindo essa rota, chegamos ao estágio da *ambiguidade*, a cerejinha do bolo de toda essa dinâmica. Simplesmente, o espaço para um comportamento binário, dual, de certo e errado, preto e branco, caiu por terra. Neste século, convivemos com inúmeras possibilidades, diversos caminhos, mundos paralelos de decisões e resultados onde cada escolha indica uma renúncia. Isso tudo nos traz alguma consequência objetiva e esse contexto potencializa a alteração de nossos critérios. Como já abordamos no Capítulo 9, nosso cérebro procura encurtar os caminhos ao se deparar com as seguintes situações:

- Quando há **muita informação** para ser processada.
- Quando há **confusão ou ambiguidade** temática em excesso.
- Quando o **tempo é curto ou limitado** para nossa tomada de decisões.

Nesse momento do mundo, essas três circunstâncias são exponencializadas brutalmente. A demanda é grande, as variáveis são muitas e o tempo é escasso. É a combinação de fatores para a formação da tempestade perfeita. Como já mencionei também em capítulos anteriores, a questão é que o mecanismo de formação para os nossos critérios surgiu em conjunto ao nosso começo de existência como espécie animal, em um contexto completamente distinto à nossa realidade contemporânea. Então, o nosso esforço para nos atualizar tanto biologicamente quanto em termos de comportamento, para lidar com as demandas atuais, pode bem ser entendido como um esforço sobre-humano.

É cada vez maior o volume de informações que temos de processar e, pelo andar da carruagem, essa quantidade só tende a crescer, sobretudo, após a plena introdução da tecnologia 5G em nossas vidas. Bem ou mal, estamos a um passo desse momento, o qual vai nos gerar uma avalanche informativa, que, literalmente, despencará sobre todos os habitantes deste planeta. Como nosso cérebro fará para resolver essa situação? Com certeza, ele encontrará um caminho de adaptação como sempre fez ao longo de nossa história, porque, afinal de contas, não vamos conseguir viver por muito mais tempo tão estressados e com o nível de *burnout* e depressão identificados e diagnosticados atualmente pelos órgãos de saúde mundiais.

Toda essa informação vai acentuar o ambiente de ambiguidade, colaborando para um contexto extremamente nocivo à nossa saúde. Vide o recente exemplo da *infodemia* provocada pela Covid-19. Assim como, mediante tanta confusão, nosso cérebro não tardará em procurar respostas rápidas e soluções imediatas para nos livrar desse quadro de terror.

Apenas para lembrar, estatisticamente, o Brasil fechou a década de 2010, de acordo com os levantamentos da OMS, como o país mais deprimido da América Latina. Em termos percentuais, 5,8% de nossa população estava deprimida, o que em números absolutos representava uns 12 milhões de brasileiros. Essa taxa é bem acima da média mundial, na casa dos 4,4% de pessoas com a doença, ainda considerada pela OMS como uma das mais incapacitantes deste século até então.

Como sou um incansável otimista, tenho certeza de que encontraremos saídas exitosas desses contextos. Essa minha certeza vem, inclusive, do fato de já termos identificado cenários tão trágicos e de que, no limite, contamos com a empatia para nos salvar.

Ao falarmos sobre o problema, buscamos soluções, procuramos as saídas e, com o tempo, elas aparecem. Não há por que ser diferente agora. Contudo, nesse processo é importante distinguir a diferença entre *viés cognitivo* e *falácia lógica*. Essa distinção é como se separássemos o joio do trigo. Precisamos de cautela e poder de análise para fazer essa diferenciação.

> A falácia lógica é um equívoco na argumentação lógica.
>
> O viés cognitivo é uma genuína deficiência ou limitação em nosso pensamento.

Viés cognitivo, portanto, ocorre quando erros sistemáticos de pensamento acarretam decisões e julgamentos infundados. Há uma limitação natural desse pensamento. Segundo especialistas, o viés cognitivo nos ajuda a processar informações com mais eficiência, especialmente em situações de perigo, mas podem nos levar a notáveis equívocos. É uma luta constante de seu cérebro contra você mesmo. Já a falácia lógica é uma mentira estabelecida para se convencer de alguma situação ou convencer os outros sobre o seu ponto de vista. A esse cenário acrescente ainda a caracterização da "utilidade marginal" de um produto, de uma situação, que é influenciada diretamente por questões de temporalidade e local. Na economia, esse conceito também é entendido pelo valor decrescente conferido a uma unidade adicional de um bem de consumo. Para entender mais facilmente, observe o seguinte exemplo.

Uma dona de casa, por volta de seus 60 anos, entra em um supermercado para fazer compras. Ao chegar à seção de laticínios, ela começa a colocar em seu carrinho de compras iogurtes de morango. É sexta-feira e ela sabe que o seu neto, que adora iogurte de morango, vai passar o fim de semana em sua casa. Ela sequer olha o preço do primeiro pote de iogurte ao pegá-lo. Contudo, ao tirar da prateleira o segundo, ela já age mais atentamente, mas decide levá-lo porque, afinal de contas, o menino vai passar todo o fim de semana com ela e, se ela levar dois potes, ele poderá tomar um iogurte em cada dia.

Porém, ao pensar em pegar o terceiro pote, ela já controla o seu impulso. Rapidamente, faz o cálculo do valor total dos três iogurtes e decide não levar o terceiro pote, pois o valor marginal do terceiro iogurte ficou muito caro. A sua compra já deixou de ser tão atraente, porque ela já havia adquirido outros dois potes do produto, quantidade suficiente para os cafés da manhã no fim de semana de seu neto.

Mesmo sem saber o conceito, na prática, essa dona de casa aplicou a teoria da *utilidade marginal* à sua compra no supermercado. O mesmo acontece em outras situações completamente distintas, mas que também são regidas por esse mesmo fenômeno de consumo.

Quando um coelho tem fome, a primeira cenoura que ele comer será extremamente valiosa (e saborosa). Depois da ingestão de umas quatro cenouras, a quinta, por sua vez, terá grande chance de ser completamente desinteressante, porque, saciado, ele não precisa mais comer. O consumo da cenoura para o coelho tem valores diferentes, que estão ligados ao *timing* e ao *local* em que ela é oferecida. Assim, funcionamos todos nós.

Se durante 40 dias e 40 noites um andarilho, caminhando pelo deserto, nos tempos bíblicos, tivesse encontrado uma máquina de Coca-Cola, quantas dracmas (antiga moeda grega) será que ele teria oferecido pelo primeiro copo desse refrigerante? Pela extensão de sua caminhada, provavelmente toda a quantia em dinheiro que estivesse em seu bolso. Porém, depois de beber o primeiro copo do refrigerante, quanto ele ofereceria pelo segundo? Será que uma quantia tão substancial de dinheiro? Provavelmente sim. E o terceiro copo ainda teria algum valor? A resposta ainda é sim, mas ele já não pagaria todo o seu dinheiro restante. Talvez, a partir do quarto copo da bebida em diante ele começasse a se questionar seriamente sobre o preço cobrado e, tendo a possibilidade de beber o décimo copo do refrigerante, decidisse que nem de graça aceitaria aquele líquido. Ou seja, a utilidade marginal do décimo copo de Coca-Cola é infinitamente menor do que a do primeiro. Resumo da ópera, utilidade marginal é a saciedade que encontramos em nossas relações, nesse caso de consumo, e conceitualmente é um elemento de interferência na formação de nossos critérios, que devem sempre estar em constante atualização para a sua melhor aplicação em nossa vida cotidiana. Eles já estavam presentes no começo do funcionamento do Grande Bazar, assim como estão inseridos na dinâmica corporativa do Ocidente definida como VUCA. Por isso, é importante relembrar que:

> Os equívocos de critério podem fazer qualquer um quebrar a cara.
>
> É o critério que nos leva de um ponto a outro em nossas vidas de maneira segura e sem acidente.
>
> O critério é que faz você acertar ou errar na mosca, não dê espaço para sua mente lhe atrapalhar, porque os vieses cognitivos levam a isso.

# CAPÍTULO QUINZE

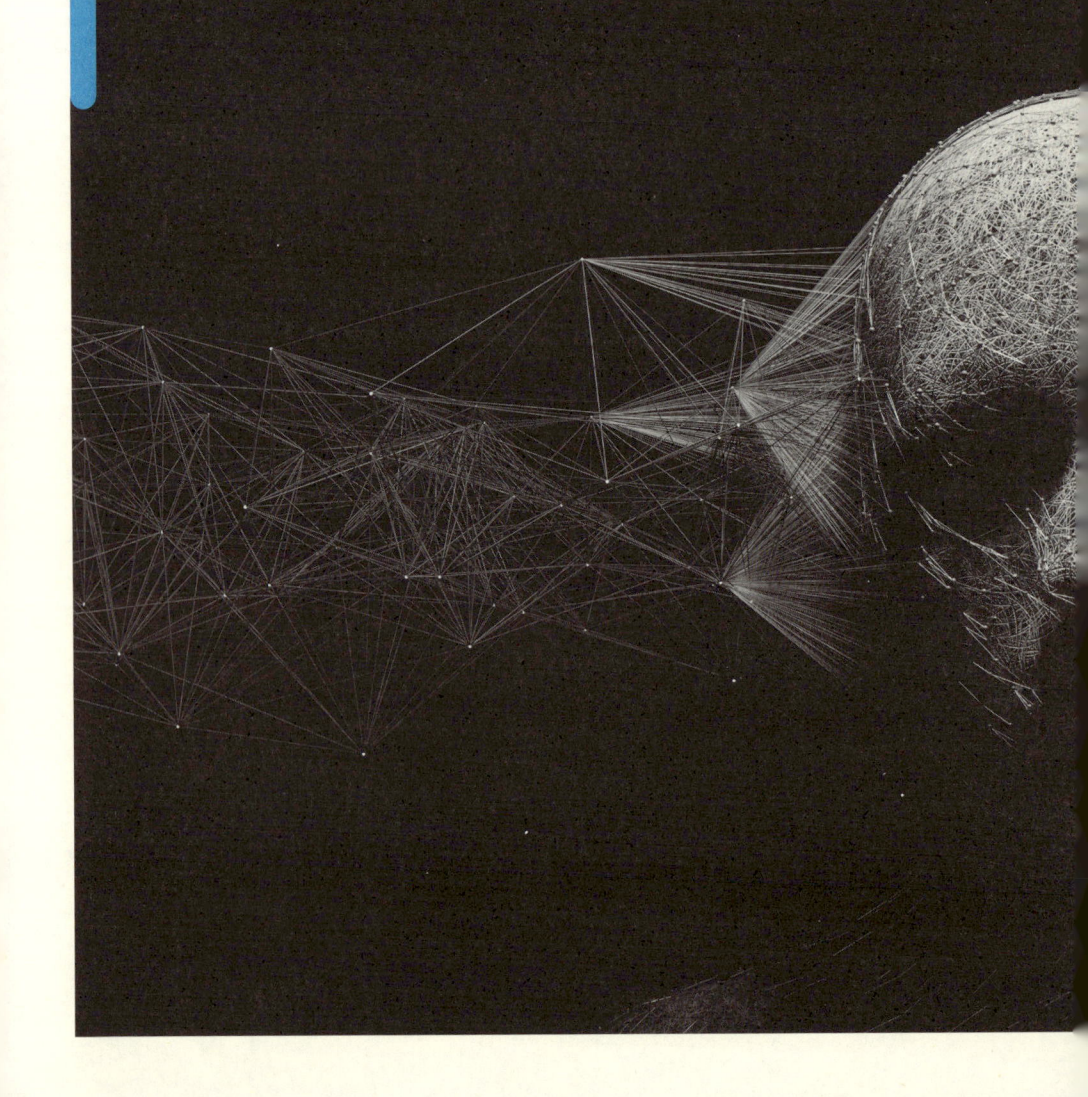

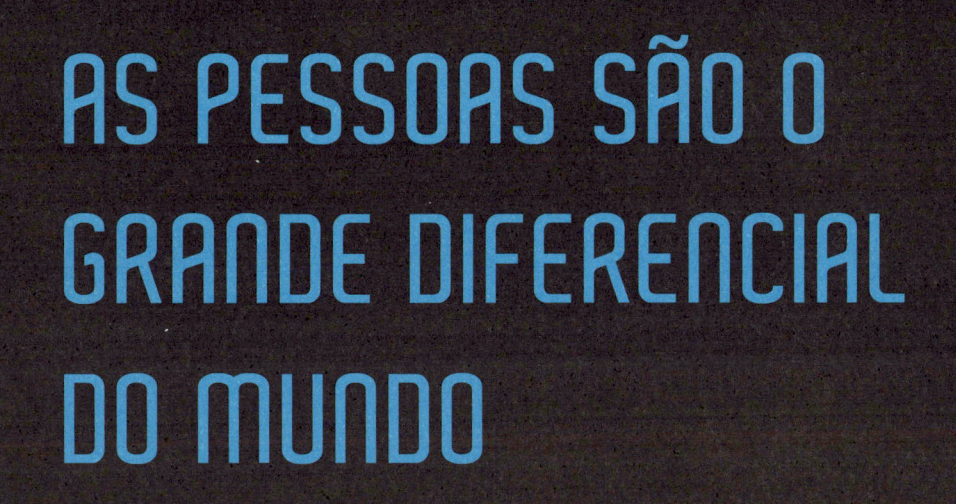

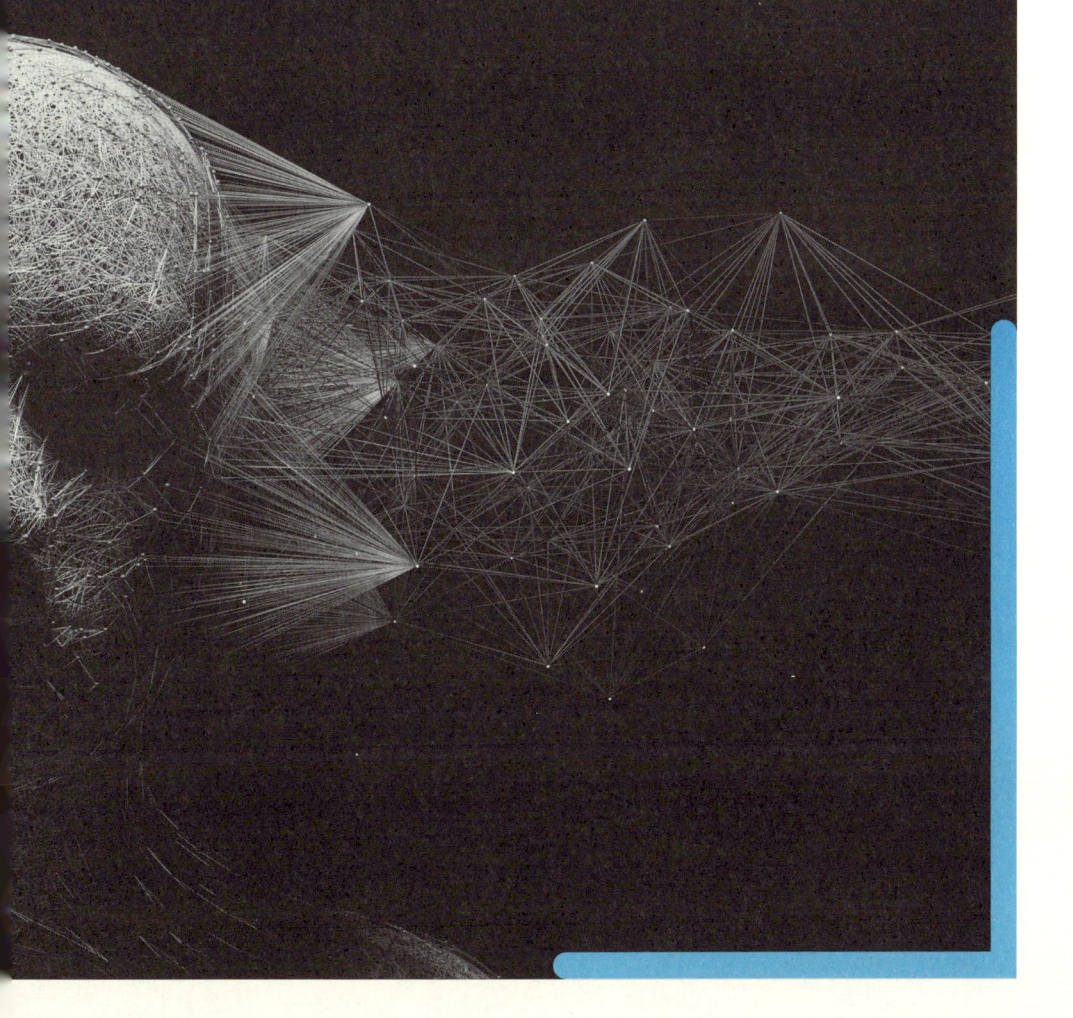

# AS PESSOAS SÃO O GRANDE DIFERENCIAL DO MUNDO

" O destino embaralha as cartas e nós as jogamos."

ARTHUR SCHOPENHAUER, *filósofo*

# AS PESSOAS SÃO O GRANDE DIFERENCIAL DO MUNDO

No começo dos anos 2010, a crítica literária e historiadora da Universidade de Kent, no Reino Unido, Anna Katharina Schaffner, adoeceu. Um belo dia, ela acordou e não conseguiu sair da cama, porque estava completamente fatigada, ou exausta, para usar a palavra com a qual descreveu a sua sensação.

Simplesmente, ao despertar de uma noite de sono mal dormida, Anna colapsou de cansaço em decorrência de todas as suas atividades cotidianas, pessoais e de trabalho. Gradativamente, a rotina que ela havia criado para si a inviabilizou, tornou-se *muito pesada*. Pouco a pouco, ela perdeu a sua capacidade de manter o foco em suas tarefas profissionais e toda e qualquer atividade que tinha de desempenhar, de acordo com o seu relato, tiravam a sua força de vontade, deixando-a com a sensação de estar presa em um ambiente do qual não conseguiria encontrar nenhuma saída, nem a de emergência, caso existisse, porque, mesmo ao procurar se desligar do trabalho, ela caía na armadilha de checar a entrada de mensagens em suas caixas de e-mails; e, a partir daquela ação, a sensação de ter de se manter ativa, respondendo às demandas ininterruptamente, retornava com força. Daí, ela se desequilibrava emocionalmente, frustrando-se consigo mesma, agravando seu desespero e sua falta de perspectiva, lhe deixando mais cansada.

O quadro descrito por Anna é um clássico dessa situação. Quando ultrapassamos os nossos limites físicos ou mentais, e o nosso corpo expressa essa condição indicando que estamos extenuados, ficamos a um passo da ineficiência e de uma forte sensação de inadequação que facilmente pode evoluir para uma crise de *burnout* ou de depressão severa; e antes de esse quadro se instalar pode provocar sérios danos a você e à sociedade como um todo.

A história, por exemplo, já nos provou o risco que corremos quando as corporações têm em seus quadros pessoas que estão trabalhando sob condições insatisfatórias de repouso. Podemos lembrar dois graves acidentes ocorridos nos Estados Unidos decorrentes dessa situação. Há inúmeros outros mundo afora, mas esses dois, especificamente, foram simbólicos por sua dimensão e pelos prejuízos causados.

O primeiro aconteceu no ano de 1979, no estado da Pensilvânia, quando houve uma fusão parcial da central nuclear Three Miles Island, ocasionando o vazamento de produto radioativo para a atmosfera. O segundo foi causado pelo naufrágio do petroleiro Exxon Valdez, em 1989, no mar do Alasca. Apesar de a natureza já ter se recuperado, à época desse desastre, a extensão do prejuízo ao meio ambiente foi considerado um dos mais graves já registrados na história recente da humanidade.

Nessas duas catástrofes, a imperícia humana decorrente das condições de trabalho às quais os profissionais estavam submetidos teve um papel significativo para ocasioná-las. A saúde daquelas pessoas estava comprometida e, em razão disso, os erros aconteceram, resultando em circunstâncias mais graves e de maior extensão social.

Tanto Anna, a crítica literária do início deste capítulo, quanto os demais profissionais envolvidos nesses dois acidentes mencionados, estavam sendo vítimas de seus critérios. As escolhas feitas por eles os levaram a uma situação limite. No caso de Anna, contudo, foi ali, quando estava esgotada, que ela começou a reverter a sua realidade. Não à toa, porque se o uso de seus critérios a levou àquele estágio de inviabilidade, a sua reação para reverter o quadro em que estava inserida só foi possível de ser tomada por sua capacidade em utilizar outros critérios que modificaram a sua situação.

## POR TODOS OS LADOS, HÁ VÍTIMAS DO CRITÉRIO

Ao se ver letárgica, com baixa produtividade, completamente extenuada ao longo do dia, Anna decidiu interromper a sua rotina de profissional *workaholic* para descansar. "Foi recarregar as suas baterias" e como pesquisadora acadêmica, ao descansar, encontrou em sua situação de saúde uma nova linha de trabalho, a crescente exaustão que tem afetado a sociedade.

De fato, Anna não está só nessa situação. No Brasil, por exemplo, de acordo com dados de estudos do Instituto Brasileiro de Opinião Pública e Estatística (Ibope Inteligência), 98% da população do país apresentam níveis de cansaço físico e/ou mental. Em números absolutos, essa estatística representa mais de 200 milhões de pessoas. É praticamente toda a população brasileira e, entre os pesquisados, o grupo de pessoas na faixa etária entre 20 e 29 anos de idade apresentou os maiores percentuais de cansaço; 99% deles se disseram exaustos.

A pesquisa do Ibope revelou ainda que, diariamente, a cada três brasileiros, dois acordam indispostos. Ao justificar essa condição, o Ibope reforçou o fato de que a falta de um sono reparador provocaria essa sensação de desânimo quando despertamos pela manhã, mas essa não foi a única explicação do instituto. Eles ressaltaram ainda que a falta de motivação para as atividades do dia também está relacionada ao quadro de fadiga.

Segundo estatísticas recentes, mais de dois terços dos adultos em todos os países desenvolvidos não seguem a recomendação de ter oito horas de sono por noite. Com isso, a privação de sono atinge 45% da população mundial e a OMS já declarou que há uma epidemia de privação de sono em países industrializados e nos grandes centros urbanos.

Dormir pouco, ou dormir mal, acarreta não somente cansaço e apatia no dia seguinte, o que afeta sua eficiência e produtividade, mas também diversos problemas de saúde. Dormir apenas 5 horas por dia amplia em 50% a tendência à obesidade. Sono insuficiente é um fator decisivo para determinar se um indivíduo vai desenvolver a doença de Alzheimer. Além disso, sono inadequado altera os níveis de açúcar no sangue, fazendo com que pessoas possam se classificar como pré-diabéticas. Ele também amplia em 65% as chances de as artérias ficarem bloqueadas ou quebradiças, podendo gerar doenças cardiovasculares e até derrame cerebral. E, como se não bastasse tudo isso, a perturbação de sono contribui para todas as principais enfermidades psiquiátricas, incluindo depressão, ansiedade e tendência ao suicídio.

Vale aqui ressaltar que, apesar de todos os problemas citados, quase ninguém dá importância devida ao sono. A sociedade atual está bastante preocupada em se alimentar bem e fazer exercícios físicos regulares, e a mídia cobre esses temas o tempo inteiro. Mas o sono, ou a privação dele, que tem uma influência tão grande ou maior que os outros dois outros assuntos somados, acaba ficando em segundo plano. Mais um exemplo de como somos, como indivíduo e como sociedade, vítimas do critério.

Essas altas estatísticas indicando uma população cansada não são uma prerrogativa brasileira. Por todo o mundo, as mais diversas sociedades revelam indicadores alarmantes de pessoas vivendo nessa condição. Esse fato capturou a atenção dos organismos internacionais de acompanhamento da saúde, que passaram a emitir alertas para o surgimento de uma epidemia de cansaço mundial.

Incapazes de lidar com as situações nas quais estão envolvidas, as pessoas utilizam critérios que prejudicam a sua qualidade de vida. E essa não é uma característica recente, ou um fato puramente contemporâneo. Engana-se quem pensa assim.

Em seu trabalho, após se recuperar da estafa, Anna escreveu uma obra que se tornou referência sobre esse assunto e ratificou o quanto a exaustão nos acompanha ao longo dos séculos. *Exhaustion, a History* [Exaustão: Uma História; em tradução livre] foi o livro escrito por ela. Literalmente, após descansar, ela fez uma extensa pesquisa sobre o assunto e coletou material suficiente para a sua publicação, na qual afirma: "A exaustão sempre existiu. Na Idade Média, era chamada de acédia e considerada um pecado. Já no século XIX, ganhou o nome de neurastenia e escritores como Oscar Wilde, Franz Kafka e Virginia Woolf foram diagnosticados com os seus sintomas."

A observação de Anna é importante, pois ajuda a desmistificar a ideia de que a tecnologia é a responsável exclusiva por criar uma sociedade mais cansada. Sem dúvida, a facilidade que temos de estar conectados 24 horas em algum dispositivo eletrônico colabora para que fiquemos exaustos, mas esse contexto é só mais uma característica de nosso comportamento ao longo da história. Nós também nos exauríamos em outras eras desprovidas dessa profusão tecnológica.

Éramos vítimas de nossos critérios ontem, assim como somos hoje e continuaremos a ser amanhã. Como bem falou Nietzsche, no século XIX, "por falta de repouso, nossa civilização caminha para a barbárie".

## UM LABIRINTO DE DECISÕES

Inclusive, há uma grande possibilidade de você, neste momento em que chegou até este capítulo do livro, estar se sentindo exausto. Se esse for o seu caso, está tudo bem, porque, como bons seres humanos que somos, ao sermos expostos a muita informação, nos cansamos.

Esse cansaço decorre da grande quantidade de informação que você está absorvendo ao longo desta leitura e das reflexões suscitadas a partir dela, mas a origem desse esgotamento tem a ver com as inúmeras decisões que você teve de tomar em sua rotina cotidiana, até aqui, incluindo também o fato de você ter decidido fazer esta leitura.

Viver é um ininterrupto labirinto de decisões e incertezas, e por esse motivo, chegamos emocionalmente exaustos no fim do dia, porque nossas decisões esgotam a capacidade de funcionamento de nosso cérebro e de nossa mente. E tanto a neurociência quanto estudos psicanalíticos de nosso comportamento evidenciam essa situação.

Desde o exato momento em que despertamos até a ocasião em que voltamos para a cama, para dormir, tudo é uma escolha, uma decisão que temos de tomar. Não importa o que, desde as mais triviais resoluções — como se devo comer geleia de morango ou de damasco no café da manhã, ou o filme que quero assistir na Netflix ao chegar em casa — até as mais elaboradas, como se é oportuno aceitar uma posição de trabalho no exterior que pode ter um significativo impacto em minha vida, com repercussão entre meus familiares e amigos.

Ao estarmos expostos a uma infinita quantidade de informação, o que é estimulado pelas incontáveis facilidades tecnológicas contemporâneas, intensificamos nosso esgotamento cerebral, porque, ao vivermos em um contexto de hiperinformação, a necessidade de termos de tomar mais decisões a todo instante aumenta. Esse ambiente exige muito mais de nossa atenção e é exatamente nesse cenário que nosso cérebro lança mão dos vieses cognitivos, que nada mais são do que atalhos para processarmos o fluxo de informação ao qual estamos expostos.

Em última instância, o cérebro se vale dos vieses cognitivos para nos poupar da *fadiga de decisão*, termo criado pelo psicólogo social Roy F. Baumeister, que identificou em seus estudos a ocorrência desse cansaço após um período no qual somos exigidos a nos posicionar constantemente, a tomar muitas decisões. Resultado, nosso autocontrole torna-se muito baixo, assim como vai para o espaço a nossa força de vontade. Essas situações acontecem pela exaustão de nosso cérebro que, como o resto dos membros de nosso corpo, se não descansar o suficiente, se exaure. Dessa forma, para o cérebro se manter ativo, com um nível mínimo de energia, ele vai tomar as suas decisões por impulso para se preservar e, quando isso acontece, entramos no piloto automático e os vieses cognitivos são nossos salva-vidas. Eles são alguns dos instrumentos de apoio utilizados por nosso organismo como instrumentos de navegação na vida.

A fadiga cerebral pela sobrecarga de decisões, entre outros aspectos, nos leva à limitação de nossa inteligência e à redução de nossa capacidade de realização de tarefas distintas e diversas. Quando isso acontece, deixamos de ter disposição para elaborar atividades inovadoras e não conseguimos mais avaliar os riscos das circunstâncias em que estamos envolvidos, nos incapacitando a prever as consequências de nossos atos.

Para reverter esse quadro, em suma, precisamos descansar, repousar para recobrar nossa vitalidade e dar prosseguimento às nossas decisões, a fim de continuarmos nossa jornada de escolhas. Mas o que parece simples, quando escrito dessa maneira, torna-se complicado porque descansar é também uma escolha. É uma decisão. Ou seja, *se o cérebro já está cansado de decidir, como ele conseguirá tomar mais uma decisão?* Nesse caso, a resposta é: *só a exaustão o para*. Foi o caso da história de Anna, que abre este capítulo. Mas, ao chegarmos nessa condição, estamos criando profundas sequelas, inclusive físicas, que vão dificultar nossa plena recuperação, principalmente em um espaço de tempo mais breve.

Aqui, a partir do exemplo de Anna inclusive, vale a pena refletirmos sobre o fato de que essa afirmação não é uma verdade incontestável. Afinal, ela conseguiu descansar, se recuperar e dar um impulso extra à sua vida, aprofundando os seus estudos sobre a exaustão. Contudo, essa não é necessariamente a regra, como nos demonstra o caso de Levi Felix, um dos criadores de uma iniciativa de desintoxicação digital batizada de Digital Detox.

Ao criar essa empresa, que ajuda as pessoas a estabelecer um uso mais equilibrado da tecnologia, a sua trajetória ganhou certa notoriedade na mídia dos Estados Unidos, porque ao ser entrevistado pelos jornalistas sobre os motivos que o fizeram lançar uma iniciativa desse gênero, ele relatou as suas atividades profissionais anteriores quando havia fundado uma startup de tecnologia e a sua rotina de trabalho era completamente absurda. Ele trabalhava 70 horas por semana, não tinha horários definidos para as suas refeições diárias e literalmente dormia com o seu laptop sob o seu travesseiro. Resultado, em 2008, ele foi hospitalizado para tratar de uma ruptura esofágica, originada pelo processo de exaustão ao qual havia submetido o seu corpo.

Em outras palavras, todos os critérios que ele havia utilizado, até então, para se firmar nos negócios, o levaram a uma condição de saúde delicada. Ele poderia ter lançado mão de critérios que evitassem essa situação, mas foi incapaz de fazer isso porque a dinâmica de trabalho a qual havia definido, assim como as metas que estipulou para si mesmo, não permitiram que ele tivesse o mínimo de qualidade de vida.

Felizmente, após um período significativo de internação, ele se recuperou e, ao sair do hospital, decidiu modificar a sua rotina profissional. Então, durante dois anos construiu um estilo de trabalho completamente distinto ao que estava acostumado. Foi nesse período que resolveu criar a Digital Detox. Porém, aos 32 anos, em 2017, ele foi diagnosticado com um tumor cerebral e, dessa vez, não conseguiu superar a doença. Quando Felix decidiu usar os seus critérios para ter uma vida mais equilibrada, o estrago em sua saúde física já tinha sido feito e seria inviável revertê-lo.

Estamos presos em um ciclo ininterrupto de decisões e nesse cenário procuramos instintivamente por segurança, por lugares e comportamentos conhecidos, por isso, os vieses cognitivos estão sempre conosco e em vez de negá-los, rejeitá-los ou nem percebermos a sua presença em nossas decisões, o mais oportuno e promissor é encontrar um meio de usá-los a nosso favor e para o nosso crescimento.

## SEJAMOS LÂMPADAS ACESAS

Nós já trocamos o mundo da autoridade, quando a sociedade ou alguém nos impunha tudo, para a fase da alteridade na qual tudo é alternativa, tudo decorre de nossas decisões. Dessa maneira, só nos resta nos apaziguarmos com essa característica social deste tempo. De nada adianta ansiar por uma relação social, ou um comportamento passado, que não existirá mais, e que não encontra meios de se fazer relevante.

Por sua vez, estar em harmonia com a alteridade proporcionada pela tecnologia é se tornar um ser humano capaz de transcender os seus limites, alguém que tenha uma intenção clara de seus objetivos, que saiba o que quer da vida. Infelizmente, por mais que essa não seja uma afirmação original, a maioria das pessoas não a compreende, o que as incapacita de viver uma vida plena, porque elas só existem. Em uma figura de linguagem, é como se fossem lâmpadas apagadas; e ser lâmpada não é o suficiente. É preciso acender e iluminar com muita força tudo ao seu redor. A utilização correta do critério, e dos vieses cognitivos, é uma das chaves fundamentais para garantir essa iluminação e expansão do ser.

Resguardados todos os devidos contextos de comparações, Sidarta Gautama tornou-se o Buda quando conseguiu controlar os seus vieses cognitivos. Por meio de sua prática meditativa, após uma longa jornada de autoconhecimento, ele se transformou no iluminado exatamente por ter encontrado o que os preceitos budistas identificam como o "caminho do meio".

Aos 35 anos de idade, Gautama, após uma prática meditativa ininterrupta de 49 dias, encontrou uma maneira de viver afastado dos extremismos de indulgência e da punição severa deflagrada contra si. Dessa maneira, ele teria se "iluminado", tornando-se Buda ao alcançar um profundo estágio de compreensão dos seus sentimentos e raciocínio que o teriam despertado para uma nova existência em que todas as suas identidades pessoais ou limites da mente deixaram de determinar o seu comportamento. A partir desse lugar de consciência e sentimento, meio milênio antes do surgimento do Cristianismo, ele difundiu a sua filosofia de vida que se tornou uma das maiores religiões em todo o mundo e continua presente entre nós.

O exemplo da iluminação de Buda é um indicativo da presença dos vieses cognitivos ao longo de nossa existência como raça humana e do quão fundamental é conseguir controlá-los. Claro, não estou dizendo aqui que você tem de ser o próximo Buda e, caso você não consiga se "iluminar" como ele, seus esforços serão em vão. Não se trata disso. Mas a história dele exemplifica como podemos avançar como pessoas quando temos uma relação mais harmônica com os nossos critérios. Demonstra ainda que a tecnologia não é o melhor ou único remédio para todas as circunstâncias em nossas vidas, como muitos trombeteiam por aí.

Assim como somos vítimas dos nossos critérios ao longo de nossa existência, temos diversos meios, incluindo os analógicos, para utilizarmos quando nos for mais conveniente. E evidencia também que uma conta recheada de milhões de dólares não é a solução para sermos indivíduos melhores. O dinheiro não resolve tudo! O uso adequado dos critérios, por sua vez, é a base para nos mover na vida, para existirmos além de nossa existência física e prosperarmos. O uso de nossos critérios nos garante "chegarmos lá". Seja esse *lá* o que ou onde você desejar.

## A VIRTÙ

Só é possível obter uma vida plena quando os nossos critérios estão equilibrados entre a *prudência* e a *temeridade*.

Ser prudente é fundamental para evitar se perder pelo caminho em ações desvairadas, nada planejadas. A prudência é uma virtude que antecede cenários e, quando a exercitamos, evitamos possíveis inconveniências e perigos, porque agimos com cautela e precaução. Temos calma, ponderação, sensatez e paciência para tratarmos os assuntos mais complicados que nos aparecem. Com todos esses predicados, bem se vê o valor de ser prudente em contextos de sociedades tão polarizadas que surgem com mais intensidade.

> Alie as virtudes de um comportamento prudente à temeridade e os nossos critérios estarão equilibrados.
>
> Só assim o alerta em relação aos nossos vieses cognitivos estará adequado.

É interessante perceber que o significado de temerário traz em si conceitos antagônicos, mas complementares, porque temerário contém risco. É algo arriscado e perigoso. Porém, ao mesmo tempo, uma atitude temerária está repleta de audácia e arrojo. Em outras palavras, algo temerário não é necessariamente ruim ou negativo.

O uso dos critérios nunca é apenas um reflexo do exercício de nossa racionalidade, a sua utilização traz muito de algo sem sentido aparente, de características as quais não conseguimos explicar, gerando uma sincronicidade de fatos que não temos elementos para entender. É também preciso acreditar em nossos instintos, porque entre a busca aleatória e a procura sistemática, chegamos a um critério adequado. No universo corporativo, por exemplo, as empresas se unem, mas as suas culturas não se misturam de imediato como tinta. O critério correto é resultante desse respeito às cores. Por isso, não tente ser quem você não é. Como diz o poeta e escritor Zack Magiezi: "Pessoas não mudam, apenas encontram um outro endereço que já existe dentro delas." Ou, como diz um antigo ditado: "As cobras mudam de pele, mas o seu coração continua o mesmo."

Dessa forma, vale reforçar que alguns caminhos, por mais fáceis que pareçam, não estão ali para serem trilhados. Andar por eles pode te levar para um local sem retorno. Situação essa que me lembra um dos ensinamentos do filósofo Nicolau Maquiavel, um dos fundadores da ciência política moderna. Para ele, metade de nossas ações são governadas pela *fortuna* e a outra metade pela *virtù*.

É fácil entender por qual razão ele menciona a fortuna como um fator significante na tomada de nossas decisões. De maneira geral, o significado dessa palavra nos remete à sorte, ao acaso, a algum acontecimento tanto favorável quanto desfavorável. A todo o momento, nos deparamos com situações dessa natureza.

Por sua vez, a virtù, conceito teorizado por ele, refere-se às nossas deliberações, à maneira atenta pela qual agimos. Ele cunhou o significado desse termo a partir de suas observações sobre a disciplina marcial relacionada à habilidade tanto de uma pessoa específica, um líder, quanto na maneira coletiva de ação de uma população, da sociedade, com o objetivo de manter o funcionamento do Estado e a capacidade de realizar grandes feitos.

O conceito de virtù, idealizado por Maquiavel, seria a nossa capacidade de aplicar os critérios da forma mais adequada, porque cabe à virtù, em sua relação com a fortuna, nos guiar para uma vida próspera em que as pessoas são responsáveis por fazer a grande diferença no mundo independentemente do contexto no qual estivermos inseridos.

## A EXPERIÊNCIA DO FUTURO

Na jornada deste livro para entendermos como os nossos critérios são fundamentais em nossa vida, começamos o assunto guiados por um exemplo inusitado, a decisão do padre Adelir de fazer uma viagem aérea utilizando apenas balões de festa como meio de transporte. Infelizmente, meses depois de sua partida da cidade de Paranaguá, no Paraná, ele acabou sendo encontrado morto, em alto-mar, na altura da costa do estado do Rio de Janeiro, deixando atônitos milhares de seus fiéis e parte da cidade enlutada por sua morte.

A história do padre Adelir exemplifica com riqueza de detalhes a gravidade do uso inadequado dos nossos critérios. Ela foi uma situação extrema em que todas as suas decisões, ou seja, o uso de seus critérios, o levou sem escalas para a morte. O relato de sua viagem dimensiona o quanto nos tornamos vítimas de nosso comportamento por não estarmos atentos aos seus sinais, por sermos relapsos e nada prudentes.

Ao mesmo tempo, estamos em um mundo onde a velocidade dos acontecimentos é cada vez maior e esse contexto é um complicador para discernimos quais critérios devemos utilizar mediante tantas decisões que temos de tomar. Contudo, esse cenário atual nos possibilita estabelecermos estruturas sociais para termos mais liberdade de ação e mais autonomia para decidirmos sobre o nosso destino. Essa condição é maravilhosa. Vivemos em uma era na qual podemos fazer ou ser o que quisermos.

Se, por um lado, essa condição é desejável, em certa medida, nos obriga a tomar mais decisões. Somos submetidos a um excesso de resoluções e essa situação é mais um elemento complicador para o nosso comportamento.

A presença mais evidente da tecnologia em sociedade ampliou significativamente nossa capacidade de decisão. A partir desse contexto, precisamos, cada vez mais, reconhecer quando estamos usando alguns dos nossos 180 vieses cognitivos. Por isso, temos de estar mais atentos, exigimos muito mais de nosso cérebro e, consequentemente, ampliam-se os nossos conflitos entre sermos sujeitos do desempenho ou da obediência.

A esse cenário acrescente sentimentos como o medo, que tornam o nosso processo de decisão mais complexo. Dessa maneira, está formada, mais uma vez, a "tempestade perfeita", que nos obriga a estarmos permanentemente alertas para evitarmos paralisias, porque a evolução da tecnologia é inevitável e a inteligência artificial estará cada vez mais presente em nosso cotidiano, tornando-se fundamental às nossas relações.

A realidade virtual cria uma "vida paralela" que, consequentemente, nos leva à perda de nossos critérios. Cada vez mais, estamos mais inertes e, ao mesmo tempo, temos a sensação de que estamos em constante movimento. É como se nos víssemos em uma corrida sem direção, porque não encontramos tão facilmente respostas para explicarmos por qual motivo as circunstâncias se desenvolvem assim.

Apesar dessa condição, como bons seres humanos que somos, temos a habilidade de nos manter fazendo as devidas correções de rotas em nossas vidas, considerando nossas necessidades, os contextos em que nos vemos inseridos e as possibilidades resultantes desse cenário. Isso é fantástico e exercemos essa habilidade constantemente, o que nos garante prosseguir na vida, estabelecer perspectivas e superar os entraves.

Nossa ação, o uso dos nossos critérios, nos trouxe até aqui e vai nos levar além, mesmo que ainda possamos estar incertos e inseguros. Mas como bem diz a letra da música *A Seta e o Alvo*, dos compositores Paulo Correa de Araújo e Nilo Romero:

> Então, me diz qual é a graça de já saber o fim da estrada quando se parte rumo ao nada?!

# CONHEÇA OUTROS LIVROS DO AUTOR

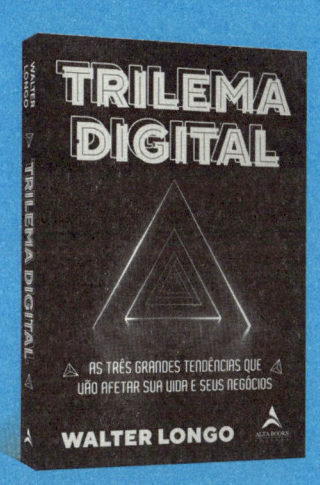

"O mundo digital propicia uma condição sem pre-cedentes em nossa história."

"Estamos no alvorecer da IDADE MÍDIA."

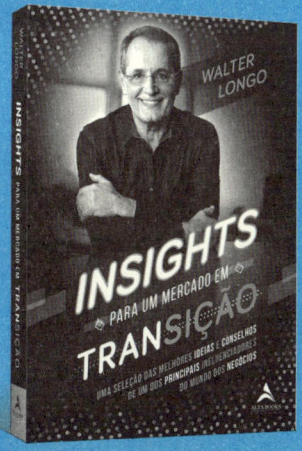

"E o mundo realmente não é mais o mesmo, e isso é muito bom!"

"E o mundo digital já era. Bem-vindo à Era Pós-Digital."

**Projetos corporativos e edições personalizadas** dentro da sua estratégia de negócio. Já pensou nisso?

**Coordenação de Eventos**
Viviane Paiva
viviane@altabooks.com.br

**Assistente Comercial**
Fillipe Amorim
vendas.corporativas@altabooks.com.br

A Alta Books tem criado experiências incríveis no meio corporativo. Com a crescente implementação da educação corporativa nas empresas, o livro entra como uma importante fonte de conhecimento. Com atendimento personalizado, conseguimos identificar as principais necessidades, e criar uma seleção de livros que podem ser utilizados de diversas maneiras, como por exemplo, para fortalecer relacionamento com suas equipes/ seus clientes. Você já utilizou o livro para alguma ação estratégica na sua empresa?

Entre em contato com nosso time para entender melhor as possibilidades de personalização e incentivo ao desenvolvimento pessoal e profissional.

## PUBLIQUE SEU LIVRO

Publique seu livro com a Alta Books. Para mais informações envie um e-mail para: autoria@altabooks.com.br

## CONHEÇA OUTROS LIVROS DA ALTA BOOKS

Todas as imagens são meramente ilustrativas.

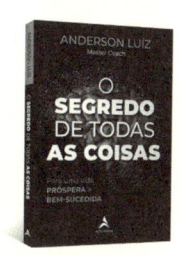

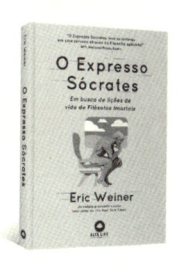

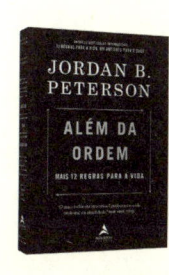

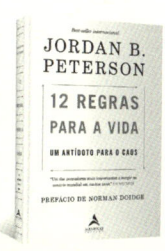

/altabooks  /alta-books  /altabooks  /altabooks